대표 기도문
심방 130

대표기도문 심방 130

지은이 이상훈·양재웅
펴낸이 임상진
펴낸곳 도서출판 넥서스

초판 1쇄 발행 2016년 11월 5일
초판 2쇄 발행 2016년 11월 10일

출판신고 제406-251002011000302호
10880 경기도 파주시 지목로 5(4층)
Tel (02)330-5500 Fax (02)330-5555

ISBN 978-89-98454-48-7 04230

출판사의 허락 없이 내용의 일부를 인용하거나
발췌하는 것을 금합니다.

가격은 뒤표지에 있습니다.
잘못 만들어진 책은 구입처에서 바꾸어 드립니다.

본 책은 《중직자에게 꼭 필요한 상황별 대표기도문》을
분권한 것입니다.

www.nexusbook.com
넥서스CROSS는 넥서스의 기독 브랜드입니다.

중직자에게 꼭 필요한 상황별 대표기도문

대표 기도문

심방 130

― 이상훈·양재웅 지음 ―

넥서스CROSS

서문

대표기도란?

다음은 이상준 작사 작곡의 복음송 〈맛 잃은 소금〉의 한 대목이다.

드라마 끝까지 보다 지각 예배
스포츠 중계 보러 일찍 귀가
다음 주는 바캉스를 떠나오니
오 주여 해변으로 임하소서
장로님의 기도 때는 낮잠 보충
목사님의 설교 때는 설교 비판

여기에서 '장로님의 기도 때는 낮잠 보충'이라는 가사가 눈에 띈다. 맛이 간(?) 성도의 일탈 행위를 풍자한 노래이지만, 교회 안에는 분명 대표기도를 답답하고 지루한 것으로 생각하는 사람이 있다. 왜 대표기도는 우리에게 유쾌함과 상쾌함을 넘어서 통쾌함을 줄 수 없는가? 왜 대표기도를 들으면서 감동이 되어 울 수 없는가? 왜 대표기도 중간중간에 '아멘'이 절로 나오게 할 수 없는가? 이런 질문들이 이 책을 내게 된 동기이다.

대표기도란 교회 공동체의 예배나 모임에서 모든 참가자를 대표하여 드리는 공적公的 기도이다. 대표기도는 둘 이상의 참가자의 생각과 마음을 대변하는 동시에 예배나 모임의 목적 의식을 표현해야 하기에 상당히 두렵고 떨리는 일이다. 그래서인지 대다수의 교회에서는 대표기도를 중직자인 장로, 안수집사, 권사에게 맡기거나 모임을 책임지는 임원진에게만 맡긴다. 그런데 대표기도만큼 영광스럽고 복된 사역이 없다. 이 책에 소개된 대표기도문을 참고하여 아래의 몇 가지 사항만 유의하면, 누구나 하나님에게 영광 되고 회중에게 은혜가 되는 대표기도를 할 수 있게 될 것이다.

| 첫째, 대표기도는 개인 기도가 아니다.

기도에 사용되는 용어는 '우리' 또는 '저희'라는 복수 대명사를 사용해야 한다. 더불어 기도의 내용에는 예배나 모임의 참가자들의 상황이 녹아 있어야 한다.

| 둘째, 대표기도는 설교가 아니다.

대표기도는 예배나 모임에 참여한 자들을 훈계하거나 권면하는 것이 아니다. 때문에 대표기도자는 다음과 같은 내용을 삼가야 한다. 예를 들면, "예배에 지각하거나 설교 시간에 조는 영혼이 있습니다. 정신 차리게 하소서!"라는 식의 기도 말이다. 그리고 대표기도는 약

3분 이내에 마치는 것이 좋다.

셋째, 대표기도는 순서가 있어야 한다.

① 부름 : 기도의 대상인 '하나님 아버지'를 불러야 한다.
② 감사와 찬양 : 회중 전체가 감사해야 할 내용이나 찬양해야 할 내용으로 2~3가지 정도면 알맞다.
③ 회개와 고백 : 회중의 일반적인 죄나 허물에 대해 고백하고 용서를 구한다.
④ 간구 : 나라와 민족의 관심사, 세계적인 문제, 교회의 주요 행사, 모임이나 심방 시 특별한 상황이 반영된 간구를 올린다. 시간이 허락되면 설교자와 예배위원을 위해서도 간구한다.
⑤ 예수님의 이름으로 기도한다.

넷째, 대표기도는 준비되어야 한다.

기도문은 A4 용지 1장 정도의 분량으로 미리 작성한다. 예배나 모임 시간을 상상하면서 기도문을 미리 읽어 본다. 기도문 속에 사투리, 은어, 비속어, 지나친 미사여구, 상투적인 표현, 부정적인 감정 등이 들어 있지는 않은지 점검하면서 퇴고해야 한다. 기도할 때에 원고는 손에 들지 않으며 고개를 조금 숙이고 아래를 보며 읽는 것이 좋다. 물론 외우면 금상첨화이다. 마음을 담아서 읽어 보고 감정선(감정 고조 ↗, 정리 ↘ 등)을 표시해 두는 것도 좋다.

| 다섯째, 대표기도를 위해서 기도해야 한다.

가장 기본적인 준비이다. 예수님은 사람에게 보이기 위해 기도하지 말라고 하셨다(마 6:5). 대표기도는 사람에게 보이려는 기도가 아니다. 사람에게 잘 보이려고 준비하다 보면 기도가 막히게 된다. 성령님을 의지하면서 먼저 공동체를 위해서 기도해야 한다. 그리고 가슴이 뜨거워지면 그때 대표기도문을 작성해야 한다.

| 여섯째, 세밀하게 점검해야 한다.

대표기도자와 마이크의 거리, 복장, 목소리, 기도 전 마실 물, 강단에서의 동선 등을 세밀하게 생각하고 점검해야 한다.

대표기도문, 이렇게 활용하자

산소 호흡기는 고압 산소, 압축 공기 따위를 써서 인공적으로 호흡을 조절하여 폐에 산소를 불어넣는 장치이다. 일정한 압력이나 일정량의 공기를 일정한 간격으로 주입하거나 환자의 호흡에 맞추어 불어넣음으로 생명을 유지시켜 주는 중요한 의료기기인 것이다. 모든 병원의 필수품 중의 하나가 산소 호흡기이며, 특히 중환자실에 가면 가장 눈에 띄는 의료기 중의 하나이다. 생사의 갈림길에 있는 중환자들은 산소 호흡기에 의지한 채 가쁜 숨을 내쉬고 있다. 그들에게 산소 호흡기란 생존을 위한 최선이자 최후의 통로이다.

모든 그리스도인에게도 산소 호흡기가 필요하다. 이 산소 호흡기는 바로 기도이다. 기도는 그리스도인에게 새 생명의 호흡을 가능하게 해 주는 유일한 통로이다. 호흡하지 않는 모든 생명체가 죽음에 이르듯이, 기도하지 않는 그리스도인은 반드시 영적 죽음에 이르게 된다. 기도는 그리스도인의 영적인 건강을 유지하는 첫걸음이며 최고의 도구이다. 그래서 성경의 핵심 가르침에는 반드시 "기도하라"는 말씀이 빠지지 않는다(살전 5:17). 이 기본의 모델이 바로 대표기도이기에, 대표기도의 중요성을 강조하지 않을 수 없는 것이다. 기도 자체가 영적인 일이기에, 정형화된 기도문을 그대로 인용한다는 것은 모순처럼 느껴질 수도 있다. 그러나 정반대로 영적인 일이기에 온전한 준비가 필요하다. 이런 관점에서 볼 때, 《대표기도문》은 영적인 기도를 위한 온전한 준비 가이드로서 매우 중요한 역할을 한다. 《대표기도문》 활용의 핵심 포인트를 유의하여 하나님이 기뻐 받으시는 신령한 예배를 드리는 데 도움을 얻길 바란다.

✣ 핵심 포인트

1. 《대표기도문》을 활용하기 전, 말씀 읽기와 기도 생활이 먼저 성실히 이루어져야 한다.

2. 예배나 절기에 맞는 《대표기도문》을 소리 내어 여러 번 읽는다.

3. 《대표기도문》 내용을 깊이 묵상한다.

4. 지교회와 자신의 영적 상태에 따라 아래의 보기 중에 선택한다.
   - 묵상하는 중에 《대표기도문》을 그대로 암송하여 한다.
   - 묵상하는 중에 《대표기도문》을 교회의 상황에 맞게 조정하여 한다.
   - 《대표기도문》의 핵심 단어나 핵심 내용만 인용하여 새롭게 작성한다.

5. 《대표기도문》을 통해서 준비를 한 후, 마지막에는 성령님의 도우심을 구한다.

차례

대표기도란? · 4
대표기도문, 이렇게 활용하자 · 8

 가정 생활의 경사 대표기도문

믿음의 가정 · 16 | 예비부부 · 18 | 믿음의 결혼 · 20 | 신혼부부 · 22
임신 중에 있는 가정 · 24 | 출산한 가정 · 26 | 백일 · 28 | 돌 · 30
생일 · 32 | 회갑 · 34 | 입주 · 36 | 이사 · 38

 입학과 졸업 대표기도문

유치원 입학 · 42 | 초등학교 입학 · 44 | 초등학교 졸업(중학교 입학) · 46
중학교 졸업(고등학교 입학) · 48 | 수능 · 50 | 실기(논술)시험 · 52
대학교 합격 · 54 | 군 입대 · 56 | 군 휴가 · 58 | 군 제대 · 60

대표 기도문 심방130

3장 교회 임직 대표기도문

유아세례 • 64 | 학습세례 • 68 | 세례 • 72 | 입교 • 74
서리집사 임명 • 76 | 구역장 임명 • 80 | 교사 임명 • 84
권사 취임 • 88 | 안수집사 임직 • 92 | 장로 장립 • 96

4장 직장·사업·기타 대표기도문

취업 준비 • 102 | 취직 • 104 | 이직 • 106 | 승진 • 108 | 퇴사 • 110
은퇴 • 112 | 실직 • 114 | 개업 • 116 | 사업의 확장 • 118
사업의 번창 • 120 | 사업의 부도 • 122 | 출국 • 124 | 이민 • 126
유학 • 128 | 수상 • 130

차례

5장 애도와 추모 대표기도문

임종 · 134 | 입관 · 138 | 하관 · 142 | 발인 · 146 | 부모의 장례 · 150
배우자의 장례 · 154 | 자녀의 장례 · 158 | 자살 · 162
믿지 않는 사람의 장례 · 166 | 갑작스러운 사고로 인한 사망 · 170
오랜 지병으로 인한 사망 · 174 | 장례 후 위로예배 · 178
추모예배 · 182

6장 치유 및 위로와 격려 대표기도문

갑작스러운 사고로 입원 · 188 | 단기 입원 · 192 | 장기 입원 · 196
노년의 병 – 중풍 · 200 | 노년의 병 – 치매 · 202 | 수술 전 · 204
수술 후 · 208 | 퇴원 · 212 | 정신질환 · 216 | 암 환자 · 220
중환자 · 224 | 유산 · 228

대표 기도문
심방 130

 대심방과 일반 심방 대표기도문

새신자 등록 • 234 | 기신자 등록 • 236
교회를 정하지 못해 갈등하는 가정 • 238 | 불신자가 있는 가정 • 240
하나님을 떠난 가족이 있는 가정 • 242
이단에 빠진 자가 있는 가정 • 244 | 교회 출석률이 낮은 가정 • 246
주일 성수가 힘든 가정 • 248 | 교우 간에 문제가 있는 가정 • 250
헌금으로 시험에 든 가정 • 252 | 인간관계로 시험에 든 가정 • 254
교회 문제로 시험에 든 가정 • 256 | 자녀 교육에 문제가 있는 가정 • 258
낙심했다가 다시 돌아온 가정 • 260 | 구원의 확신이 필요한 가정 • 262
믿음이 연약한 가정 • 264 | 직분자 가정 • 266
부모님을 모시는 가정 • 268 | 부모님과 불화가 있는 가정 • 270
비전이 필요한 가정 • 272 | 영적 생활의 축복 • 274
가정 생활의 축복 • 276 | 이웃 생활의 축복 • 278
교회 생활의 축복 • 280 | 공동체에 적응을 못하는 가정 • 282
재혼으로 결합한 가정 • 284 | 임신을 기다리는 가정 • 286

성령님을 의지하면서
먼저 공동체를 위해서 대표기도해야 한다.

1장

가정 생활의 경사
대표기도문

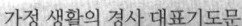

믿음의 가정

마른 떡 한 조각만 있고도 화목하는 것이 제육이 집에 가득하고도 다투는
것보다 나으니라 _(잠언) 17장 1절

가정을 세우시고 지켜 주시는 하나님 아버지!

주님의 이름으로 믿음의 가정을 심방하게 하시니 감사합니다. 하나님의 방문을 환영하며 심방대원을 주의 종으로 영접하게 하심도 감사합니다. 이 가정을 예수만 섬기는 임마누엘의 가정이 되게 하시고 이 예배를 통해 영광받으시고 다시 한 번 주의 은총을 내려 주소서.

가정의 건축가이신 하나님, 모든 가족이 하나님을 왕으로 인정하게 하소서. 매주 시간을 정해 놓고 가정예배를 드리게 하심을 감사합니다. 왕 되신 하나님을 찬송하고 기도로 의지할 때 주의 임재가 나타나게 하소서. 가족 모두 왕의 명령인 성경을 사랑하며 묵상할 때 왕의 통치가 실현되게 하소서. 가정에서 일어나는 모든 일을 하나님의 말씀에 기준해 행하며 주 뜻대로 이뤄지게 하소서. 노아의 가족이 하나님의 말씀을 듣고 순종할 때 새로운 인류의 출발점이 되며 구원의 통로가 되었듯이 이 가정이 또한 하나님의 축복의 통로가 되게 하소서.

가정의 파수꾼이신 하나님, 가족 한 사람 한 사람을 지켜 주소서. 믿음의 가장 _____님을 위해 기도합니다. 가정의 제사장으로서 거룩한 손을 들어 가족을 축복할 때 그 기도에 응답하여 주소서. 충성스러운 손이 가정의 필요를 채워 나갈 때 가정이 변화되고 온전히 세워져 나가게 하소서. 일터와 교회에서 부지런히 땀 흘리며 일할 때 수고한 대로 열매를 거둘 수 있는 복을 주소서.

아내이자 어머니로 부름 받은 _____님을 위해 기도합니다. 남편에게는 결실한 포도나무와 같게 하시고 늘 쉬어갈 수 있는 든든한 버팀목이 되게 하소서. 기도하는 어머니로서 자녀들을 양육하고 있사오니 그 기도가 하늘에 상달되게 하소서. 방랑자 어거스틴이 어머니의 기도로 교부 어거스틴으로 변화된 것을 기억합니다. 기도의 놀라운 능력이 자녀들을 통해 나타나게 하소서. 남편과 아내가 한마음이 되게 하시고 부모가 자녀들을 주의 교훈으로 양육할 때 말씀의 능력이 나타나게 하시고 자녀들은 주 안에서 부모에게 순종하게 하소서. 자녀들이 하나님의 꿈을 품고 열심을 다해 미래를 준비하고 있사오니 믿음과 학업에 진보가 있게 하소서.

아침부터 수고한 가족이 저녁이면 한 상에 둘러앉아 먹고 마실 수 있는 복을 주소서. 제육이 집에 가득하면서 다툼만 있는 가정이 아니라 마른 떡 한 조각만 있어도 화목한 가정이 되게 하소서. 여호와께서 집을 세우지 아니하시면 세우는 자의 수고가 헛된 줄 믿습니다. 왕 되신 하나님이 이 가정의 주인이 되어 주시고 이 가정을 향하신 하나님의 뜻이 온전히 이루어지게 하소서.

거룩하신 우리 구주 예수님의 이름으로 기도합니다. 아멘.

가정 생활의 경사 대표기도문

예비부부

너희에게 인내가 필요함은 너희가 하나님의 뜻을 행한 후에 약속하신 것을
받기 위함이라 _(히브리서) 10장 36절

약속을 영원토록 지키시는 하나님 아버지!

영원히 신실하신 하나님을 찬양합니다. 이 시간 결혼을 앞둔 예비부부와 함께 하나님의 도우심을 구하며 예배를 드리게 하시니 감사합니다. 하나님 앞과 여러 증인 앞에서 평생의 언약을 맺는 결혼예식을 준비하고 있사오니 하나님의 능력의 손길로 도와주소서.

무엇보다 기도로 결혼을 준비하는 예비부부가 되게 하소서. "전쟁 전에는 한 번 기도하고 항해 전에는 두 번 기도하며 결혼 전에는 세 번 기도하라"는 신앙 선배들의 격언처럼 무릎으로 결혼예식을 준비하게 하소서. 기도를 통해 하나님이 주시는 마음을 알게 하시고 기도를 통해 하나님의 인도하심을 경험하는 은혜를 누리도록 축복하소서.

예비부부였던 요셉과 마리아가 하나님의 말씀을 존중히 여기며 사랑한 것처럼 두 사람도 하나님의 뜻을 존귀하게 여기게 하소서. 결혼예식 전까지 수많은 결정과 선택을 해야 하는데 그때마다 인간적인 생각이

아닌 하나님의 뜻에 따라 결정하게 하소서. 두 사람이 결혼을 준비하는 과정에서부터 하나님의 말씀에 순종해 나간다면 분명 하나님이 새롭게 이루실 가정 가운데 주의 복을 내려 주시리라 믿습니다.

성경의 수많은 예비부부가 배우자를 위해 순결한 몸으로 준비된 것처럼 신부는 신랑을 위해, 신랑은 신부를 위해 정결한 몸으로 준비되게 하소서. 하나님이 선하게 창조하신 남성성과 여성성을 깊이 이해할 수 있는 지혜와 명철을 주소서. "네 부모를 떠나 한 몸을 이루라"는 하나님의 말씀을 담을 수 있는 정결한 그릇으로 준비되게 하소서.

여호와 이레이신 하나님이 결혼예식에 필요한 모든 것을 채워 주시되 특별히 주례와 말씀을 준비하실 목사님에게 지혜의 영을 부어 주소서. 더불어 결혼예식의 여러 순서를 맡은 자들에게도 은총을 부어 주사 결혼예식을 더욱 향기 나게 하는 순서자들이 되게 하소서.

혹여 결혼을 준비하는 과정에서 갈등이 생기더라도 잘 이겨 낼 수 믿음을 주소서. 진주조개가 아픈 모래알을 견뎌 찬란한 진주를 빚어 가듯 서로의 차이를 믿음으로 품어 성숙의 도구로 삼을 수 있도록 도와주소서. 서로 다른 것은 나쁜 것이 아님을 깨닫게 하시고 주의 사랑으로 이해하고 품어 줌으로 결혼을 준비하는 과정도 은혜롭게 하소서.

함께 기도하며 결혼예식을 준비하고 있는 양가 부모님과 가족도 붙잡아 주소서. 가나의 혼인 잔치를 더욱 풍성하게 하셨던 예수님의 손길이 신랑 신부의 가문에 충만히 임하길 소망합니다. 약속을 지키시는 하나님이 두 사람의 결혼 언약도 든든히 세워 주실 줄 믿습니다.

우리의 영원한 신랑 되신 예수님의 이름으로 기도합니다. 아멘.

가정 생활의 경사 대표기도문

믿음의 결혼

나의 사랑, 나의 어여쁜 자야 일어나서 함께 가자 _〈아가서〉 2장 13절

가정을 창조하신 하나님!

이렇게 좋은 날 레바논의 백향목과 같은 신랑과 샤론의 수선화와 같은 신부가 결혼예식을 통해 한 가정을 이루게 하시니 감사합니다. 이제 각자의 인생길을 걸어가던 두 사람이 결혼이라는 새로운 시작점에서 만나 새로운 출발을 하고자 하오니 하나님 친히 이곳에 임재하시어 새로운 가정을 축복하여 주소서.

이 시간 마음과 정성을 모아 신랑 신부를 위해 기도합니다. 새롭게 시작하는 가정이 믿음과 소망과 사랑이 넘치는 가정이 되게 하소서. 하나님의 말씀을 붙잡고 알지 못하는 미래를 담대하게 개척해 나가게 하소서. 형통한 날에는 주님과 함께 기뻐하며 감사하게 하소서. 혹시 곤고한 날이 있을지라도 주님만 의지하며 믿음으로 이기게 하소서.

아브라함과 사라의 가정처럼 소망의 가정이 되게 하소서. 약속의 땅을 소망하며 한 걸음씩 나아갔던 아브라함과 사라처럼 두 사람에게도 하

나님의 꿈을 주소서. 가슴 속에 지워지지 않는 하나님의 비전을 주소서. 힘들고 어려울 때 하나님이 주신 꿈과 비전을 붙잡고 다시 일어나게 하소서.

야곱과 라헬의 가정처럼 사랑의 가정이 되게 하소서. 야곱과 라헬이 칠 년을 하루같이 여기며 서로를 사모했듯이 신랑과 신부도 서로를 아끼고 존중하며 사랑하게 하소서. 서로의 허물과 약점이 보일 때는 주의 사랑으로 덮어 주게 하소서. 원망 대신 용기를, 후회 대신 위로를 서로의 마음에 전하게 하소서.

오늘의 두 사람이 있기까지 눈물과 땀을 아끼지 않으신 양가 부모님을 축복하여 주소서. 두 사람을 통해 양가가 하나 되었으니 하나님이 기뻐하시고 사람들이 축복하는 명문 가문이 되게 하소서. 신랑 신부에게 하늘의 별과 같이 빛나는 자녀들을 주사 열방의 부모가 되게 하소서. 특별히 두 사람이 믿음으로 하나 되어 주님의 교회를 멋지게 섬기게 하소서. 두 사람으로 인해 공동체가 복을 받게 하시고 두 사람을 통해 모든 지체가 기쁨과 격려를 받게 하소서.

가나의 혼인 잔치에 찾아가셔서 기쁨을 넘치도록 부어 주셨던 예수님. 오늘 이곳에도 임재하시고 신랑 신부를 비롯한 우리 모두에게 기쁨과 행복을 충만하게 부어 주소서. 예식을 집례하시고 축복의 말씀을 선포하실 목사님에게 주님의 권능을 덧입혀 주소서. 목사님의 말씀이 신랑 신부는 물론 우리에게도 삶의 지표가 되게 하소서. 결혼예식을 빛나게 할 모든 이에게도 함께하여 주소서.

신랑 신부의 하나 됨을 그 누구보다 기뻐하고 축복하시는 예수님의 이름으로 기도합니다. 아멘.

가정 생활의 경사 대표기도문

신혼부부

아담이 이르되 이는 내 뼈 중의 뼈요 살 중의 살이라 이것을 남자에게서
취하였은즉 여자라 부르리라 하니라 _(창세기) 2장 23절

사랑이 풍성하신 하나님 아버지!

이 시간, 주의 이름으로 신혼부부의 새로운 보금자리를 방문하며 먼저 예배로 하나님 앞에 영광을 돌리게 하시니 감사합니다. 두 사람에게 인생 중 최고의 기쁨인 신혼의 행복을 선물로 주시고 누리게 하심을 감사합니다. 특별히 두 사람을 하나님의 자녀 삼아 주시고 신앙 안에서 만나 믿음의 가정을 이루게 하시니 감사합니다.

결혼예식을 은혜 중에 마치게 하시고 새 가정의 첫 걸음을 순조롭게 인도하시니 감사합니다. 신혼부부가 결혼 서약을 늘 기억하게 하시고 그 서약을 신실하게 지키게 하소서. 신랑은 예수님이 교회를 사랑하듯이 아내를 사랑하고 보호하게 하소서. 예수님이 십자가 위에서 자신의 몸을 희생함으로 평화를 완성하신 것처럼 신랑도 자신을 희생함으로 가정의 평화를 이루게 하소서. 신부는 교회가 예수님에게 순종하듯이 남편의 결정과 선택을 존중하며 남편의 권위를 세워 주고 인생의 동반자

로서 돕는 배필이 되게 하소서.

솔로몬이 〈아가서〉에서 노래한 것처럼 남편은 수풀 가운데 사과나무가 되어 아내를 든든히 지켜 주고 세워 주게 하소서. 아내는 가시나무 가운데 백합화가 되어 아름다운 내면의 향기로 남편의 안식처가 되게 하소서. 결혼예식에서 받았던 하나님의 말씀대로 온전히 둘이 하나가 되게 하소서. 자기희생으로 합력하여 선을 이루게 하소서.

사랑의 하나님, 신혼부부에게 우리 날을 계수할 수 있는 지혜를 주소서. 인생에서 한 번 지나가면 다시 찾아오지 않을 행복의 신혼을 허비하지 않게 도와주소서. 신혼생활을 통해 새롭게 알게 된 서로의 연약함에 실망하거나 후회하거나 원망하지 않게 하소서. 솔로몬 왕과 술람미 여인이 신혼의 위기를 지혜롭게 극복함으로 더 깊은 사랑의 노래를 부르게 된 것처럼 이 부부에게도 새 창조의 은총을 충만하게 부어 주소서. 사랑과 헌신으로 신혼의 아름다운 추억을 많이 만들게 하소서. 하나님이 선물해 주신 신혼이라는 앨범에 아름다운 추억의 사진들을 수놓게 하소서. 훗날 인생의 여정이 끝날 때쯤 이 시간을 돌아볼 때 감사와 찬양만이 있게 하소서.

신혼부부로 인해 양가에 기쁨과 행복이 넘치게 하소서. 신랑 신부가 축복의 통로가 되어 모든 가족의 새로운 힘이 되게 하소서. 하나님의 때에 맞추어 태의 열매도 허락하사 생육하고 번성하는 복의 근원이 되게 하소서. 오늘도 신혼부부에게 선포하실 말씀이 우리에게도 은혜가 될 것을 기대합니다.

가정을 기뻐하시고 축복하시는 우리 주 예수님의 이름으로 기도합니다. 아멘.

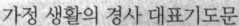

가정 생활의 경사 대표기도문

임신 중에 있는 가정

엘리사벳이 마리아가 문안함을 들으매 아이가 복중에서 뛰노는지라 엘리사벳이
성령의 충만함을 받아 큰 소리로 불러 이르되 여자 중에 네가 복이 있으며 네 태중의
아이도 복이 있도다 _ 〈누가복음〉 1장 41~42절

생명의 주인이 되시는 하나님 아버지!

하나님의 가정에 천하보다 귀한 생명을 허락하여 주시니 감사합니다. 한나의 간절한 기도를 들으시고 사무엘을 주신 하나님이 이 가정의 기도에도 응답하여 주신 것을 감사합니다. 이 기쁜 소식을 듣고 우리 모두 축하하는 마음으로 산모와 태아를 심방합니다. 이 시간 감사의 예배를 드리오니 이곳에 임재해 주소서. 오래 전 예수님을 잉태한 마리아와 세례 요한을 잉태한 엘리사벳이 만났을 때를 기억합니다. 산모가 성령으로 충만하니 태중의 아기들도 기뻐 뛰놀았던 것처럼 이 예배를 통해 산모와 태아가 성령으로 충만하게 되길 소망합니다.

이 시간 두 손 모아 산모의 건강을 위해서 기도합니다. 점점 불어나는 몸처럼 마음의 짐이 하나둘 무거워질 때 하늘의 평안을 허락하소서. 출산일이 가까워질수록 복잡해지는 마음에 하나님의 질서를 부어 주소서. 남편과 가족에 대해 서운한 마음이 생길 때면 주의 사랑으로 녹이게 하소서. 우울증으로부터 자유롭게 하시고 담대하게 출산의 사명을 감당하게 하소서. 때마다 늘 함께하시는 주님을 바라보며 하늘의 평안을 누리게 하소서.

예비 아빠도 주님의 능력의 손으로 붙들어 주소서. 일터와 가정을 병행해서 섬길 때에 지치지 않도록 영육의 강건함을 주소서. 가정에서 산모와 태아의 필요를 채울 때에 지혜롭게 하소서. 우리의 마음을 온전히 이해하시는 성령님처럼 아내의 마음을 공감하게 하시고 성실함으로 돕게 하소서. 이 가정의 형편과 사정을 누구보다 잘 아는 분은 하나님밖에 없음을 고백합니다. 지금까지 선하게 인도하신 하나님이 장래에도 함께하여 주실 줄 믿습니다.

아빠와 엄마, 그리고 태아가 함께하는 시간을 축복하여 주소서. 태교의 시간에도 은총을 내려 주셔서 성령의 지혜로 신앙적인 태교를 하게 하소서. 산모의 아기방이 주님을 모시는 성전이 되게 하소서. 태아도 엄마의 몸 안에서 주님의 임재를 경험하게 하소서. 아빠와 엄마가 찬송할 때마다 태아도 태중에서 '할렐루야'를 외치게 하시고 아빠와 엄마가 기도할 때면 태아도 '아멘'으로 화답하게 하소서.

태아의 건강한 심장 소리를 듣게 하시고 초음파 사진을 통해 태아의 건강한 모습을 보게 하시니 감사합니다. 태아가 한 인간으로서 온전해질 때까지 태중에서 안전하게 거하도록 도와주소서. 산모의 임신과 출산 과정을 돕는 의사와 간호사에게 지혜와 명철을 주셔서 산모와 태아를 바르게 진단하고 돕게 하소서. 출산 이후 부모와 태아가 맞이할 여러 가지 환경 변화에도 잘 대처할 수 있는 명철을 주소서.

우리의 도움이 되시는 예수님의 이름으로 기도합니다. 아멘.

가정 생활의 경사 대표기도문

출산한 가정

아브라함이 그의 아들 이삭이 그에게 태어날 때에 백 세라 사라가 이르되 하나님이
나를 웃게 하시니 듣는 자가 다 나와 함께 웃으리로다 _〈창세기〉 21장 5~6절

은혜의 날개로 덮어 주시는 하나님!

하나님이 사랑하시는 _____이(가) 임신 기간을 잘 인내한 후 새 생명을 출산하게 하시니 감사합니다. 그동안 순산을 위해 기도한 양가 부모님과 성도의 기도에 응답하여 주시니 감사합니다. 모든 것이 은혜임을 고백합니다. 처음 아이의 심장 소리를 듣고 감격해하던 날을 기억합니다. 이제 그 아이가 힘찬 울음으로 우리에게 첫 인사를 하는 오늘까지 지켜 주시고 보호해 주셨음을 감사합니다.

사랑스러운 아기를 위해서 기도합니다. 아기 예수님이 지혜와 키가 자라간 것처럼 이 아기도 건강하게 성장하게 하소서. 아기 예수님이 하나님과 사람에게 점점 더 사랑스러워 가신 것처럼 하나님과 많은 사람에게 사랑스러운 아기가 되게 하소서. 엄마의 뱃속과 다른 새로운 환경과 변화에 잘 적응하게 하소서. 하나님이 이 아기를 주 날개 아래 품어 주시어 세상의 무질서와 혼돈으로부터 지켜 주소서.

엄마를 위해서 기도합니다. 해산의 수고를 아끼지 않았던 산모의 땀과 눈물을 닦아 주소서. 출산의 과정을 인도하신 것처럼 이후의 산후 조리 과정에도 함께하여 주소서. 출산할 때 긴장했던 근육들과 풀어졌던 뼈마디들이 원래의 모습대로 회복되게 하시고 이전보다 더 질서 있는 몸이 되게 하소서. 산후 조리를 돕는 여러 손길을 지켜 주시어 하나님의 마음으로 산모와 신생아를 도울 수 있도록 도와주소서.

아빠를 위해서 기도합니다. 새로 태어난 아기와 산후 조리 중인 아내를 잘 품고 도울 수 있도록 인도해 주소서. 매일 아침 아기에게 축복의 기도를 해줄 수 있는 가정의 제사장으로 서게 하소서. 산후 조리 중인 아내를 마음과 몸으로 잘 도울 수 있게 하소서. 하나님이 돕는 배필로 세우셨사오니 탁월한 지혜와 섬김으로 아내에게 힘이 되게 하소서.

아이를 안고 기뻐하는 두 사람이 좋은 아빠, 좋은 엄마가 되게 하소서. 아기와 함께 찬송하며 아기와 함께 기도하는 성령 충만한 새 가정이 되게 하소서. 태어난 아기는 부모의 자녀이기 이전에 하나님의 자녀임을 잊지 않게 하시고 신생아 때부터 신앙으로 잘 키워 나가게 하소서. 이삭이 사라의 기쁨이 된 것처럼 새 생명이 이 가정의 큰 기쁨이 되게 하소서. 또한 이 아기를 지켜보는 많은 사람에게 큰 기쁨이 되게 하여 주소서.

이제 사랑하는 아기와 함께 교회에 출석해 목사님의 축복기도를 받을 때까지 건강하게 잘 자랄 수 있도록 도와주시고 이 가정의 새 생명으로 인해 많은 사람이 복을 받게 되기를 소망합니다.

거룩하신 예수님의 이름으로 기도합니다. 아멘.

가정 생활의 경사 대표기도문

백일

보라 자식들은 여호와의 기업이요 태의 열매는 그의 상급이로다 젊은 자의
자식은 장사의 수중의 화살 같으니 이것이 그의 화살통에 가득한 자는 복되도다
_〈시편〉 127편 3~5절

기업을 세우시고 복을 주시는 하나님 아버지!

이 시간 _____ 아기의 백일을 맞이하여 온 가족이 기쁜 마음으로 백일 감사예배를 드립니다. 출산의 고통과 새로운 탄생의 기쁨이 엊그제 같은데 벌써 백 번의 낮과 밤이 지나 아기의 백일을 맞이하게 하시니 감사합니다. 온 가족이 감사함으로 하나님이 주신 기업과 열매를 누리게 하시고 하나님이 주신 복을 찬양하게 하소서.

고이 잠든 아기의 모습을 지켜보는 우리의 마음이 더할 수 없이 흡족합니다. 지난 백일 간 어미 새가 새끼 새를 보호하듯이 아기를 지켜 낸 부모를 위로하시고 격려하소서. 세상에서 가장 감당하기 힘든 사명이 부모의 사명이라고 하였는데 이 사명을 훌륭히 감당한 아빠와 엄마를 축복하소서. 더불어 뒤에서 기도하고 응원하며 물심양면으로 도움을 준 양가 가족에게도 은총을 부어 주소서.

이제 _____ 아기가 세상에 홀로서기 위해 성장과 성숙의 과정을 거

쳐야 합니다. 기도의 열매로 태어난 _____이(가) 사무엘처럼 하나님의 음성을 들을 수 있는 아기가 되게 하소서. 어린 다윗이 수금을 타며 주님을 찬송했듯이 _____(이)도 어릴 때부터 찬송하는 아기가 되게 하소서. 기쁠 때에나 슬플 때에도 모든 마음을 하나님에게 드리는 믿음의 아이가 되게 하소서. 예수님을 닮아 지혜와 그 키가 자라가며 하나님과 사람에게 사랑받는 아이가 되게 하소서. 첫돌 예배를 드릴 때까지 생각과 감정과 의지가 전인격적으로 균형 있게 성숙하게 하소서. 아기가 자신의 힘으로 두 발로 설 때까지 육신의 건강도 책임져 주소서. 몸의 면역력을 지켜 주사 수많은 병균을 능히 이겨 내도록 도와주소서.

부모에게는 독수리 날개 치며 올라감 같은 새 힘을 공급하여 주소서. 밤낮으로 아이를 돌보는 엄마에게 주의 능력을 덧입혀 주소서. 하루하루 아이를 돌보고 기르는 과정이 힘들다고 느껴질 때 하나님을 바라보며 힘을 얻게 하소서. 외롭다고 느껴질 때 함께하시는 주님을 바라보며 찬송할 수 있게 하소서. 우울하다고 느껴질 때 붙잡고 일어설 수 있는 말씀을 주소서.

가정과 일터와 교회를 밤낮없이 섬기게 될 아빠에게도 성령의 능력을 덧입혀 주소서. 아내와 아기가 의지할 수 있는 든든한 버팀목이 되게 하소서. 남편과 아빠로서의 사명을 잘 감당할 수 있도록 영육 간의 강건함을 주소서.

이 가정이 하나님의 복된 가정이 될 줄 믿습니다. 성경에 나오는 수많은 믿음의 가정처럼 이 가정도 예수 명문 가정이 되게 하소서.

새 생명을 기뻐하시는 예수님의 이름으로 기도합니다. 아멘.

가정 생활의 경사 대표기도문

돌

내가 주께 감사하옴은 나를 지으심이 심히 기묘하심이라 주께서 하시는 일이
기이함을 내 영혼이 잘 아나이다 _〈시편〉 139편 14절

온 땅의 생명의 주인이신 하나님!

하나님이 허락하셔서 이 땅에 태어난 _____(이)가 사계절을 보내고 첫돌을 맞이하게 하심을 감사합니다. 이 시간 모든 가족이 기쁨으로 한자리에 모여 첫돌을 감사하며 주께 예배하오니 기뻐 받아 주시고 흠향하여 주소서.

지난 한 해를 돌아보면 모든 것이 하나님의 은혜였음을 고백합니다. 아기가 엄마의 태중에 있다는 소식을 처음 듣고 감격했던 때를 기억합니다. 기나긴 산고 끝에 우리 귀에 들렸던 아기의 울음소리에 모두가 기뻐하며 눈물 흘렸던 것을 기억합니다. 엄마 품에서 고이 잠들어 있는 모습과 아기의 고운 입술에서 "아빠"라는 한마디가 터져 나온 순간의 행복도 우리는 생생하게 기억하고 있습니다. 이 모든 것이 다 하나님의 은혜요 은총임을 고백하며 찬송합니다.

특별히 아빠와 엄마를 좋은 부모로 세워 주시고 여기까지 오게 하심을

감사합니다. 두 분이 더욱더 하나님을 닮아 신실하고 지혜로운 부모가 되게 하소서. 무엇보다 _____(을)를 믿음으로 키우게 하소서. 주의 교훈과 훈계로 양육하되 말과 혀로만 가르치는 것이 아니라 신앙의 본을 보이는 부모가 되게 하소서. 예수님의 부모였던 요셉과 마리아와 같이 말씀에 사로잡혀 순종하는 모습을 보여 주게 하소서. 사무엘의 부모였던 엘가나와 한나처럼 주의 얼굴을 구하며 기도하는 본을 보이게 하소서.

양가의 조부모님에게 은총을 베풀어 주사 _____(을)를 위해 날마다 축복하며 기도하는 사명을 잘 감당하게 하소서. 외할머니 로이스의 기도와 양육이 에베소의 목회자 디모데를 태어나게 했던 것을 기억하게 하소서. 그래서 이 가문이 대대로 신앙을 전수하는 믿음의 명문이 되도록 복을 내려 주소서.

오늘 첫돌을 축하하기 위해서 방문한 모든 축하객에게도 주의 은총을 내려 주소서. 복된 이 가정을 지켜보면서 새 생명을 창조하시고 기르시는 하나님의 은총의 손길을 발견하며 함께 찬양하게 하소서. 오늘 첫돌 감사예배를 드린 것처럼 매해마다 감사의 제사를 드릴 수 있도록 믿음에 믿음을 덧입혀 주소서.

첫돌 감사예배를 위해 축복의 말씀을 전하실 목사님에게 성령으로 충만케 하옵소서. _____(이)가 첫해 봄, 여름, 가을, 겨울을 잘 보낸 것처럼 인생의 사계절도 잘 살아갈 수 있도록 주께서 첫돌의 주인공에게 은혜를 내려 주시길 원합니다.

만물을 지으시고 자라게 하시는 만복의 근원이신 예수님의 이름으로 기도합니다. 아멘.

가정 생활의 경사 대표기도문

생일

그의 아들들이 자기 생일에 각각 자기의 집에서 잔치를 베풀고 그의 누이 세 명도 청하여 함께 먹고 마시더라 그들이 차례대로 잔치를 끝내면 욥이 그들을 불러다가 성결하게 하되 _(욥기)1장 4~5절

우리의 생사화복을 주관하시는 하나님!

지난 1년간 _____(를)을 하나님의 날개 아래 보호해 주셨다가 다시 생일을 맞이하게 하심을 감사합니다. 이 시간, _____(를)을 사랑하는 우리가 한자리에 모여 감사의 예배를 드리기 원합니다. 생명을 주시고 돌보시는 하나님을 찬양하며 경배할 때 예배를 통해 영광받으시고 _____에게 새 은혜가 임하는 귀한 시간이 되게 하소서.

지금까지 지내 온 것이 주님의 크신 은혜였음을 고백합니다. 하나님이 심장을 뛰게 하셨기에 지금까지 우리의 생명이 이어지고 있음을 고백합니다. 하나님이 숨을 불어넣어 주셨기에 지금도 우리는 호흡할 수 있음을 고백합니다. 하나님이 허락하지 않으시면 단 하루도 이 땅에 존재할 수 없음을 기억하며 감사와 찬양과 경배를 올려 드립니다.

뒤돌아보면 하나님 아버지를 섭섭하게 해드린 일도 있었고 하나님의 뜻에 따라 살지 못해 마음을 상하게 해드린 때도 있었음을 고백하오니

용서하여 주소서. 살고 죽는 것이 하나님의 손에 있음을 알면서도 하나님을 의지하지 못했사오니 이 어리석음을 용서하여 주시고 불쌍히 여겨 주소서. 이제 다시 우리 삶의 형통과 곤고를 하나님의 손에 맡기고 인생길을 걸어가게 하소서. 한 해 한 해를 주님이 기뻐하시는 날들로 채워 가게 하소서.

오늘 생일을 맞이한 _____에게 강건함을 허락하여 주소서. 육신의 연약함을 강함으로 역전시켜 주소서. 마음속에 있는 무거운 짐들을 다 주께 내려놓게 하소서. 가벼운 몸과 마음으로 하나님이 은총으로 주시는 날들을 누리며 살아가게 하소서. 믿음 또한 날마다 새롭게 하여 주소서. 주님을 처음 만났을 때 품었던 처음 사랑이 날마다 샘솟게 하소서. 하나님을 사랑한다고 고백했던 처음 마음으로 돌아가게 하셔서 영이 늘 새로워지게 하소서. 오늘 생일을 맞이한 것처럼 앞으로 맞이할 새로운 생일에도 더욱 새롭게 되는 은혜로 하나님에게 영광을 돌리게 하소서.

생일을 축하하기 위해 이 자리에 모인 축하객에게 기쁨을 더해 주시고 함께 잔치에 참여함으로 주 안에서 하나 되게 하소서. 의로운 욥이 자녀들과 함께 생일잔치를 마친 후 성결의 영으로 하나님을 바라본 것처럼 이 잔치가 하나님에게 영광을 돌리는 잔치가 되게 하소서.

하나님의 축하의 메시지를 전달하실 목사님도 강건하게 하소서. 오늘 선포되는 말씀이 _____(를)을 새롭게 함은 물론 더불어 말씀을 듣는 우리도 새롭게 하여 주소서.

우리 인생에 참 진리로 참된 복을 내려 주시는 예수님의 이름으로 기도합니다. 아멘.

가정 생활의 경사 대표기도문

회갑

그는 늙어도 여전히 결실하며 진액이 풍족하고 빛이 청청하니 여호와의
정직하심과 나의 바위 되심과 그에게는 불의가 없음이 선포되리로다
_〈시편〉 92편 14~15절

우리 인생의 주인이 되신 하나님!

_____님의 회갑을 맞이하여 감사의 예배를 드리게 하시니 하나님에게 영광과 찬송을 올려 드립니다. _____님의 60년 인생길을 돌아보면 형통하고 기쁜 날도 있었고 곤고하고 슬픈 날도 있었습니다. 그 모든 순간마다 하나님의 보호하심이 있었음을 고백합니다. 인생의 어두운 밤에는 불 기둥으로 밝히 보호하셨고 인생의 뜨거운 낮에는 구름 기둥으로 지켜 주셨습니다. 참으로 감사합니다.

예부터 우리 선조들은 오래 산 것을 축하하는 수연壽宴/壽筵이라는 잔치를 열고 기뻐했음을 기억합니다. 이제 우리도 _____님의 회갑을 함께 기뻐하고 즐거워하길 원합니다. 이 자리에 함께하셔서 잔치의 주인공에게 복을 내려 주시고 우리에게도 한량없는 기쁨을 허락하소서.

그동안 _____님이 흘리신 땀과 눈물을 기억하시고 위로하여 주소서. 전쟁 후 폐허가 된 대한민국을 일으키기 위해, 산업화의 역군으로

나라와 가정을 위해 밤낮으로 흘린 땀을 주님의 손으로 닦아 주소서. 가정을 위해 흘려야 했던 눈물을 기억하여 주시고, 삶의 무게를 견디기 위해 참아야 했던 눈물을 친히 닦아 주소서. _____님의 영혼이 잘됨 같이 범사가 형통하도록 인도하여 주소서. 영으로 주님을 예배할 때마다 더 깊이 만나 주시고, 하나님이 허락하시는 남은 삶을 주 안에서 누릴 수 있도록 육체의 연약함도 만져 주소서.

결혼이라는 끈을 통해 회갑의 반원을 함께 해오신 배우자 _____님을 위해서 기도합니다. 함께 해온 지난 시간들보다 앞으로 함께하는 시간들이 더 복되게 하소서. 앞으로 남은 생은 주 안에서 더욱 빛나는 시간들이 되게 하소서. 이 가문의 자자손손이 종려나무처럼 번성하게 하시고 백향목처럼 성장하게 하소서. 이 가문이 하나님의 뜻에 늘 거하게 하시고 풍족하고 청청한 주님의 상록수가 되게 하소서.

이 땅의 선조들은 인간의 수명은 육십까지이고 그 이상은 덤으로 사는 것이라고 했지만 _____님의 남은 생은 덤으로 사는 인생을 뛰어넘어 지난날보다 주님과 더 친밀하며, 주신 사명에 더욱더 순종하는 거룩한 주의 자녀로서의 삶이 되게 하소서. "인생은 육십부터"라는 아주 흔한 말처럼 인생의 시작점에 다시 한 번 섰사오니 야곱이 돌고 돌아 벧엘의 하나님을 다시 만난 것처럼 신앙의 초심으로 돌아가게 하소서. 하나님이 주신 사람들과의 관계를 점검하고 인생의 목표를 새롭게 하는 출발점이 되게 하소서. 백의종군白衣從軍하는 계기로 삼아 새로운 인생이 펼쳐지게 하소서.

모든 인생을 진리로 새롭게 하시는 우리 주 예수님의 이름으로 기도합니다. 아멘.

가정 생활의 경사 대표기도문

입주

그러므로 누구든지 나의 이 말을 듣고 행하는 자는 그 집을 반석 위에 지은 지혜로운 사람 같으리니 비가 내리고 창수가 나고 바람이 불어 그 집에 부딪치되 무너지지 아니하나니 이는 주추를 반석 위에 놓은 까닭이요 _(마태복음) 7장 24~25절

공간을 창조하시고 통치하시는 하나님!

이 시간 사랑하는 지체들과 함께 입주 감사예배로 영광을 돌리게 하시니 진심으로 감사합니다. 하나님 나라가 이곳에 임하기를 간절히 소망하며 예배를 드리오니 이곳에 임재하시어 이 장막을 통치하여 주소서.

하나님이 허락하신 새로운 보금자리를 위해 기도합니다. 새롭게 입주한 이 장막이 하나님을 모시는 아름다운 성전이 되게 하소서. 이 집의 대문은 축복의 통로가 되길 소망합니다. 이 대문을 통해 들어오는 모든 사람이 복을 받고, 나가는 사람도 복을 받은 축복의 통로가 되게 하소서. 무질서와 혼돈의 세력은 이 문을 통과하지 못하도록 하나님의 천군 천사로 지켜 주소서.

이 집의 주방은 힘의 원천이 되길 소원합니다. 주방에서 준비되는 모든 양식이 가족에게 큰 힘과 기쁨이 되게 하소서. 주방에서 조리로 섬기는 자들에게 기쁨이 넘치게 하소서. 모든 음식이 기도로 만들어지게 하시고 모든 사람이 그 음식을 감사함으로 먹고 마시게 하소서. 이 집의 식탁에는 늘 웃음이 가득 넘치게 하시고 속 깊은 대화를 통해 치유가 임하는 식탁이 되게 하소서.

이 집의 거실을 주님의 이름으로 축복합니다. 거실에 모이는 모든 영혼들에게 찬송이 넘치게 하시고 웃음과 격려가 넘치게 하소서. 침실은 사랑의 샘이 되게 하소서. 하나님은 사랑하는 자에게 잠을 주신다고 하신 것처럼 침실에서 잠을 자는 모든 영혼에게 숙면의 은혜가 있게 하여 주소서. 자녀들의 방은 지혜의 공간이 되게 하소서. 미래의 사명을 위해 한 걸음 한 걸음 준비할 때에 하나님이 주시는 꿈을 보는 축복의 공간이 되게 하소서. 특별히 이 장막의 창문은 세상과 소통하는 문이 되게 하소서. 이웃과 아름답게 소통하는 화평의 창문이 되게 하소서. 다니엘이 창문을 열고 예루살렘을 바라보았듯이 이 가정도 늘 교회를 향한 열린 마음을 갖게 하소서.

때로는 이곳이 선교 센터가 되길 원합니다. 이웃을 전도하는 공간으로 사용하여 주소서. 때로는 이곳이 힐링 센터가 되길 원합니다. 지치고 힘든 영혼이 잠시 쉼을 얻는 공간으로 사용하소서. 다윗은 백향목 궁전에 입주한 후 성전 건축에 대한 비전도 함께 품은 것처럼 이 가정도 하나님의 교회를 향한 비전들이 날마다 커지게 하소서.

말씀으로 세상을 창조하신 하나님, 이 시간도 목사님을 통해 선포될 하나님의 귀한 말씀을 기대합니다. 선포되는 말씀이 능력이 되어 이 가정에 거하길 원하오니 풍성한 은혜를 내려 주소서.

말씀대로 이루시는 예수님의 이름으로 기도합니다. 아멘.

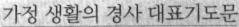

가정 생활의 경사 대표기도문

이사

여호와께서 아브람에게 이르시되 너는 너의 고향과 친척과 아버지의 집을 떠나 내가 네게 보여 줄 땅으로 가라 내가 너로 큰 민족을 이루고 네게 복을 주어 네 이름을 창대하게 하리니 너는 복이 될지라 _〈창세기〉 12장 1~2절

공중의 새를 기르시고 들꽃들을 입히시는 하나님!

주께서 사랑하시는 가정이 이사의 모든 과정을 마치고 감사의 마음으로 예배를 드리오니 이 예배를 기뻐 받아 주소서. 특히 새로운 안식처를 하나님에게 의탁하며 주의 임재를 사모하는 믿음을 주셔서 감사합니다. 이곳에 오기까지 모든 것이 하나님의 은혜였음을 고백합니다.

새로운 거처에 모든 기물이 질서 있게 자리 잡은 것처럼 모든 식구의 내면에도 믿음과 소망과 사랑이 질서 있게 채워지게 하소서. 이 집이 믿음의 집이 되게 하소서. 온 가족이 한마음으로 하나님만을 믿고 신뢰하게 하소서. 구원의 방주에 들어간 노아의 가족이 한마음으로 하나님을 예배한 것처럼 예배가 살아 있는 가정이 되게 하소서. 가정예배가 드려질 때마다 하나님이 흠향하시고 이 집에 복을 내려 주소서. 이 집이 말씀과 기도로 가득 차게 하소서.

이 집이 소망의 집이 되게 하소서. 하나님의 비전을 품고 가나안으로 이사한 아브라함처럼 이 가정도 하나님의 비전을 바라보게 하소서. 새 집으로 오려면 옛 집을 포기해야 하듯 이 가정이 영원한 집을 바라보며 하나님만을 소망하게 하소서. 나그네와 같은 인생을 접고 영원한 장막에 거하게 될 그날을 간절히 소망하는 가정이 되게 하소서.

더불어 이 집이 사랑의 집이 되게 하소서. 한 가족으로 불러 주신 가족 공동체가 사랑으로 하나 되게 하소서. 서로의 모습이 달라 이해하기 어려울지라도 주의 사랑으로 서로를 품는 가정이 되게 하소서. 사랑은 자기희생이 있을 때 열매를 맺는다고 한 것처럼 가족 모두가 서로 섬기고 희생함으로 고귀한 사랑의 열매를 맺어 가게 하소서.

이 가정이 새로운 이웃과 만나게 될 때에 서로에게 좋은 만남으로 이어지게 하소서. 이웃들이 이 집에서 풍기는 그리스도의 향기를 맡고 예수님에 대해 관심을 갖게 하소서. 이 가정에서 비추이는 빛을 통해 도전을 받게 하소서. 이 장막이 소금의 역할을 감당함으로 이 지역에 맛을 더하게 하소서. 요셉이 가는 곳마다 하나님의 복이 임했던 것처럼 새롭게 이사 온 이 가정을 통해 이 지역이 하나님의 복으로 충만하게 하소서.

모든 가족이 새로운 처소에서 잘 적응하게 하소서. 등하교와 출퇴근의 어색함이 빨리 극복되게 하소서. 새로운 거처에서 교회를 출석하는 일에도 빠르게 적응되게 하소서. 하나님이 함께하시면 모든 일이 합력하여 선을 이룰 줄 믿으며 새로움을 기쁨으로 받아들이게 될 줄 믿습니다.

우리의 발걸음을 인도하시는 거룩하신 우리 구주 예수님의 이름으로 기도합니다. 아멘.

기도는 그리스도인에게
새 생명의 호흡을 가능하게 해주는 유일한 통로이다.

2장

입학과 졸업 대표기도문

입학과 졸업 대표기도문

유치원 입학

예수는 지혜와 키가 자라가며 하나님과 사람에게 더욱 사랑스러워 가시더라 _(누가복음) 2장 52절

사랑이 많으신 하나님 아버지!

우리 모두 _____(이)의 유치원 입학 소식을 듣고 기쁜 마음으로 달려와 감사 예배를 드립니다. 이 시간 마음을 다해 예배하고 있는 _____(이)와 부모님에게 주의 은총을 충만하게 내려 주소서. 무엇보다 _____(이)가 예수님을 닮아 지혜가 자라게 하시고 키도 무럭무럭 자라게 해주시니 감사합니다. 집에서는 부모님과 가족에게 기쁨이 되고 교회에서도 목사님과 교우들에게 사랑스러운 어린이가 되게 하시니 감사합니다.

이제 부모의 품을 떠나 유치원이라는 새로운 환경에서 생활하게 됩니다. 그곳에서 잘 적응하며 생활하게 하소서. 원장님과 선생님의 말씀에 순종하게 하시고 다른 원생들과 조화롭게 지내게 하소서. 원장님과 선생님의 마음에 예수님의 사랑을 부어 주셔서 _____(이)를 자신의 자녀처럼 소중하게 가르치게 하소서. 등하교를 도와주실 통학 지도 선생

님과 버스 기사님에게 명철함을 주사 안전하게 지도하도록 도우소서.

부모와 교회로부터 신앙 교육을 받은 _____(이)가 유치원에서 생활할 때 예수님을 닮은 어린이답게 생활하게 하소서. 식사 시간에는 두 손 모아 감사의 기도를 드리게 하소서. 노는 시간에는 친구를 소중히 여기며 배려하게 하소서. 공부 시간에는 선생님에게 집중하게 하시고 유치원에서 소중하고 멋진 꿈들이 자라나게 하소서. 기초 지식과 질서를 배울 때 명석한 머리를 허락하시고 친구에게는 따뜻한 마음을 허락하소서. 예수님처럼 서로 사랑하고 양보하며 예수님의 향기를 발하는 작은 예수가 되게 하소서.

무엇보다도 _____(이)의 믿음이 성장하고 성숙되게 하소서. 교회학교 유치부를 인도하시는 교역자와 선생님이 바른 신앙 교육을 할 수 있도록 성령 충만하게 하소서. _____(이)가 어릴 때부터 사무엘처럼 하나님의 말씀을 듣는 아이가 되게 하소서. 요셉처럼 하나님의 꿈을 꾸는 아이가 되게 하소서. 예수님처럼 하나님만을 사랑하는 아이가 되게 하소서. 예수님의 성품을 닮아 훌륭한 성품으로 성숙되게 하소서. 그래서 하나님을 미소 짓게 하는 아이가 되게 하소서.

부모님을 위해서 기도합니다. 자녀 교육을 실패한 제사장 엘리를 기억하게 하소서. 신앙에 기초한 자녀 교육에 힘쓰게 하소서. 부모님이 한마음으로 기도할 때 그 기도에 응답하사 _____(이)를 사무엘처럼 세워 주실 줄 믿습니다. 장차 나라와 민족과 열방을 위해 크게 쓰임 받을 일꾼으로 세워 주시리라 믿습니다.

사랑이 많으신 예수님의 이름으로 기도합니다. 아멘.

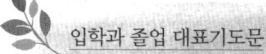
입학과 졸업 대표기도문

초등학교 입학

네 길을 여호와께 맡기라 그를 의지하면 그가 이루시고 네 의를 빛같이 나타내시며 네 공의를 정오의 빛같이 하시리로다 _〈시편〉 37편 5~6절

어린이를 사랑하시는 하나님 아버지!

_____(이)가 유치원 과정을 잘 마치고 건강하게 자라 초등학교에 입학하게 하심을 감사합니다. 부모님의 기도에 응답하셔서 예수님처럼 지혜와 키가 자라나 공교육의 첫 관문에 들어가게 하심을 감사합니다.

먼저 _____(이)를 위해서 기도합니다. _____(이)가 초등학교 6년의 시간을 보낼 때 전인적인 성장과 성숙이 이루어지게 하소서. 가장 우선적으로 영적인 성숙이 있게 하소서. 사무엘처럼 하나님의 집에 머물며 하나님의 음성을 들을 수 있는 영적인 귀를 열어 주소서. 하나님의 말씀인 성경을 매일 아침 묵상하게 도와주소서. 말씀 묵상 시간을 통해 _____(이)의 영혼이 치유되며 힘을 얻는 시간이 되게 하소서. 예수님이 열두 살 때 이미 하나님의 말씀으로 충만했던 것처럼 _____(이)의 머리와 가슴에도 하나님의 말씀이 충만케 하소서.

_____(이)의 마음이 자라게 해주소서. 오병이어를 아낌없이 주님에

게 드린 어린이처럼 사람을 사랑할 줄 알고 섬길 줄 아는 어린이가 되게 하소서. 초등학교라는 낯선 환경에 잘 적응하게 하시고 선생님과 친구들의 새로운 얼굴을 하나하나 잘 익혀서 좋은 관계를 맺을 수 있도록 도와주소서. 선생님의 가르침을 잘 받아들일 수 있는 열린 마음을 주시고 같은 반 친구들과도 원만한 관계를 유지할 수 있도록 인도하소서. 예수님처럼 사랑하고 사랑받을 수 있는 마음이 튼튼한 어린이가 되게 하소서.

더불어 _____(이)의 육체도 더욱 튼튼히 잘 자라게 하소서. 아침에 일찍 일어나 등교할 수 있는 강인한 체력을 주소서. 학교생활을 잘 따라갈 수 있는 성실한 마음을 주소서. 일기와 독서록을 통해 마음의 양식이 잘 쌓이게 하시고 학문의 기초석을 놓는 초등학교 시절이 되게 하소서. 초등학교 6년의 주춧돌이 잘 놓여짐으로 멋진 청소년으로 성장하게 하소서.

부모님들은 욕심을 버리게 하소서. 어머니 무릎에서 모세가 신앙을 배웠듯이 _____(이)를 주의 교훈과 훈계로 잘 양육하게 하소서. 잘 키워 보겠다는 지나친 열정이 자녀를 숨막히게 할 수 있음을 항상 기억하게 하소서. 자녀는 부모의 소유가 아니라 하나님의 소유임을 잊지 않게 하소서. 내 뜻이 아닌 하나님의 뜻대로 잘 양육하게 하소서.

화장실은 잘 갈지, 높은 학년 아이들이 해코지를 하지는 않을지 걱정이 됩니다. 이런 모든 염려와 걱정을 다 주님 앞에 내려놓게 하소서.

지금까지 지켜 주신 하나님이 앞으로도 동일하게 지켜 주실 줄 믿으며 예수님의 이름으로 기도합니다. 아멘.

입학과 졸업 대표기도문

초등학교 졸업 (중학교 입학)

사무엘이 돌을 취하여 미스바와 센 사이에 세워 이르되 여호와께서 여기까지 우리를 도우셨다 하고 그 이름을 에벤에셀이라 하니라 _(사무엘상) 7장 12절

사랑이 많으신 하나님 아버지!

_____(이)가 6년 동안의 긴 여정을 마치고 초등학교를 졸업하게 하시니 감사합니다. 엄마 손을 붙잡고 떨리는 마음으로 입학한 것이 엊그제 같은데 이렇게 어엿한 청소년이 되어 중학교에 입학하게 하시니 감사합니다. 이 시간 가족과 졸업과 입학의 기쁨을 나누며 주께 감사의 예배를 드리오니 받아 주소서.

이제 청소년이라는 새 옷으로 갈아입는 _____(이)를 주님의 손에 의탁드립니다. 질풍노도와 같은 청소년 시기를 주 안에서 잘 보낼 수 있도록 도와주소서. 우리에게 가장 중요한 신앙을 붙잡아 주소서. 자아 발견의 진통을 겪을 때에 하나님 앞에서 자신을 발견하게 하소서. 죄인인 자신을 직면하게 하시고 하나님에게 나아가 구원의 손을 붙잡게 하소서. 자신이 어디로부터 왔는지 고민될 때에 생명의 근원 되신 하나님을 볼 수 있게 하소서. 자신의 인생의 끝은 어디인지 알고자 할 때에 하

나님 나라를 깨닫게 하소서.

사랑하는 _____(이)의 마음과 생각도 붙들어 주소서. 중2병이라는 말이 생길 정도로 힘든 시기가 되겠지만 성장과 성숙의 아픔을 겪어야 한다면 주 안에서 잘 아프고 잘 치유되게 하소서. 번데기를 벗어야 나비가 되듯 변화의 과정을 잘 극복하도록 도와주소서. 지정의가 균형 잡힌 멋진 청소년으로 성장하게 하소서. 입술의 모든 말과 마음의 묵상이 주님께서 받으시기에 합당하게 하소서.

몸이 성장함으로 생기는 변화에도 잘 적응하게 하소서. 남성과 여성에 눈을 뜨게 될 때에 건강한 정보와 시각이 만들어지게 하소서. 성적인 유혹들로부터 자신을 지킬 수 있는 순결한 믿음도 허락하여 주소서. 세상에서 하나뿐인 자신의 모습을 사랑하게 하소서. 자만심과 열등감에 치우치지 않는 당당한 _____(이)가 되게 하소서.

중학교 생활도 잘 감당하게 도와주소서. 새로 입는 중학교 교복처럼 모든 것이 낯선 환경일지라도 하나님과 함께 잘 적응하도록 능력을 주소서. 평생을 함께할 수 있는 좋은 친구를 만나게 하소서. 여호수아와 갈렙 같은 믿음의 동지를 만날 수 있는 은총을 주소서. 지혜와 명철을 주셔서 고등학교로 이어지는 학문의 기초석도 잘 쌓아 가게 하소서. 우리 교회 주일학교에서도 디딤돌의 역할을 하는 멋진 중등부 학생이 되게 하소서. 고등부 선배를 잘 받쳐 주고 초등부 후배들을 잘 이끌어 주는 이음쇠 역할을 잘 감당하게 하소서. 여기까지 우리를 도우신 에벤에셀의 하나님이 앞으로도 도우실 줄 믿습니다.

_____(이)의 중학교 3년을 축복하며 우리 구주 예수님의 이름으로 기도합니다. 아멘.

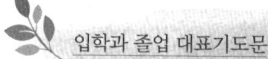

중학교 졸업 (고등학교 입학)

너희 염려를 다 주께 맡기라 이는 그가 너희를 돌보심이라 _〈베드로전서〉 5장 7절

우리를 돌보시는 하나님 아버지!

사랑하는 _____ 학생이 중학교를 졸업하고 고등학교에 입학할 수 있는 은총을 주시니 감사합니다. 쉽지 않았던 3년의 시간 속에서 거센 바람과 소용돌이가 불 때마다 하나님은 능력의 손으로 붙잡아 주셨음을 고백합니다. 이제 _____ 학생이 사춘기의 모든 어려움을 잘 이겨 내고 의젓한 고등학생으로 서게 하시니 진심으로 감사합니다. 이 시간 하나님에게 감사의 마음을 올려 드리며 예배를 드리오니 영광과 존귀를 받아 주소서.

이제 피할 수 없는 입시 앞에 서게 될 _____ 학생을 위해 기도합니다. _____ 학생이 다니엘의 지혜를 얻게 하소서. 왕궁 학교에서 바벨론의 학문을 깊이 연구했던 다니엘의 성실을 본받게 하소서. 하지만 금신상 앞에서 당당하게 우상 숭배를 거부했던 믿음을 본받게 하소서. 신앙과 학문이 균형 잡혔던 다니엘처럼 고등학교의 생활을 멋지고 아름답게 감당하게 하소서. 입시라는 핑계로 신앙 생활을 등지지 않게 하소서. 또한 신앙과 교회 때문에 입시를 포기했다고 변명하지 않게 하소서.

_____ 학생의 고교 시절에 예수님을 인격적으로 만나는 최고의 은총을 베풀어 주소서. 부활하신 예수님을 직접 만남으로 구원의 확신을 얻게 하소서. 등교하기 위해 집을 나서는 그 순간부터 주님을 찬양하게 하소서. 기쁠 때에는 기쁨의 찬미를 드리고 힘들 때에는 고백의 찬송을 드리게 하소서. 쉬지 않고 주님을 의지하며 기도하게 하소서. 먼 훗날 이 시간을 뒤돌아볼 때 믿음으로 승리하였노라고 고백할 수 있는 멋진 나날들이 되게 하소서.

중학교에서 좋은 친구를 만나게 하신 것처럼 고등학교에서도 좋은 만남으로 인도하여 주소서. 다윗에게 요나단이라는 좋은 친구가 있었고 바울에게 바나바라는 좋은 친구가 있었듯이 믿음의 친구를 만나게 하소서. 어렵고 힘들 때 서로 의지하고 기도해 줄 수 있는 신앙의 동지를 만나게 하소서.

이제 더 긴장하며 기도할 부모님을 위해서 기도합니다. 자녀에 대한 모든 염려를 하나님에게 맡기게 하소서. 우리를 돌보시는 하나님의 능력을 더욱 신뢰하게 하소서. 로이스와 유니게가 기도의 지원 사역을 통해 청소년 디모데를 멋진 청년으로 길러 낸 것처럼 부모님과 우리도 합심해서 _____ 학생을 위해서 기도하게 하소서. 청소년부를 지도하시는 목사님과 교사들에게 지혜와 명철을 주소서. 뜨거운 가슴으로 청소년을 품고 지도하게 하소서.

우리의 친구 되시는 예수님의 이름으로 기도합니다. 아멘.

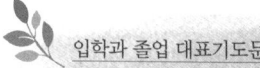

입학과 졸업 대표기도문

수능

너의 행사를 여호와께 맡기라 그리하면 네가 경영하는 것이 이루어지리라
_〈잠언〉 16장 3절

주께서 사랑하시는 자녀 _____ 학생이 대학수학능력시험을 앞두고 하나님을 의지하는 마음으로 예배를 드리게 하시니 감사합니다. 우리는 연약한 인간인지라 인생의 중대사 앞에서 주님을 의지할 수밖에 없음을 고백합니다. 부활하신 예수님이 집안의 모든 문을 걸어 잠근 채 두려움에 갇혀 있던 제자들을 찾아가신 것을 기억합니다. 그리고 "평안할지어다"라고 말씀하여 주신 것도 기억합니다. 동일한 평안을 우리에게 부어 주시길 소망합니다.

하나님이 평안을 주신다면 수능은 더 이상 두려움의 시간이 아니라 소망의 시간이 될 줄 믿습니다. 두렵고 떨리는 마음과 두근대는 심장을 주님의 평안으로 붙잡아 주소서. 결과에 대해 불안한 생각으로 긴장할 때마다 세상이 알 수 없는 평안함으로 함께하소서.

지난 초·중·고 12년 동안에 땀과 눈물로 뿌렸던 학업의 씨앗들이 수능으로 열매 맺어 돌아오게 하소서. 다윗이 평상시에 끊임없이 연습했던 물맷돌 위에 하나님의 능력이 더해질 때 천하의 골리앗도 쓰러뜨릴 수 있었듯이 _____ 학생도 주님의 능력을 의지함으로 담대하게 시험 문제를 대하게 하소서. 그동안 배우고 익혔던 모든 지식이 하나님의 지혜 안에서 잘 기억나게 하소서. 장애물 달리기 선수가 허들 하나하나를 가볍게 넘어가듯이 한 문제 한 문제를 기도하는 마음으로 잘 풀어나갈 수 있도록 지혜를 주소서. 혹여 어려운 문제를 만나더라도 흔들리지 말고 담대한 마음으로 난관을 헤쳐 나가게 하소서.

하나님이 시험 중에 함께하셔서 _____ 학생에게 평안을 덧입혀 주소서. 시험 당일의 몸과 마음의 상태를 붙들어 주소서. 시험장에 들어서는 순간부터 시험장을 나오는 시간까지 매분 매초 하나님의 능력으로 붙들어 주소서.

시험장 밖에서 기도로 도울 부모님과도 함께해 주소서. 십자가를 지고 골고다 언덕을 오르시는 예수님을 바라보던 마리아처럼 안타까운 마음이 들 때마다 성령의 위로를 부어 주소서. 그 두렵고 떨리는 마음을 주님의 손길로 꽉 붙잡아 주소서.

수능 이후의 일정 가운데도 함께하셔서 선한 길로 인도하여 주소서. 결과에 낙심치 말게 하시고 하나님의 인도하심을 따르게 하소서. 주님이 말씀하시면 앞으로 나아가고 주님 뜻이 아니면 멈추어 설 수 있는 용기를 주소서. 우리의 삶의 목표는 명문 대학이 아니라 명문 제자가 되는 것임을 한시도 잊지 않게 하소서. 수능 이후의 시간이 게으름과 나태의 시간이 되지 않게 하시고 방종의 유혹이 찾아올 때마다 성령의 능력으로 물리치게 하소서.

평안을 주시는 예수님의 이름으로 기도합니다. 아멘.

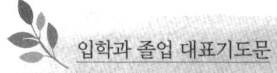

입학과 졸업 대표기도문

실기(논술)시험

아무것도 염려하지 말고 다만 모든 일에 기도와 간구로, 너희 구할 것을 감사함으로 하나님께 아뢰라 그리하면 모든 지각에 뛰어난 하나님의 평강이 그리스도 예수 안에서 너희 마음과 생각을 지키시리라 _〈빌립보서〉 4장 6~7절

모든 지각에 뛰어나신 하나님 아버지!

존귀한 하나님의 자녀 _____ 학생에게 아름답고 귀한 재능을 허락해 주셔서 감사합니다. 하나님이 주신 재능을 땅에 묻어 두지 아니하고 땀과 눈물을 통해 멋진 작품으로 열매 맺게 하시니 감사합니다. 이제 실기 시험을 앞두고 잠시 주님 앞에 무릎을 꿇었습니다. 우리의 간절한 예배를 받으시고 하나님의 은총을 부어 주소서. 우리는 이미 수많은 과정을 통과할 때마다 하나님의 도우심을 경험했습니다. 우리의 마음과 생각을 지켜 주시는 하나님에게 모든 것을 맡기게 하소서.

아브라함의 종 엘리에셀이 "오늘 나에게 순조롭게 만나게 하사"라고 만남의 은총을 간구한 것처럼 우리에게도 만남의 은총을 베풀어 주소서. 공정한 심사관을 만날 수 있도록 도와주소서. 심사관에게 공정하신 하나님의 마음을 주사 _____ 학생의 능력을 정확하게 평가하게 하소서. 그동안 끊임없는 자신과의 싸움을 통해 갈고닦았던 실력을 공정하게 평가받게 하소서. 심사관의 마음이 불공정한 원인 때문에 흐트러지지 않게 하소서. 지혜와 명철을 주사 바르게 판단하고 평가할 수 있는 분별력을 주소서.

_____ 학생에게 담대함을 주사 심사관 앞에서 떨지 않게 하소서. 에스더의 믿음을 본받게 하소서. 에스더는 민족의 생사를 걸고 왕 앞에 긴장되고 떨리는 마음으로 나아갔음을 기억합니다. 우리도 에스더처럼 긴장되고 떨리는 마음을 감출 수 없음을 고백합니다. 하지만 에스더는 왕 앞에 서기 전부터 기도를 통해 하늘의 능력을 받았다는 사실을 알았습니다. 이제 우리도 에스더를 본받아 실기시험을 앞두고 기도하오니 우리에게 하늘의 능력을 허락하여 주소서.

예수님이 제자들에게 무엇을 말할지 걱정하지 말고 성령을 의지하라고 하신 말씀대로 우리는 성령님만을 의지하기로 결정합니다. 지혜의 영이신 성령께서 성경 66권의 기록자들을 감동시키시고 영감을 주신 것처럼 _____ 학생의 마음도 붙들어 주소서. 실기시험장에 설 때에 성령으로 충만하게 하소서. 성령님이 주시는 영감과 지혜로 실기 능력을 유감없이 발휘하게 하소서. 다윗의 수금 연주가 듣는 사울의 마음에 평안함을 준 것처럼 _____ 학생의 재능이 심사관들의 마음을 녹이게 하여 주소서.

공평하신 하나님, 심은 대로 거두리라는 하나님의 자연법칙대로 될 줄 믿습니다. 우리는 _____ 학생의 요행을 바라지 않음을 고백합니다. 오직 하나님만을 의지하오니 하나님의 은총을 실기시험 가운데 충만히 부어 주소서.

능력 주시는 예수님의 이름으로 기도합니다. 아멘.

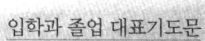

대학교 합격

하나님이 이 네 소년에게 학문을 주시고 모든 서적을 깨닫게 하시고 지혜를
주셨으니 다니엘은 또 모든 환상과 꿈을 깨달아 알더라 _(다니엘서) 1장 17절

은혜가 풍성하신 하나님 아버지!

이 시간 _____ 학생의 대학 합격 소식을 듣고 함께 즐거워하며 기쁨으로 예배를 드릴 수 있게 하시니 감사합니다. 그동안 책과 씨름하며 성실하게 준비해 온 땀의 결실을 아름답게 거두게 하시니 감사합니다. 대학이라는 고등 교육 기관에서 전문 분야를 연구할 수 있는 은혜를 주시니 감사합니다.

하나님이 대학 교육의 기회와 은혜를 주신 이유를 깨달아 알게 하소서. 하나님 나라와 온 인류와 지구촌을 섬기는 일꾼이 되라는 뜻임을 알게 하소서. 진리의 상아탑에서 학문을 연구할 때에 경건의 바탕 위에 전문 지식을 쌓아가게 하소서. 개인의 성공만을 위해 공부하지 않게 하시고 인류와 교회에 봉사할 능력을 준비하게 하소서. 민족의 아픔을 보게 하시고 나라의 실상을 깨닫게 하소서. 냉철한 지성으로 세상을 보게 하시고 하나님 나라의 관점으로 대안을 고민하게 하소서.

지금까지 인도하신 것처럼 _____ 학생이 대학에서도 만남의 은혜를 얻게 하소서. 대학에서 자신의 본보기가 될 수 있는 교수님을 만나게 하소서. 본받을 만한 선배와 연결되게 하시고 평생을 함께할 수 있는 친구도 만나게 하소서. 하나님의 비전을 함께 나눌 수 있는 캠퍼스 동역자도 만나게 하소서. 만남의 축복을 통하여 _____ 학생의 대학 생활이 더 풍성해지게 하시고 더불어 자신도 다른 사람에게 소중한 존재가 되게 하소서.

젊은 날에 창조주 하나님을 기억하게 하소서. 세상의 문화와 정면승부를 해야 할 때 물러서지 않게 하소서. 음주 문화와 개방적인 성 문화, 그리고 종교 다원주의 등의 공격을 진리의 방패로 잘 막아서게 하소서. 진리의 허리띠를 띠고 믿음의 방패로 무장하게 하소서. 순결한 가슴이 세상의 더러운 문화에 찌들지 않도록 보호하여 주소서.

하나님이 허락하신 인생의 황금기를 마음껏 누리게 하소서. 다시 돌아오지 않는 꽃과 같은 나날들을 주님과 함께 아름답게 수놓을 수 있게 하소서. 대학에 합격했다고 모든 것을 다 이룬 양 교만하지 않게 하소서. 대학이 인생의 최종 목적지가 아님을 알게 하시고 지금부터 더 차분하게 미래를 준비하게 하소서. 혹여 사람이 구분해 놓은 대학의 높고 낮음에 따라 교만하거나 낙심하지 않게 하소서.

밤낮으로 애쓰신 부모님의 수고의 땀과 기도의 눈물을 닦아 주소서. 함께 기도해 준 교회의 가족에게도 기쁨을 더해 주소서.

존귀하시고 겸손하신 예수님의 이름으로 기도합니다. 아멘.

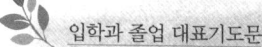 입학과 졸업 대표기도문

군 입대

내가 누워 자고 깨었으니 여호와께서 나를 붙드심이로다. 천만인이 나를 에워싸 진 친다 하여도 나는 두려워하지 아니하리이다 _〈시편〉 3편 5~6절

우리를 눈동자처럼 지키시는 하나님!

예수 그리스도의 좋은 군사 _____ 형제를 군대로 파송하기 전 믿음의 형제들이 한자리에 모여 예배로 환송합니다. 20여 년 동안 지혜와 키가 자라게 하셔서 군 입대가 가능한 영육의 강건함을 주셨으니 감사합니다. 군복이라는 멋진 제복을 입고 나라를 섬길 수 있는 기회를 주시니 감사합니다.

민간인에서 군인으로 거듭 태어나는 기초 군사 훈련을 잘 소화할 수 있도록 도와주소서. 몸과 마음이 새로운 환경에 잘 적응하도록 도와주소서. 교관의 지시와 명령을 잘 이해할 수 있는 지혜를 주시고 신속히 반응할 수 있는 판단력과 민첩함을 주소서. 훈련소 동기들과의 좋은 만남도 허락하셔서 끈끈한 전우애로 훈련의 어려움을 잘 이겨 나가게 하소서. 주특기 훈련도 잘 받게 하셔서 자대에서 임무를 수행하는 데 불편함이 없게 하소서. 자대에 배치될 때에는 _____ 형제가 합력하여 선

을 이룰 수 있는 적재적소로 인도하여 주소서.

약할 때 강함 되시는 주님, _____ 형제의 마음이 흔들릴 때마다 믿음으로 붙잡아 주소서. 군 생활의 기간이 연단의 과정이 되게 하소서. 힘들어도 참을 수 있는 인내가 연단되게 하소서. 육체와 마음의 고통을 이겨 내며 즐길 수 있는 인내가 훈련되게 하소서. 가슴에는 분단된 조국을 품어 내는 나라 사랑으로 채워지게 하소서. 자대에서 만나는 지휘관과 선임병에게 순종하는 법을 배우게 하시고 후임병을 잘 이끌어 갈 수 있는 리더십이 훈련되게 하소서. 육신은 가정과 교회와 지역사회를 이끌어 갈 강인한 체력으로 무장되게 하소서.

함께 신앙생활을 할 군인교회를 위해서 기도합니다. 군종 목사님과 믿음의 형제들을 은혜 가운데 만나게 하소서. 군 생활 중 무질서와 혼돈의 세력들이 음주와 흡연과 음란의 세상 문화로 공격해 올 때에 요셉처럼 순결한 믿음을 지켜 나가게 하소서.

귀하디 귀한 아들을 눈물로 군대에 보내는 어머니의 마음을 붙잡아 주소서. 군 선배로서 군대가 어떤 곳인 줄 알기에 더 마음이 아픈 아버지의 마음도 붙들어 주소서. 하지만 눈물과 땀의 골짜기를 통과해야만 진짜 사나이, 멋진 사나이로 태어날 수 있으니, 아들을 보내는 부모님의 마음을 위로해 주소서.

만군의 하나님이 하나님의 군대로 _____ 형제를 호위하여 주심으로 머리털 하나 상하지 않게 하실 줄 믿습니다. 생명줄이 되시는 주님만 꼭 붙잡고 첫 휴가 때까지 모든 과정을 잘 마치게 하소서.

우리의 대장 되시는 예수님의 이름으로 기도합니다. 아멘.

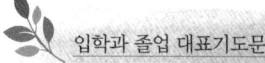

입학과 졸업 대표기도문

군 휴가

수고하고 무거운 짐 진 자들아 다 내게로 오라 내가 너희를 쉬게 하리라
_〈마태복음〉 11장 28절

우리에게 안식을 주시는 하나님!

나라의 부름을 받아 군 복무 중이던 _____ 형제가 잠시 휴가를 통해 안식과 쉼을 누리게 하시니 감사합니다. 군 입대 전 두려움으로 가슴 졸이던 시간이 엊그제 같은데 이렇게 늠름한 대한민국 군인으로 우리 앞에 서게 하시니 진심으로 감사합니다.

_____ 형제가 며칠간의 꿀맛 같은 휴가를 누릴 때 영육 간에 재충전이 될 수 있도록 도와주소서. 고된 훈련과 근무로 지쳐 있던 육체가 충분한 쉼을 누리게 하소서. 주님은 사랑하는 자에게 잠을 주신다고 하셨사오니 _____ 형제가 잠을 잘 때에 숙면의 은혜로 함께하소서. 그동안 먹고 싶었던 집 밥을 먹으며 어머니의 사랑으로 지친 영육이 회복되게 하소서. 보고 싶었던 믿음의 형제를 만나 대화하며 기도할 때 영적인 회복이 있게 하소서. 예배 시간을 통해 영적인 재무장이 되게 하시고 잃어버렸던 사명감도 다시 새로워지게 하소서.

휴가 중 가정에서 쉴 때에 평소에 부모님에게 못 다했던 효도를 하게 하소서. 강인한 정신과 단련된 육체로 가정의 필요를 잠시나마 채워 주게 하소서. 형제의 변화된 모습을 보며 부모님이 안심하며 기쁨을 누리게 하소서.

군에서도 죄의 유혹을 잘 이겨 낸 것처럼 휴가 기간에도 영적인 긴장을 늦추지 않게 하소서. 진정한 안식은 주님으로부터 온다는 것을 믿으며 일탈 행위를 절제할 수 있도록 건강함을 주소서. 다윗이 나라가 전쟁 중임에도 왕궁에서 휴가를 즐기다가 짓지 말아야 할 죄를 범했던 것을 기억하게 하소서.

부대로 복귀하기 전 알 수 없는 아쉬움과 두려움이 몰려올 때에는 마음속에 용기를 더해 주소서. 군대를 선교지로 생각하고 주님의 십자가를 생각하며 담대하게 복귀하게 하소서. 복귀한 후에도 하나님이 지금까지 지켜 주신 것처럼 앞으로 지켜 주실 줄 믿습니다. 거듭되는 근무와 훈련 속에서 안전 사고를 당하지 않도록 주님의 그 크신 팔로 안아 주소서. 병영에서 일어나는 다양한 관계의 문제를 지혜롭게 잘 풀어 가게 하소서. 병영 생활을 통해 다양한 연단과 훈련으로 단련되어서 진정한 사나이로 거듭나게 하소서.

복귀하는 아들의 뒷모습을 보며 또다시 노심초사할 부모님을 붙들어 주소서. 쉬지 않고 기도하는 부모님의 눈물의 기도에 응답하시어 _____ 형제가 제대하는 그날까지 건강한 모습으로 군 복무를 잘 하게 하소서. 이 아들의 군 생활이 인생 가운데 잊지 못할 소중한 날들이 되게 하소서. 나라를 위해 헌신한 젊은 날이 헛되지 않게 하소서.

쉼과 평안을 주시는 예수님의 이름으로 기도합니다. 아멘.

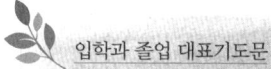

입학과 졸업 대표기도문

군 제대

너는 그리스도 예수의 좋은 병사로 나와 함께 고난을 받으라 병사로 복무하는
자는 자기 생활에 얽매이는 자가 하나도 없나니 이는 병사로 모집한 자를
기쁘게 하려 함이라 _〈디모데후서〉 2장 3~4절

만군의 하나님 아버지!

사랑하는 _____ 형제가 군 복무를 은혜 가운데 마치고 만기 전역하게 하시니 감사합니다. 국방의 의무를 멋지게 감당하고 건강한 모습으로 진짜 사나이가 되어 돌아오게 하시니 진심으로 감사합니다. _____ 형제가 이전보다 더 듬직한 모습으로 가정과 교회를 섬기게 될 것을 생각하니 벌써부터 가슴이 벅차오름을 고백합니다.

제대 후 부모님과 가족과의 새로운 생활이 다시 시작됩니다. 제대한 _____ 형제를 가정 공동체가 잘 환영하고 맞이하게 하소서. 그로 인해 가정이 더욱 든든히 세워져 가게 하소서. 부모님에게 든든한 버팀목이 되게 하시고 형제들에게 힘이 되는 존재가 되게 하소서.

복학(취업)의 일정 가운데에도 함께해 주소서. 요셉이 하나님의 꿈을 품고 현실의 장애물들을 하나하나 뛰어넘은 것처럼 이 아들도 하나님의 인도하심을 기다리며 인내로 준비하게 하소서. 군에서 만남의 축복을 주신 것처럼 제대 후에도 꼭 필요한 사람들을 만나게 해주실 줄 믿습니다.

우리 교회 공동체 안에서도 그리스도 예수의 좋은 군사로서의 사명을 잘 감당하게 하소서. 청년부 안에서 없어서는 안 될 귀한 일꾼이 되게 하소서. 군대에서 배운 참된 공동체 생활의 비밀을 교회 지체들과 함께 나누게 하소서. 특별히 형제가 섬기던 군인 교회를 붙잡아 주소서. 군에 두고 온 군종 목사님과 믿음의 형제들을 지켜 주소서. 군인 교회에 남은 형제들도 제대할 때까지 강건하도록 도와주소서. 형제의 빈자리가 크지 않게 하시고 새로운 후임병이 그 자리를 대신할 수 있도록 도와주소서.

_____ 형제가 군대에서 연단받았던 덕목들을 생활 가운데 잘 적용하게 하소서. 규칙적인 생활 습관으로 미래와 비전을 성실하게 준비하게 하소서. 지휘관과 선임병에게 순종한 것처럼 공동체의 권위자들에 순복하게 하소서. 후임병을 잘 이끈 지도력으로 후배들을 잘 이끌어 가게 하소서. 그동안 연단과 훈련을 통해 무장된 강인한 정신으로 가정과 교회와 삶의 현장을 잘 섬기게 하소서. 특별히 군에서 분단된 조국의 아픔을 몸소 체험하게 하셨으니 이제는 조국의 통일을 위해서 작은 십자가를 질 수 있는 민족의 일꾼이 되게 하소서.

_____ 형제가 제대하기까지 늘 그 자리에서 나무 그늘이 되어 주신 부모님을 위로하여 주소서. 형제를 위해 함께 기도했던 교우들에게도 주의 격려를 내려 주소서.

선한 뜻대로 인도하실 예수님의 이름으로 기도합니다. 아멘.

기도는 그리스도인들의 영적인 건강을 유지하는
첫걸음이며 최고의 도구이다.

3장

교회 임직 대표기도문

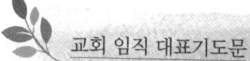
교회 임직 대표기도문

유아세례 1

이르되 내가 모태에서 알몸으로 나왔사온즉 또한 알몸이 그리로 돌아가올지라 주신 이도 여호와시요 거두신 이도 여호와시오니 여호와의 이름이 찬송을 받으실지니이다 하고 _(욥기) 1장 21절

사랑의 주 하나님 아버지!

도저히 사랑받을 수 없는 부패하고 타락한 우리를 미쁘게 여기시고 아들을 주시기까지 사랑하신 그 사랑에 감사합니다. 이 세상의 그 어느 것도 끊을 수 없는 위대하고 놀라우신 하나님의 사랑을 찬양합니다. 이 시간 예배하는 우리 모두가 하나님의 그 사랑을 누리며 그 사랑에 감격하여 오직 하나님만을 진실로 사랑하는 삶으로 인도하소서.

혹시라도 세상의 잘못된 사랑에 눈 돌리지 않게 하시고 세상이 미혹할 때에 도우셔서 오직 하나님 품 안에 거하도록 인도하소서. 주님의 손길이 필요한 우리를 버려 두지 마시고 늘 주님의 손으로 잡아 주소서.

어린아이를 사랑하시는 주님! 하나님이 사랑하시는 귀한 어린 영혼이 유아세례를 받게 하시니 감사합니다. 이 영혼이 믿음의 가정에서 태어나고 자라 유아세례를 받게 하시고, 교회와 가정의 큰 기쁨이 되게 하시니 감사합니다. 이 어린 영혼을 기억하여 주셔서 하나님만을 신뢰하고 하나님만을 섬기며 온 세상에 예수 그리스도의 이름을 전하는 주님의 큰 일꾼이 되게 하소서. 이 어린 영혼의 모든 삶을 주께서 주관하셔서 항상 교회를 중심으로 살며 무엇보다 믿음을 지키며, 예수 그리스도를 아는 것을 가장 소중히 여기는 아이가 되게 하소서.

죄악으로 가득한 세상에서 살아갈 때 하나님이 함께하셔서 이 어린 영혼이 세상의 악한 것에 눈을 돌리지 않게 하시고 세상의 쾌락과 유익에 마음을 빼앗기지 않게 지켜 주소서. 하나님을 대적하는 악한 것들을 경계하며 부패하고 어두운 세상에 예수 그리스도의 생명을 나타내는 소금과 빛이 되게 하소서. 인생의 모든 걸음을 항상 주께서 인도하시고 위험 가득한 세상에서 이 귀한 영혼의 안전을 지켜 주셔서 항상 주님만 따라 가게 하소서. 이 어린 영혼이 인생을 살아갈 때 필요한 모든 것을 주시고, 주신 것에 감사하는 주님의 자녀가 되게 하소서.

유아세례를 받은 이 어린 영혼이 자라서 입교할 때도 하나님이 함께하시고, 특히 부모님이 언제나 이 아이의 믿음의 본이 되게 하소서. 세상의 가치관으로 아이를 양육하지 않고 오직 참되고 의로우신 주님의 말씀으로 양육하게 하소서. 사랑하는 부모들이 먼저 예수 그리스도의 십자가 앞에서 무릎 꿇게 하시고 가정 안에서 하나님을 찬양하는 소리가 그치지 않게 하시며 항상 감사하는 부모가 되게 하소서.

이제 주님의 말씀을 전하는 주의 사자 위에 함께하셔서 이 가정에 가장 필요한 말씀이 선포되게 하소서. 이 말씀을 듣는 우리 모두가 우리를 기르시는 하나님 아버지를 경험하게 하소서.

새 생명을 기뻐하시는 예수님의 이름으로 기도합니다. 아멘.

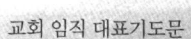

유아세례 2

예수께서 이르시되 어린아이들을 용납하고 내게 오는 것을 금하지 말라
천국이 이런 사람의 것이니라 _〈마태복음〉 19장 14절

사랑과 은혜가 풍성하신 하나님 아버지!

부패하고 악한 죄인인 우리를 불쌍히 여기셔서 예수 그리스도를 통해 구원하시니 감사합니다. 우리를 향한 하나님의 순전하고 완전한 그 사랑을 기억하며 날마다 그 은혜만을 찬양하며 살아가도록 도와주소서. 하나님을 사모하며 하나님이 원하시고 기뻐하시는 뜻을 이루는 하나님의 자녀가 될 수 있도록 인도하소서.

천국이 어린아이와 같은 사람의 것이라고 말씀하셨으니 감사합니다. 우리가 천국을 소유할 수 있는 길이 강력한 힘이나 큰 권세나 많은 재물이나 높은 명예였다면 우리가 어찌 구원을 얻을 수 있겠습니까! 오직 어린아이와 같은 순수한 믿음만이 천국을 소유할 수 있다고 말씀하여 주시니 감사합니다. 이 말씀에 의지하여 오직 예수 그리스도를 믿사오니 믿는 우리 모두를 천국 백성으로 삼아 주소서.

은혜가 풍성하신 하나님 아버지! 귀한 가정의 어린아이가 유아세례를 받게 하시니 감사합니다. 아직 자신의 입으로 믿음을 고백하지 못하지만 부모님의 신앙으로 유아세례를 받았으니 자라는 동안 예수 그리스도를 만나 십자가 앞에 자신의 죄를 내려놓고 예수 그리스도를 구주로 고백할 수 있게 도와주소서. 자라는 동안 주께서 함께하셔서 세상의 그 어떤 것도 이 아이를 해치지 못하게 지켜 주시고 세상의 헛된 가치관이 이 아이를 사로잡지 못하도록 인도하소서. 귀한 믿음의 가정에서 말씀으로 양육받게 하시고 세상이 아닌 하나님 나라를 위해 사는 믿음의 일꾼이 되게 하소서.

자라는 동안 필요한 것들을 잘 배우게 하시고 어떤 사고의 위험도 겪지 않게 하시고 건강하게 자라나게 하소서. 세상 가운데 살지만 세상과 타협하지 않게 하시고 오히려 세상을 변화시켜 하나님에게로 돌아오게 하는 복의 통로가 되게 하소서. 하나님이 원하시고 기뻐하시는 뜻이 무엇인지 깨달아 알게 하시고, 그의 삶을 통해 온전히 예수 그리스도를 드러내게 하소서.

믿음의 가정을 세우신 하나님 아버지! 이 가정을 기억하소서. 하나님을 사랑하고 하나님의 뜻에 따라 살기를 소원하는 이 가정을 도와주소서. 이 아이를 양육하는 부모님과 함께하셔서 온전한 믿음으로 양육하게 하시고 어떤 일이든 하나님의 뜻에 순종하게 하소서. 하나님이 주신 이 귀한 아이를 세상과 구별되게 하시고 언제나 주님이 동행하여 주소서. 이 귀한 가정에 하나님의 말씀을 전해 주실 주의 사자에게 복을 주시고 유아세례를 받은 아이와 이 가정이 평생을 두고 따를 하나님의 말씀이 선포되게 하소서.

죽기까지 우리를 사랑하신 예수님의 이름으로 기도합니다. 아멘.

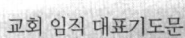

학습세례 1

누구든지 그리스도와 합하기 위하여 세례를 받은 자는 그리스도로
옷 입었느니라 _〈갈라디아서〉 3장 27절

존귀하신 하나님 아버지!

온 세상을 향하신 하나님의 크고 놀라우신 일을 찬양합니다. 잠시도 쉬지 않으시고 하나님의 백성들을 살피시고 계획하신 일을 이루시는 하나님의 크신 은혜를 찬양하며 감사합니다. 언제나 하나님의 그 계획하심 아래에 순종하며 살아가는 우리 모두가 되도록 인도하소서. 하나님의 뜻 안에서 살아가노라 말하면서도 오히려 하나님의 뜻을 훼방하며 살았던 우리가 아니었는지 돌이봅니다. 내 뜻대로 행하면서 이것이 하나님의 뜻이라고 우겼던 어리석음을 불쌍히 여기시고 용서하여 주소서.

하나님의 백성들을 불러 반석 위에 세우시는 하나님 아버지! 하나님이 택하신 자녀가 학습세례를 받게 하시니 감사합니다. 하나님의 백성으로 불러 주셔서 하나님을 알고 믿는 믿음을 주시니 감사합니다. 학습을 받고 세례를 받는 것이 곧 구원을 받는 길은 아니지만 학습세례를 통해 하나님의 자녀가 하나님을 알고 예수 그리스도를 구주로 믿는 것을 증명하게 하셨으니 감사합니다. 학습세례를 의례적인 것으로 여기지 않게 하시고 하나님이 그에게 주신 큰 은혜의 시간이라는 것을 알게 하소서.

학습세례를 받은 주님의 귀한 자녀가 이제 무엇보다도 하나님을 아는데 힘쓰게 하소서. 하나님이 무엇을 하셨는지, 하나님을 배신한 인간을 어떻게 구원하시는지를 깨닫게 하시고 지금도 살아 계셔서 사랑하는 주의 자녀의 모든 삶을 인도하시는 하나님을 만나게 하소서.

무엇보다도 하나님의 말씀을 듣는 것에 열심을 내게 하소서. 하나님의 말씀이 얼마나 달고 오묘한지를 알게 하셔서 말씀을 듣지 않고는 견딜 수 없는 심령을 주소서. 교회의 모든 공적인 예배에 참석하여 하나님을 예배하게 하시고 하나님의 이름을 찬양하며 높이는 것을 기뻐하게 하시고 쉬지 않고 하나님 앞에 엎드려 기도하는 믿음을 주소서. 하나님의 자녀로 살아가는 기쁨이 온 세상의 모든 것을 더한 것보다 더 크다는 것을 경험하게 하시고 세상의 그 어떤 것과 비교할 수 없는 하나님의 은혜를 날마다 맛보게 하소서.

우리를 양육하시는 하나님 아버지! 교회의 양육을 성실하게 받게 하시고 교회의 치리에 순종하게 하셔서 그 믿음이 그리스도의 장성한 분량에까지 이르러 정해진 시간에 하나님의 뜻에 따라 세례받을 수 있게 인도하소서. 이제 말씀을 전하시는 목사님의 입술을 주장하여 주소서.

사랑하는 주의 자녀와 늘 함께하심을 믿사오며 우리 구주 예수님의 이름으로 기도합니다. 아멘.

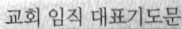

학습세례 2

너희는 이 세대를 본받지 말고 오직 마음을 새롭게 함으로 변화를 받아
하나님의 선하시고 기뻐하시고 온전하신 뜻이 무엇인지 분별하도록 하라
_〈로마서〉 12장 2절

거룩하신 하나님 아버지!

하나님의 자녀와 함께하셔서 새롭게 하시니 감사합니다. 스스로를 정결하게 하려고 아무리 애를 써도 우리는 더러운 죄를 조금도 씻을 수 없는 불쌍한 죄인입니다. 예수 그리스도께서 십자가에서 흘리신 보혈의 공로로 우리를 씻으시어 새롭게 하시니 감사합니다. 우리의 죄를 씻어 주신 주님의 그 크신 은혜를 온 마음으로 찬양하며 살게 하소서.

학습세례를 받은 사랑하는 주의 자녀를 기억하여 주소서. 어둔 세상에서 이리저리 헤매다가 하나님의 은혜로 학습세례를 받게 하시니 감사합니다. 예수 그리스도를 구주로 믿는 삶이 얼마나 풍성하고 아름다운지를 날마다 경험하게 하여 주소서. 눈을 들 때마다 예수 그리스도를 보게 하시고 항상 귀를 열어 하나님의 말씀을 듣게 하소서.

하나님을 더 많이 알게 하시고 더욱 굳센 믿음을 주소서. 모든 공적인 예배에 잘 참석하여 하나님을 예배하게 하시고 교회의 양육을 잘 받아고 하나님만을 섬기며 온 세상에 예수 그리스도의 이름을 전하는 주님의 큰 일꾼이 되게 하소서. 이 어린 영혼의 모든 삶을 주께서 주관하셔서 항상 교회를 중심으로 살며 무엇보다 믿음을 지키며, 예수 그리스도를 아는 것을 가장 소중히 여기는 아이가 되게 하소서.

죄악으로 가득한 세상에서 살아갈 때 하나님이 함께하셔서 이 어린 영혼이 세상의 악한 것에 눈을 돌리지 않게 하시고 세상의 쾌락과 유익에 마음을 빼앗기지 않게 지켜 주소서. 하나님을 대적하는 악한 것들을 경계하며 부패하고 어두운 세상에 예수 그리스도의 생명을 나타내는 소금과 빛이 되게 하소서. 인생의 모든 걸음을 항상 주께서 인도하시고 위험 가득한 세상에서 이 귀한 영혼의 안전을 지켜 주셔서 항상 주님만 따라 가게 하소서. 이 어린 영혼이 인생을 살아갈 때 필요한 모든 것을 주시고, 주신 것에 감사하는 주님의 자녀가 되게 하소서.

유아세례를 받은 이 어린 영혼이 자라서 입교할 때도 하나님이 함께하시고, 특히 부모님이 언제나 이 아이의 믿음의 본이 되게 하소서. 세상의 가치관으로 아이를 양육하지 않고 오직 참되고 의로우신 주님의 말씀으로 양육하게 하소서. 사랑하는 부모들이 먼저 예수 그리스도의 십자가 앞에서 무릎 꿇게 하시고 가정 안에서 하나님을 찬양하는 소리가 그치지 않게 하시며 항상 감사하는 부모가 되게 하소서.

이제 주님의 말씀을 전하는 주의 사자 위에 함께하셔서 이 가정에 가장 필요한 말씀이 선포되게 하소서. 이 말씀을 듣는 우리 모두가 우리를 기르시는 하나님 아버지를 경험하게 하소서.

새 생명을 기뻐하시는 예수님의 이름으로 기도합니다. 아멘.

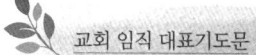
교회 임직 대표기도문

유아세례 2

예수께서 이르시되 어린아이들을 용납하고 내게 오는 것을 금하지 말라
천국이 이런 사람의 것이니라 _〈마태복음〉 19장 14절

사랑과 은혜가 풍성하신 하나님 아버지!

부패하고 악한 죄인인 우리를 불쌍히 여기셔서 예수 그리스도를 통해 구원하시니 감사합니다. 우리를 향한 하나님의 순전하고 완전한 그 사랑을 기억하며 날마다 그 은혜만을 찬양하며 살아가도록 도와주소서. 하나님을 사모하며 하나님이 원하시고 기뻐하시는 뜻을 이루는 하나님의 자녀가 될 수 있도록 인도하소서.

천국이 어린아이와 같은 사람의 것이라고 말씀하셨으니 감사합니다. 우리가 천국을 소유할 수 있는 길이 강력한 힘이나 큰 권세나 많은 재물이나 높은 명예였다면 우리가 어찌 구원을 얻을 수 있겠습니까! 오직 어린아이와 같은 순수한 믿음만이 천국을 소유할 수 있다고 말씀하여 주시니 감사합니다. 이 말씀에 의지하여 오직 예수 그리스도를 믿사오니 믿는 우리 모두를 천국 백성으로 삼아 주소서.

은혜가 풍성하신 하나님 아버지! 귀한 가정의 어린아이가 유아세례를

믿는 자와 함께하시는 하나님 아버지! 교회를 통해 주의 자녀가 세례를 받게 하셨으니 감사합니다. 하나님의 뜻에 순종할 뿐 아니라 교회의 치리에 순종하며 세례 교인의 의무를 잘 감당할 수 있게 도와주소서. 그의 평생에 하나님만을 영화롭게 하고 영원히 하나님만을 즐거워하게 하시고 예수 그리스도를 구주로 믿고 섬기게 하소서. 세례 교인으로서 살아갈 때 함께하셔서 주일을 지키고 십일조를 드리며 봉사하는 일에 소홀하지 않도록 인도하소서. 교회에서 드리는 모든 예배에 열심히 참석하게 하시고 온 몸과 마음으로 하나님의 선한 사명을 감당하게 하소서. 교회를 통해 더욱 잘 양육받게 하시고 하나님을 더 많이 알고 더 깊이 믿어 하나님이 맡기시는 더 큰 일을 감당할 수 있는 믿음의 일꾼이 되게 하소서.

하나님이 주신 모든 곳에서 세례받은 자로서 오직 예수 그리스도만 전하는 자가 되게 하소서. 하나님을 알지 못하는 사람에게 하나님을 전하며 예수 그리스도로 인한 구원을 선포하는 전도자가 되게 하소서. 부패하고 어두운 모든 곳에서 소금과 빛이 되게 하소서. 예수 그리스도의 마음으로 선한 행실을 하게 하시고 이것으로 예수 그리스도께서 영광 받으시는 주님의 제자가 되게 도와주소서.

사랑하는 주의 자녀가 성경을 읽을 때 말씀하여 주시고 기도할 때 응답해 주시고 찬양할 때 큰 은혜를 부어 주소서. 이제 말씀을 전하실 목사님과 함께하소서. 말씀이 선포될 때 하나님의 영을 부으셔서 하나님의 자녀로 살아갈 힘을 주소서.

지금도 살아 계셔서 역사하시는 우리 구주 예수님의 이름으로 기도합니다. 아멘.

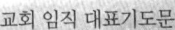

입교

오직 너희는 그리스도의 복음에 합당하게 생활하라 이는 내가 너희에게 가 보나 떠나 있으나 너희가 한마음으로 서서 한뜻으로 복음의 신앙을 위하여 협력하는 것과 무슨 일에든지 대적하는 자들 때문에 두려워하지 아니하는 이 일을 듣고자 함이라 이것이 그들에게는 멸망의 증거요 너희에게는 구원의 증거니 이는 하나님께로부터 난 것이라 _(빌립보서) 1장 27~28절

존귀하신 하나님 아버지!

도저히 하나님의 자녀가 될 수 없는 우리를 불러 예수 그리스도의 공로로 하나님의 자녀가 되게 하시니 그 은혜에 감사합니다. 우리가 하나님의 자녀라고 불릴 수 있는 유일한 이유는 예수 그리스도께서 우리를 위해 십자가에서 흘리신 보혈의 공로뿐임을 믿습니다. 우리를 살리신 예수 그리스도의 놀라우신 사랑을 영원히 찬양하게 하소서.

어려서 아무것도 알지 못할 때에 부모님의 신앙으로 유아세례를 받고 하나님의 은혜 가운데서 잘 자라게 하시고 이제 정한 때가 되어 입교하게 하셨으니 감사합니다. 이제 자신의 입으로 하나님을 창조주로, 또 십자가에서 피 흘려 죽으신 예수 그리스도를 구세주로 고백하였으니 주께서 이 고백을 기쁘게 받아 주소서. 입교하며 고백한 이 믿음이 흔들리지 않고 더욱 굳건해지도록 은혜 내려 주소서.

사랑하는 주의 자녀가 하나님의 뜻 안에서 입교하였으니 입교인으로

서의 책임과 의무를 다할 수 있게 하소서. 하나님과 사람 앞에서 손을 들고 서약한 내용들을 지키게 하시고 무엇보다 주일을 성수하며 하나님에게 십일조를 드리고 교회의 가르침에 순종하게 하소서. 하나님의 말씀을 듣고 배우는 것을 즐거워하게 하시고 다른 것을 하나님을 찬양하는 것보다 우선순위에 두지 않게 하시고 누리고 살아가는 모든 것에 감사하게 하소서. 자신의 모든 삶이 하나님이 주신 것이라는 것을 알고 하나님에게 순종하게 하시고 하나님이 주시지 않는 쾌락과 만족을 얻으려 헤매는 어리석은 자가 되지 않게 하소서.

사랑하는 주의 자녀가 하나님에게로부터 오는 복을 누리며 살게 하소서. 하나님을 섬김으로 세상의 그 어떤 것과도 비교할 수 없는 기쁨을 누리게 하시고, 이 땅 위에서 유익을 누리는 잠깐의 만족이 아니라 주께로부터 나오는 영원한 만족을 누리며 살게 하소서. 악한 세대 가운데 두려워하며 불안에 떨지 않게 하시고 예수 그리스도께서 주시는 세상이 줄 수 없는 평안을 누리게 하소서. 자신이 원하는 꿈을 이루며 스스로 높은 위치에 서는 것보다 하나님이 다스리는 나라에서 하나님의 뜻 가운데 살아가는 것이 더 크고 놀라운 복이라는 것을 알게 하셔서 오직 하나님 나라를 위해 살게 하소서.

입교한 주님의 자녀의 모든 삶 가운데 함께하실 하나님 아버지! 하나님이 사랑하는 주의 자녀에게 이 시간이 하나님을 만나는 인생의 가장 중요한 시간이 되게 하셔서 영원토록 하나님을 잊지 않게 인도하소서. 말씀을 전하실 주의 사자와 함께하셔서 듣는 우리 모두에게 은혜를 내려 주소서.

갈급한 사람을 만나 주시는 예수님의 이름으로 기도합니다. 아멘.

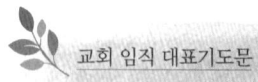

교회 임직 대표기도문

서리집사 임명 1

이와 같이 집사들도 정중하고 일구이언을 하지 아니하고 술에 인박히지 아니하고 더러운 이를 탐하지 아니하고 깨끗한 양심에 믿음의 비밀을 가진 자라야 할지니 _〈디모데전서〉 3장 8~9절

거룩하시고 신실하신 하나님 아버지!

하나님의 백성들을 향한 하나님의 크고 놀라운 사랑과 성실하심에 감사합니다. 아무런 의도 공로도 없는 죄인들을 위해 아들이신 예수 그리스도를 보내시고 십자가에서 피 흘려 죽게 하심으로 우리를 구원하신 은혜에 또한 감사합니다. 하나님을 사랑하고 하나님의 뜻을 이루기를 소망하며 믿음으로 살아가는 주의 백성을 서리집사로 삼으시니 감사합니다. 하나님이 이들을 택하여 주님의 일꾼으로 삼으셨으니 앞으로 이들이 주의 이름으로 행할 모든 일에 함께하여 주소서.

하나님이 주신 귀한 직분을 감당할 힘을 허락하시고 이 직분이 부담이 되거나 불편함이 되지 않게 하소서. 오히려 이 직분을 받음으로 말미암아 하나님을 더 깊이 사랑하고 믿는 은혜를 부어 주소서. 교회와 가정과 삶의 모든 자리에서 오직 예수 그리스도만을 나타내는 믿음의 사람이 되게 하소서. 교회를 통해 주신 직분이니 교회의 치리에 순종하게 하시고 집사로서 해야 하는 모든 의무에 기쁨으로 순종하게 하소서. 하나님이 교회를 통해 주시는 여러 가지 봉사를 선한 마음으로 하게 하시고 무엇보다도 잃어버린 영혼들을 찾게 하소서.

택하신 백성들을 위해 일하기를 멈추지 않으시는 하나님 아버지! 하나님의 이 놀라운 은혜에 감사하며 우리도 하나님을 위해 일하기를 쉬지 않게 하소서. 또한 집사님의 가정을 기억하셔서 이 가정이 집사님을 통해 하나님의 아름다운 사랑을 누리게 하시고 오직 예수 그리스도가 주인 되는 믿음의 가정이 되게 하소서. 사랑하는 집사님의 모든 삶의 자리에 함께하셔서 어디에서 무엇을 하든지 하나님이 기뻐하시는 믿음의 사람이 되게 하소서.

"항상 기뻐하라 쉬지 말고 기도하라 범사에 감사하라 이것이 그리스도 예수 안에서 너희를 향하신 하나님의 뜻이니라"고 하셨으니, 이 말씀을 기억하여 어떤 상황과 환경에서도 하나님 때문에 기뻐할 수 있게 하소서. 그리고 하나님에게 나아가 엎드려 하나님의 뜻을 묻는 기도를 쉬지 않게 하시며 언제나 주신 모든 것에 감사하는 집사님이 되게 하소서. 사랑하는 집사님을 통해 하나님 나라가 확장되며 예수 그리스도의 이름이 전파되게 하소서. 하나님께서 계획하고 이루시는 모든 선한 일에 사랑하는 집사님을 사용하여 주소서.

이제 주의 종을 통해 하나님의 말씀을 듣습니다. 종의 입술을 통해 사랑하는 집사님께 하나님의 음성을 들려주시고 하나님을 더 사모하는 심령을 허락하소서.

늘 우리와 함께하시는 예수님의 이름으로 기도합니다. 아멘.

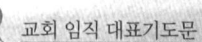 교회 임직 대표기도문

서리집사 임명 2

이르시되 추수할 것은 많되 일꾼이 적으니 그러므로 추수하는 주인에게 청하여
추수할 일꾼들을 보내 주소서 하라 _(누가복음) 10장 2절

모든 만물의 주인이신 하나님 아버지!

우리를 향한 하나님의 크고 놀라운 은혜를 기억합니다. 하나님 앞에 아무것도 자랑할 것이 없는 부족한 우리를 위해 아들을 보내시고 십자가에서 죽게 하심으로 우리를 구원하셨으니 감사합니다.

추수할 것은 많은데 일꾼이 적다는 예수 그리스도의 말씀을 기억합니다. 이 땅을 향한 하나님의 계획은 정말 크고 놀라운데 이 일을 감당할 일꾼이 없다는 예수 그리스도의 말씀이 우리의 마음을 아프게 합니다. 예수 그리스도를 구주로 믿었고 이제는 예수 그리스도의 제자로 살아간다고 말하면서도 주인의 일에 무관심하고 오히려 자신의 일을 행하기에만 급급하였던 어리석고 부족한 우리들이었음을 고백합니다. 불쌍히 여기시고 예수 그리스도의 참된 제자로 주님의 일을 감당할 수 있는 힘을 주소서.

일꾼을 찾으시는 하나님 아버지! 사랑하는 집사님을 불러 예수 그리스

도의 몸 된 교회를 통해 서리집사의 직분을 주시니 감사합니다. 하나님이 친히 찾으시고 부르셨으니 하나님이 주신 사명을 감당할 수 있는 능력을 더하여 주소서. 사람들이 부러워하는 힘이나 재물이나 능력으로 주님의 일을 감당할 수 있다고 생각하지 않게 하시고 오히려 하나님 앞에서 가장 겸손한 자세로 엎드릴 때 주시는 하나님의 능력으로 하나님의 일을 감당할 수 있음을 깨달아 알게 하소서.

예수 그리스도의 몸 된 교회를 위해 힘써 섬기는 집사님이 되게 하시고 함께 신앙생활하는 성도들의 신앙을 위해 자신의 것을 내어놓을 줄 아는 믿음의 사람이 되게 하소서. 교회의 치리에 순종하며, 교회의 모든 예배와 모임에 열심히 참석하게 하셔서 사랑하는 집사님을 통해 많은 사람이 믿음의 본을 받게 하소서. 교회에서 뿐만 아니라 처한 모든 상황에서도 예수 그리스도를 나타내는 삶을 살게 하소서. 가정에서도 예수 그리스도의 아름다운 사랑을 드러내게 하시고 집사님이 계시는 모든 곳에서 예수 그리스도로 말미암는 구원의 소식을 전하는 전도자가 되게 하소서.

새 힘을 주시는 하나님 아버지! 사랑하는 집사님을 기억하셔서 세상의 다른 헛된 것을 따르지 않고 오직 성령의 도우심을 구하고 성령의 이끄심을 따라가는 성령에 사로잡힌 자가 되게 하소서. 하나님의 말씀을 손에서 놓지 않게 하시고 때를 따라 도우시는 하나님에게 나아가는 겸손한 기도의 사람이 되게 하소서. 이 시간 우리 모두에게 말씀을 전하실 주의 사자 위에 함께하시고 하나님을 신뢰하는 일꾼을 부르셔서 큰일을 이루어 가시는 하나님을 만나게 하소서.

우리의 중보자이신 예수님의 이름으로 기도합니다. 아멘.

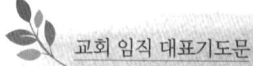
교회 임직 대표기도문

구역장 임명 1

이 복음을 위하여 그의 능력이 역사하시는 대로 내게 주신 하나님의 은혜의 선물을 따라 내가 일꾼이 되었노라 _〈에베소서〉 3장 7절

온 세상 모든 만물보다 더 뛰어나신 하나님 아버지!

연약하고 부족한 입술로 하나님의 존귀하심을 찬양합니다. 인간의 모든 언어를 더하여도 표현하지 못할 하나님의 아름다우심을 찬양하며 그토록 영광스러운 하나님이 부족한 우리를 자녀 삼아 주시니 또한 감사합니다. 우리가 가진 그 어떤 것으로도 하나님의 자녀가 되기에 부족하지만 예수 그리스도만 믿고 나아가면 우리를 자녀로 인정해 주시니 그 은혜에 감사합니다.

은혜로 채우시는 하나님 아버지! 하나님의 자녀들이 더불어 하나님을 예배하며 교제하는 귀한 교회를 허락하시니 감사합니다. 뿐만 아니라 각각의 구역을 주시고 함께 모여 예배하며 하나님의 말씀을 나누며 삶을 공유하고 하나님의 사랑을 누리게 하시니 감사합니다. 우리 교회에 주신 모든 구역 위에 임재하셔서 모일 때마다 하나님 나라를 경험하게 하소서.

귀한 구역장들을 세워 주시니 감사합니다. 사람의 뜻이 아니라 오직 하나님의 선하신 뜻인 줄 믿사오니 세워진 모든 구역장이 각자에게 주어진 하나님의 선한 뜻을 이루어가기에 부족함이 없게 하소서. 주님이 주신 귀한 사명이오니 이 사명을 감당할 수 있는 힘을 주시고 주님의 뜻이 아닌 것은 하지 않게 하시고 주님의 뜻이라면 어렵고 힘든 일이라도 믿음으로 감당할 수 있게 도와주소서. 늘 십자가 앞에 엎드려 자신의 믿음을 먼저 점검하게 하시고 눈물로 스스로의 죄를 회개하며 예수 그리스도와 함께 살아가는 구역장이 되게 하소서.

구하는 자에게 주시는 하나님 아버지! 사랑하는 구역장의 모든 사역 위에 함께하소서. 주님의 마음을 닮아 구역 식구들의 기쁨과 슬픔과 아픔을 이해하고 그들의 삶에 깊이 공감하며 모든 것을 함께 나누게 하소서. 가르치려 하기보다 주님의 아름다운 사랑을 함께 누리게 하시고 구역 식구들에게 신앙의 유익을 주는 모범적인 믿음의 사람이 되게 하소서. 구역장이 섬기는 직분이라는 것을 알게 하소서. 권위로 구역 식구를 대하지 않게 하시며 겸손과 배려로 그들을 섬기게 하소서.

구역이 모일 때 세상의 여러 가치관과 헛된 유익을 구하지 않게 하시고 우리를 위해 죽으신 예수 그리스도만을 말하게 하소서. 예수 그리스도의 구원의 은총을 나누며 그 은혜에 감사할 때 하나님 나라를 경험하는 복된 구역이 되도록 구역장의 믿음을 지켜 주소서.

이제 하나님의 말씀을 듣습니다. 구역장으로 임명받은 사랑하는 주의 자녀가 하나님의 선하신 일을 감당할 믿음의 말씀이 목사님의 입술을 통해 선포되게 하소서.

믿는 자들과 늘 함께하시는 예수님의 이름으로 기도합니다. 아멘.

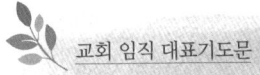 교회 임직 대표기도문

구역장 임명 2

날마다 마음을 같이하여 성전에 모이기를 힘쓰고 집에서 떡을 떼며 기쁨과 순전한 마음으로 음식을 먹고 하나님을 찬미하며 또 온 백성에게 칭송을 받으니 주께서 구원받는 사람을 날마다 더하게 하시니라 _〈사도행전〉 2장 46~47절

구원을 베푸시는 은혜의 하나님 아버지!

하나님의 백성들이 모일 때마다 함께하셔서 한량없는 은혜와 사랑을 베푸니 감사합니다. 지금 이 시간 하나님의 크신 은혜를 구하는 주의 백성들 가운데 임재하셔서 우리 모두가 하나님의 크신 은혜를 경험하게 하소서.

교회에 각각의 구역을 주시고 이 시간 구역장을 임명하게 하시니 감사합니다. 모든 것이 오직 하나님의 은혜로 이루어진 것임을 믿습니다. 성경에 기록된 초대 교회 성도들의 삶을 기억합니다. 한마음으로 성전에 모이기를 힘썼으며, 기쁘고 순전한 마음으로 음식을 나누었고, 하나님을 찬양하며 온 백성에게 칭찬을 받았던 그들처럼 우리 구역 모임이 이런 선한 모임이 되게 하소서. 모일 때에 오직 예수 그리스도의 마음으로 하나 되게 하시고 언제나 하나님이 주신 말씀을 나누며 오직 하나님 한 분만을 찬양하게 하소서. 그리하여 모든 구역을 통해 하나님을

알지 못하던 사람들이 하나님에게로 돌아오는 크고 놀라운 일을 이루어 주소서.

이런 일을 위해 하나님의 뜻 가운데 구역장을 세우셨음을 믿습니다. 하오니 하나님의 명령에 순종하게 하소서. 구역장의 직분을 부담스러워 하거나 귀찮게 여기지 않게 하시고 오히려 하나님 나라를 위해 선하게 사용될 좋은 기회로 삼게 하소서. 혹시라도 이 직분이 다른 사람보다 우위에 있다고 여겨 교만한 마음을 품지 않게 도와주소서. 제자들의 발을 씻기신 주님을 기억하여 오히려 더 낮고 겸손한 자세로 구역원들을 섬기게 하소서. 구역원들의 신앙과 삶을 돌아보는 일을 게을리하지 않게 하시고 주님이 맡기신 영혼들을 위하여 수고하며 눈물로 기도하는 참된 목자의 마음을 가지게 하소서.

하나님의 뜻에 따라 구역장으로 세우셨으니 언제나 돌보아 주소서. 구역을 살피며 구역원들을 돌볼 때 낙심하지 않도록 주님이 먼저 사랑하는 구역장을 살피고 돌보아 주소서. 어떠한 상황과 형편에 처하더라도 늘 함께하시며 손잡아 주시는 주님을 경험하게 하소서. 구역 모임을 이끌어 나가는 일이 힘에 겹고 어려워 눈물 흘릴 때에 친히 안아 주셔서 주님의 사랑이 얼마나 크고 놀라운지를 느끼게 하소서. 말씀을 공부할 때 그 말씀의 비밀을 깨닫게 하시고 기도할 때마다 응답하여 주소서. 오늘 임명되는 우리의 구역장이 있는 모든 곳에서 예수 그리스도의 향기가 나게 하시고 하나님 나라가 나타나게 하소서. 주님이 세우신 구역장에게 목사님이 준비된 말씀을 전하실 때 하나님의 선하신 뜻을 깨달아 알게 하소서.

언제나 도우시는 예수님의 이름으로 기도합니다. 아멘.

교회 임직 대표기도문

교사 임명 1

마땅히 행할 길을 아이에게 가르치라 그리하면 늙어도 그것을 떠나지 아니하리라 _〈잠언〉 22장 6절

거룩하신 하나님 아버지!

하나님의 백성들과 늘 함께하시며 그들의 길을 인도하시는 하나님의 크신 은혜에 감사합니다. 날마다 베푸시는 하나님의 은혜에 감사하며 살아가는 주님의 백성들을 잊지 않으시니 또한 감사합니다. 무엇보다 택하신 백성들이 하나님의 뜻에 순종할 때 이들을 통해 하나님의 크신 일을 이루어가시니 감사합니다. 하나님이 계획하신 모든 선한 일을 이루기 위해 세우신 일꾼들을 사용하소서. 또한 그들에게 능력 주사 온전히 하나님이 주시는 새 힘을 공급받게 하소서.

하나님 나라를 세워 가는 일에 귀한 주님의 일꾼으로 부르셔서 교사로 삼으시니 감사합니다. 우리의 생각과 뜻으로 일하지 않게 하시고 언제나 예수 그리스도의 십자가 아래 나아가 하나님의 뜻을 겸손히 구하는 교사가 되게 하소서. 또한 직분을 자랑하지 않게 하시고 오직 예수 그리스도만 자랑하는 참된 교사가 되게 하소서.

진정한 교사였던 예수 그리스도를 기억합니다. 예수 그리스도께서는 제자들을 부르시고 함께하시면서 제자들을 가르치셨습니다. 제자들이 둔하여 주님의 뜻을 이해하지 못하고 오히려 주님의 마음을 아프고 힘들게 할 때에도 그들을 사랑하셨습니다. 원하기는 이제 교사의 직분을 받은 우리가 끝까지 참고 기다리셨던 주님을 닮아 언제나 학생들을 사랑하며 그들과 함께하는 교사가 되게 하소서. 하나님이 맡기신 영혼들을 주와 같은 마음으로 품게 하시고 이 세상의 가치관이 아닌 하나님 나라의 가치관을 올바로 가르치게 하소서. 억지로 주입하려 드는 교사가 아니라 예수 그리스도처럼 먼저 몸과 마음으로 행하여 그 본을 보이는 참된 교사가 되게 하소서.

사랑의 하나님 아버지! 이 직분이 많은 것을 희생해야 하는 어려운 것임을 잘 알고 있습니다. 이런 직분을 주께서 주셨으니 이 직분을 감당할 힘도 허락하여 주소서. 자신의 힘과 노력으로 감당하려는 어리석은 모습을 버리게 하시고 언제나 성령의 도우심을 간구하게 하소서. 항상 하나님에게 엎드려 기도하며 성령의 도우심에 따라 이 직분을 감당하여, 수많은 영혼이 하나님을 바로 알고 참된 진리 안에서 올바로 살아갈 수 있게 인도하소서. 무엇보다 하나님의 말씀을 더 깊이 묵상하고 늘 하나님의 말씀을 연구하여 맡겨 주신 학생들과 하나님의 말씀을 나눌 때에 하나님의 음성을 듣게 하소서.

이 시간 교사의 직분을 맡은 귀한 주의 자녀에게 하나님의 말씀을 선포하실 주의 사자에게 은혜를 부어 주소서. 가장 필요하고 적절한 말씀을 허락하시고 이 시간을 통해 함께하시는 주님을 의지하게 하소서.

참된 교사가 되시는 우리 주 예수님의 이름으로 기도합니다. 아멘.

교회 임직 대표기도문

교사 임명 2

사랑은 여기 있으니 우리가 하나님을 사랑한 것이 아니요 하나님이 우리를
사랑하사 우리 죄를 속하기 위하여 화목 제물로 그 아들을 보내셨음이라
_〈요한일서〉 4장 10절

우리를 위해 독생자를 내어 주신 사랑의 하나님 아버지!

우리를 향한 위대하신 하나님의 사랑을 찬양합니다. 사랑하기를 쉬지 않으시는 하나님을 날마다 경험하며 살아가게 하소서. 이토록 크고 놀라운 사랑을 받은 우리들이지만 하나님을 사랑하기보다 오히려 세상의 유익과 가치를 더 사랑하며 살았음을 고백합니다. 주여! 불쌍히 여기시고 용서하소서.

하나님의 사랑이 필요한 수많은 사람을 위해 예수 그리스도를 보내셔서 구원의 길을 열어 주시고 그 길을 전하게 하시려고 주님의 제자들을 세우신 것을 기억합니다. 많은 시간을 함께하며 아무리 가르쳐도 여전히 어리석고 무능했던 제자들을 포기하지 않으시고 사랑으로 안아 주셨던 주님! 우리에게 참 교사가 무엇인지를 알려 주시니 감사합니다. 오늘 주님의 부르심으로 교사의 직분을 받은 주님의 자녀에게 은혜를 주셔서 주님을 닮은 교사가 될 수 있게 도와주소서.

주님이 교사로 세워 주시고 맡기신 영혼들을 위해 생명을 거는 교사가 되게 하소서. 한 영혼을 천하보다 귀하게 여기시는 주님의 마음을 알게 하셔서 맡겨진 영혼 가운데 단 하나라도 잃어버리지 않게 하시고, 교사를 통해 더 많은 영혼이 주께로 돌아오게 인도하소서. 하나님이 맡기신 영혼들을 위해 십자가 앞에서 눈물로 기도하는 교사가 되게 하시고 귀한 영혼들이 하나님의 말씀 안에 거하도록 양육하게 하소서. 스스로를 가르치는 자로 여겨 자신의 생각만을 강요하지 않게 하시되 믿음을 지키는 것에는 단호하게 하소서. 자신을 지켜 하나님이 맡기신 이 직분에 충성하게 하시고 교사로서 먼저 영과 진리로 온 마음을 다해 예배하게 하소서. 어린 영혼들을 바른 신앙 안에서 양육하는 이 직분의 소중함을 알게 하소서. 주님을 닮아 언제나 섬기는 자세로 그들을 대하게 하시고 그들 한 사람 한 사람을 위해 예수 그리스도께서 십자가에서 죽으셨음을 기억하게 하소서.

일을 맡은 자에게 충성을 요구하시는 하나님 아버지! 하나님이 일을 맡기셨으니 그저 자신의 힘으로 이 직분을 감당하게 마시고 복음의 능력을 더해 주소서. 하나님이 힘 주셔서 그 힘으로 맡겨진 영혼들을 양육하는 데 힘쓰게 하소서. 하나님이 이 귀한 직분을 맡은 주의 자녀를 얼마나 사랑하시는지 알게 하시고 날마다 영성을 갑절로 주시기 원하시는 하나님을 만나게 하소서. 언제나 성령으로 충만하게 하셔서 그 어떤 악한 것의 미혹에도 속지 않게 지켜 주소서. 이제 주님의 말씀을 전하시는 목사님과 함께하셔서 선포되는 하나님의 말씀을 통해 하나님의 일을 감당하는 자에게 능력 주시는 하나님을 만나게 하소서.

하나님의 일꾼을 도우시는 예수님의 이름으로 기도합니다. 아멘.

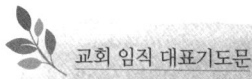
교회 임직 대표기도문

권사 취임 1

만일 누가 말하려면 하나님의 말씀을 하는 것같이 하고 누가 봉사하려면 하나님이 공급하시는 힘으로 하는 것같이 하라 이는 범사에 예수 그리스도로 말미암아 하나님이 영광을 받으시게 하려 함이니 그에게 영광과 권능이 세세에 무궁하도록 있느니라 아멘
_〈베드로전서〉 4장 11절

자비로우신 하나님 아버지!

하나님의 인자와 자비에 감사합니다. 연약하고 불쌍한 우리들을 그냥 버려두지 않으시고 크고 깊은 인자하심과 자비로우심으로 함께하셔서 날마다 새 힘을 얻게 하시니 감사합니다.

우리의 부족함과 연약함을 고백합니다. 우리는 아무리 많은 노력과 아무리 많은 선행을 행하여도 주님의 거룩하심에 조금도 참여할 수 없는 불쌍한 존재입니다. 그럼에도 우리는 스스로를 겸손히 여기지 않고 오히려 조그만 성공과 유익을 자랑하며 스스로를 높이는 어리석은 사람들이었습니다. 하나님 없이는 아무것도 아님을 알면서도 내게 주어진 것이 마치 나의 공로인 것처럼 자랑하며 오히려 하나님을 거추장스럽게 여겼던 패악한 죄인이 바로 우리들이었습니다. 이런 어리석고 가여운 죄인들을 불쌍히 여겨 주시고 예수 그리스도께서 십자가에서 흘리신 보혈로 용서하여 주소서.

사랑의 하나님 아버지! 이렇게 부족한 사람들을 부족하다 여기지 않으시고 오히려 하나님의 일을 하게 하시려고 부르시니 감사합니다. 이 시간 사랑하는 권사님을 세우셔서 취임하게 하시고 하나님의 선한 일을 감당하게 하시니 감사합니다. 주께서 부르셨고 주께서 세우셨으니 주님의 일을 감당할 새 힘을 날마다 부어 주소서. 하나님이 주신 이 귀한 직분에 감사하게 하시고 모든 힘과 정성과 생명을 다해 주님의 일을 하게 하소서. 무엇보다 기도하는 것을 쉬지 않게 하소서. 기도하지 않고는 일하지 않게 하시고 모든 것을 하나님에게 아뢰고 응답을 구하는 기도의 사람이 되게 하소서.

하나님이 주신 직분이 오히려 멍에가 되지 않게 보호하여 주소서. 권사라는 이름이 세상적인 자랑이 되지 않게 하소서. 다른 직분보다 높다 하여 교만을 범하지 않게 하소서. 오히려 더 많이 섬기고 더 많이 기도하고 더욱 겸손해야 함을 깨닫게 하소서. 교회에서 혹시라도 소외받고 힘들어하는 사람들이 있다면 그들에게 예수 그리스도의 이름으로 찾아가게 하시고, 가장 힘들고 어려운 일을 하는 곳에 먼저 나아가게 하시고 이름도 없이 빛도 없이 섬기는 일을 기뻐하는 권사님이 되게 하소서. 무엇보다 하나님을 더 많이 사랑하는 권사님이 되게 하시고 하나님의 뜻을 이루기 위해 살아가는 믿음의 삶을 살게 하소서.

이제 하나님의 말씀을 전하실 주의 사자의 입술을 주장하여 주소서. 취임하고 하나님의 선하신 뜻을 구하는 권사님에게 하나님의 음성을 듣게 하시고 더불어 우리에게도 온전히 하나님만을 위하여 살 수 있는 믿음을 허락하소서.

언제나 우리와 함께하시는 예수님의 이름으로 기도합니다. 아멘.

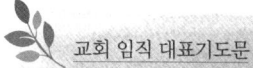 교회 임직 대표기도문

권사 취임 2

이는 성도를 온전하게 하여 봉사의 일을 하게 하며 그리스도의 몸을 세우려 하심이라 _〈에베소서〉 4장 12절

존귀하신 하나님 아버지!

모든 믿는 자의 반석이시며 요새가 되시는 하나님의 은혜를 찬양합니다. 우리를 두렵게 하는 세상의 모든 위협 앞에서 든든히 지켜 주시는 하나님의 크고 놀라우신 은혜에 감사합니다.

주님이 우리의 간구에 응답하신다는 것을 알면서도 주께 나아가 기도하지 못했던 우리의 어리석음을 용서하소서. 가장 필요한 것으로 도우시는 하나님을 신뢰하지 못하고 세상의 헛된 것에게 도움을 구하며 하나님과 멀어져만 갔던 우리의 죄를 씻어 주소서. 예수 그리스도께서 십자가에서 흘리신 보혈의 공로를 의지하오니 우리를 불쌍히 여기사 우리의 죄를 기억하지 마시고 우리를 주님의 품에 안아 주소서.

우리를 도우시는 은혜의 하나님 아버지! 이 시간 권사로 취임한 사랑하는 주님의 일꾼을 위해 기도합니다. 하나님의 선한 사명을 감당하게 하시려고 귀한 직분을 주셨으니 하나님의 은혜에 감격하여 잘 감당하게

하소서. 주님의 뜻을 구하려 늘 기도하는 권사님의 모습을 기억하셔서 더 겸손한 마음으로 주께 엎드리게 하시고 주어진 일에 매여 하나님을 잊지 않게 도와주소서. 이 직분을 감당하는 것이 예수님이 지신 십자가를 지고 주님을 따르는 것임을 알게 하소서.

더 우월한 지위를 얻었다고 여기지 않게 하시고 예수 그리스도께서 하셨던 것처럼 어렵고 연약한 형제를 살피고 돌보는 일에 최선을 다하게 하소서. 믿음이 연약하여 흔들리는 자들을 찾아가 그들을 위해 기도하며 권면하게 하시고 하나님을 아는 지식이 부족한 자들에게 하나님을 알게 하는 귀한 사명을 감당하게 하소서. 기도하는 자리에 늘 있게 하시고 교회의 모든 일을 돕는 데 힘을 내게 하소서. 어디에서든지 하나님 나라를 자랑하는 주님의 참 제자가 되게 하소서.

사명을 주시는 하나님 아버지! 하나님이 주신 직분을 감당할 때 어떤 어려움이 있어도 믿음으로 이기게 하소서. 예수 그리스도께서 우리를 위해 생명을 주신 것처럼 주님이 맡기신 일을 위해 자신의 생명을 내어놓는 믿음을 허락하소서. 사랑하는 권사님의 믿음을 통해 교회와 가정이 하나님의 놀라우신 사랑을 경험하게 하시고 권사님이 계시는 모든 곳에 예수 그리스도의 은혜가 충만하게 하소서. 늘 온유하고 겸손한 마음으로 다른 사람을 섬기는 권사님의 모습에서 예수 그리스도를 보게 하시고 하나님의 큰 영광이 권사님을 통해 나타나게 하소서. 이제 사랑하는 권사님과 이 가정을 위해 말씀을 전하실 목사님에게 충만한 은혜를 주시기 원합니다.

주님을 따라 살기 원하는 자를 인도하시는 거룩하신 예수님의 이름으로 기도합니다. 아멘.

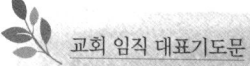

교회 임직 대표기도문

안수집사 임직 1

형제들아 너희 가운데서 성령과 지혜가 충만하여 칭찬받는 사람 일곱을 택하라
우리가 이 일을 그들에게 맡기고 _(사도행전) 6장 3절

존귀하신 하나님 아버지!

"호흡이 있는 자마다 여호와를 찬양하라"고 하셨으니 그 말씀에 순종하여 우리의 주인이신 하나님을 찬양합니다. 우리가 호흡하는 것을 잊지 않는 것처럼 하나님을 찬양하는 것을 쉬지 않게 하소서.

하나님이 _____ 집사님을 안수집사로 세우시니 감사합니다. 세우신 집사님과 함께하셔서 오직 하나님만을 섬기며 하나님의 뜻을 이루어 가는 귀한 주님의 사람이 되게 하소서. 초대 교회 성도들이 일곱 집사를 세울 때 성령과 지혜가 충만하여 칭찬받는 사람 일곱을 택하였습니다. 주님! 사랑하는 집사님이 초대 교회 일곱 집사와 같이 성령과 지혜가 충만하여 하나님과 교회와 사람 앞에서 칭찬받는 주님의 일꾼이 되게 하소서. 그 어떤 세상의 가치관과도 타협하지 않게 하시고 오직 주님의 뜻만을 이루어 나가는 참된 일꾼이 되게 하소서.

하나님이 교회를 통하여 사랑하는 집사님을 안수집사로 임직하게 하셨으니 교회의 치리에 순종하게 하시고 교회를 섬기며 봉사하는 일에 모범을 보이게 하소서. 주님이 맡기신 모든 일에 충성하게 하시고 하나님의 일에 앞장서게 하소서. 어떤 일을 맡아도 잘 감당하게 하시고 자신의 힘과 생각을 버리고 하나님의 뜻을 먼저 구하는 집사님이 되게 하소서. 교회의 중직자가 되었으니 교회의 여러 다른 형제들을 돌아보게 하시고 교회에 필요한 것이 무엇인지를 먼저 살피는 자가 되게 하소서. 믿음이 연약한 자의 믿음을 이끌어 가는 자가 되게 하시고 무엇보다도 예수 그리스도께서 원하시는 믿음의 사람이 되게 하소서.

믿는 자를 세우시는 하나님 아버지! 이 세상에서 얻은 지위와 학문과 명예와 부요를 자랑하지 않게 하시고 언제나 예수 그리스도만 자랑하는 사람이 되게 하소서. 하나님이 주신 이 땅의 것들로 교만하지 않게 하시고 예수 그리스도를 닮아 겸손하게 하소서. 죄인들을 구하러 세상에 오신 예수 그리스도를 전하는 전도자가 되게 하시고 예수 그리스도의 이름을 높이는 일에 열심을 내게 하소서.

"집사의 직분을 잘한 자들은 아름다운 지위와 그리스도 예수 안에 있는 믿음에 큰 담력을 얻느니라"라는 말씀을 기억합니다. 사랑하는 집사님이 주께서 주신 아름다운 직분을 잘 감당하여 주님이 주시는 크고 놀라운 은혜를 누리는 주님의 참 일꾼이 되게 도와주소서. 하나님 나라에서 하나님에게 받을 칭찬을 기대하며 맡기신 직분을 잘 감당하기를 소망합니다. 사랑하는 집사님과 이 가정에 말씀을 전하실 목사님에게 성령의 충만함을 주소서.

하나님 우편에서 우리를 도우시는 우리 주 예수님의 이름으로 기도합니다. 아멘.

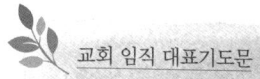
교회 임직 대표기도문

안수집사 임직 2

만일 누가 말하려면 하나님의 말씀을 하는 것같이 하고 누가 봉사하려면 하나님이
공급하시는 힘으로 하는 것같이 하라 _〈베드로전서〉 4장 11절

성실하신 하나님 아버지!

하나님을 믿는 모든 사람에게 쉬지 않고 은혜를 부어 주시니 감사합니다. 지금 엎드린 우리 모두를 붙잡아 주셔서 헤아릴 수 없는 하나님의 생각과 영원무궁하신 하나님의 자비를 일평생 찬양하게 하소서.

주께서 사랑하는 집사님을 불러 안수집사로 임직하게 하시니 감사합니다. 하나님의 일을 할 때 자신의 상식과 생각을 내세우지 않게 하시고 맡은 바 모든 일에 겸손함으로 감당하게 하소서. 특히 말로 다른 사람을 상처 주지 않게 하소서. 사랑하는 집사님의 입술을 통해 흘러나오는 모든 말이 하나님의 선하신 언어가 되게 하소서.

항상 하나님의 도우심을 구하게 하소서. 잠시라도 하나님에게 구하지 않는다면 결국 인간의 생각과 의지로 일할 수밖에 없습니다. 단 한순간도 하나님의 뜻을 잊지 않게 하셔서 사랑하는 집사님을 통해 언제나 예수 그리스도의 십자가만 나타나게 인도하소서. 집사님의 믿음을 지켜 주셔서 먼저 하나님을 사랑하게 하시고 날마다 십자가에 피 흘리신 예수 그리스도를 만나는 데 힘쓰게 하소서. 예수 그리스도의 보혈의 공로가 아니라면 하나님의 일을 할 아무런 자격도 얻을 수 없음을 알게 하셨으니 날마다 자신을 다스려 죄의 길로 가지 않고 주님만을 의지하게 하소서.

귀 기울이는 자에게 응답하시는 하나님 아버지! 무엇보다 하나님 나라와 예수 그리스도의 몸인 교회를 위해 충성하게 하소서. 하나님 나라를 세우며 하나님을 알지 못하는 영혼들을 하나님에게로 이끄는 곳에 언제나 서 있게 하시고 교회를 통해 일하시는 하나님의 뜻에 순종하게 하소서. 사람들이 꺼리는 곳에 먼저 가게 하시고 사람들이 피하는 일을 기쁨으로 행하는 믿음을 허락하소서. 하나님을 예배하는 자리에 언제나 있게 하시고 하나님을 찬양할 때 소리 높여 노래하게 하시며 구할 것이 있어 기도할 때 온 마음으로 부르짖게 하소서.

주님의 일을 행하기 위해 다른 사람에게 조언을 구하는 것을 부끄러워하지 않게 하시고 "다 서로 겸손으로 허리를 동이라 하나님은 교만한 자를 대적하시되 겸손한 자들에게는 은혜를 주시느니라"라는 말씀을 기억하게 하소서. 자신에게 주어진 십자가를 지고 주님을 따르는 데 주저함이 없게 하시고 사랑하는 집사님을 지으시고 부르시고 보내시는 하나님의 명령에 순종하게 하소서. 믿음의 눈을 들어 예수님만 바라보고 세상의 그 어떤 것에도 미혹되지 않게 지켜 주소서. 이제 주님의 말씀을 전하시는 목사님에게 한량없는 은혜를 부어 주소서.

베풀어 주신 모든 은혜에 감사드리며 예수님의 이름으로 기도합니다. 아멘.

교회 임직 대표기도문

장로 장립 1

너희 중 장로들에게 권하노니 나는 함께 장로 된 자요 그리스도의 고난의
증인이요 나타날 영광에 참여할 자니라 _〈베드로전서〉 5장 1절

존귀하신 하나님 아버지!

허물과 죄로 죽을 수밖에 없던 우리를 위해 아들을 보내시고 십자가에서 피 흘리게 하심으로 구원하신 은혜에 감사합니다. 하나님의 놀랍고 크신 은혜를 찬양하며 그 은혜 가운데에서만 살아가게 인도하소서.

이 땅에 교회를 세우시고 교회를 통해 하나님 나라를 이루시는 하나님 아버지! 우리에게 귀한 교회를 허락하시니 감사합니다. 하나님이 세우신 교회가 세상의 소금과 빛이 되도록 우리 모두를 도와주소서. 특히 교회에 주신 귀한 사명을 감당하기 위해 많은 일꾼을 세우시니 감사합니다. 하나님이 세우신 일꾼들이 하나님의 마음으로 교회를 섬기고 하나님 나라를 확장하는 데 부족함이 없게 인도하소서.

사랑하는 장로님을 교회의 지도자로 세우셨으니 감사합니다. 수많은 교회들이 세상과 타협하고 세상이 이끄는 대로 따라가는 어두운 이 시대에 우리 교회를 사랑하셔서 장로님을 세우시고 교회의 기둥으로 삼

으셨습니다. 간절히 원하기는 장로님을 사용하셔서 이 어두운 세대에 참 빛을 들고 나아가는 주님의 도구가 되게 하시고 장로님을 통해 세상의 어둠을 물리치고 빛 되신 주님만이 나타나는 역사를 일으켜 주소서. 장로님의 모든 걸음을 지켜주셔서 날마다 하나님의 영광이 드러나는 삶을 살게 하소서.

하나님이 맡기신 귀한 영혼들을 하나님의 뜻에 따라 섬기게 하시고 그들이 하나님의 사람으로 살아갈 수 있도록 믿음의 본이 되게 하소서. 하나님의 뜻을 따라 자원하여 이 모든 일을 감당하게 하소서. 하나님이 맡기신 영혼들에게 권위적이지 않게 하시고, 자신의 생각을 먼저 내세우기보다는 다른 사람의 생각을 먼저 듣게 하시고, 모든 일을 행할 때 믿는 모든 사람의 본이 되게 하소서. 장로님의 믿음을 지켜 주셔서 하나님이 기뻐하시는 선한 일을 행하게 하시고 주님이 다시 오실 때에 시들지 않는 영광의 면류관을 얻게 하소서.

충성하는 자에게 영광의 면류관을 약속하신 하나님 아버지! 교회의 모든 성도가 모여 사랑하는 장로님을 세운 것은 예수 그리스도를 닮은 섬김과 희생을 원한 것임을 기억하게 하소서. 이 직분이 혹시라도 장로님의 신앙에 걸림돌이 되지 않게 하시고 날마다 하나님의 뜻을 간구하게 하소서. 교회와 가정에서뿐만 아니라 생활하는 모든 곳에서 우리를 구원하신 예수 그리스도를 나타내게 하시고 하나님을 알지 못하는 사람들에게 예수 그리스도를 전하게 하소서. 이제 하나님의 말씀을 전하실 목사님에게 성령을 부으셔서 선포되는 말씀을 듣고 장로님을 향한 하나님의 큰 뜻이 무엇인지 알게 하소서.

거룩하신 예수님의 이름으로 기도합니다. 아멘.

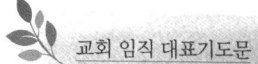

교회 임직 대표기도문

장로 장립 2

인자가 온 것은 섬김을 받으려 함이 아니라 도리어 섬기려 하고 자기 목숨을
많은 사람의 대속물로 주려 함이니라 _〈마태복음〉 20장 28절

아들을 우리의 대속물로 주신 은혜의 하나님 아버지!

우리에게 주신 하나님의 크고 놀라운 은혜를 찬양합니다. 죄로 인해 결국은 죽을 수밖에 없던 우리들을 불쌍히 여기셔서 아들의 생명으로 우리의 죗값을 대신 치르게 하신 하나님의 크신 사랑에 감사합니다. 단 한 순간이라도 자신의 생명을 주신 예수 그리스도를 잊지 않도록 인도하소서. 주의 선하신 뜻을 이루며 살아가도록 도와주소서.

예수 그리스도의 구원의 은혜를 받고 그 은혜에 감격하여 하나님을 위해서 살아왔던 믿음의 사람을 세우셔서 장로로 장립하게 하시니 감사합니다. 지금껏 하나님을 위해 생명을 다해 살았고 하나님 나라를 확장하며 교회를 섬기는 일에 충성하셨던 귀한 장로님을 기억하셔서 교회의 지도자로 세우셨으니 이제 이 일을 감당할 새 힘을 부어 주소서. 하나님의 더 크고 놀라운 일이 세우신 장로님을 통해 나타나도록 인도하소서. 장로님의 모든 사역을 통해 하나님이 영광받으시고 교회에 하나님의 은혜가 충만하게 하소서.

섬김을 받으려 하지 않으시고 오히려 자신의 목숨을 많은 사람의 대속물로 주셨던 예수 그리스도를 기억합니다. 이 시간 엎드린 장로님을 기억하셔서 예수 그리스도의 모습을 닮게 하소서. 섬김을 받으려 하지 않고 오히려 모든 사람을 섬기는 주님의 제자가 되게 하소서. 세상의 수많은 사람을 위해 자신의 생명을 아끼지 않으셨던 예수 그리스도를 본받아 하나님 나라와 믿음의 형제들을 위해 자신의 생명을 조금도 아까워하지 않는 섬김의 사람이 되게 하소서.

이제 장립하여 하나님이 주신 더 큰 사명과 교회를 위한 더 많은 일을 감당하실 장로님을 도와주소서. 모든 일을 행할 때마다 솔로몬이 가졌던 지혜를 부어 주시고 다윗과 같은 믿음을 허락하소서. 하나님의 선한 일을 행할 때에 두려워하지 않게 하시고 하나님의 뜻 안에서 담대하게 하소서. 사람의 지혜와 지식을 구하기보다는 하나님의 뜻을 먼저 구하게 하시고 세상의 그 어떤 악한 것과도 타협하지 않게 하소서. 하지만 자신의 주장만을 내세우지 않게 하시고, 다른 사람들이 그들에게 주어진 하나님의 일을 잘 감당하도록 돕게 하소서. 교회의 필요가 무엇인지 구석구석 살피며 하나님 나라와 교회에 필요한 일꾼들을 찾아 잘 양육하여 교회의 곳곳에서 섬기게 하는 역할을 하게 하시고 성도들의 삶을 이해하고 그들의 믿음을 돕는 자가 되게 하소서. 이제 하나님의 말씀을 듣겠습니다. 말씀을 전하실 목사님에게 은혜를 부어 주셔서 말씀을 듣는 우리 모두가 하나님의 뜻을 분별하게 인도하소서.

거룩하신 예수님의 이름으로 기도합니다. 아멘.

《대표기도문》은 영적인 기도를 위한
온전한 준비 가이드로서 매우 중요한 역할을 한다.

4장

직장·사업·기타 대표기도문

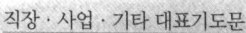
직장 · 사업 · 기타 대표기도문

취업 준비

여호와를 의뢰하고 선을 행하라 땅에 머무는 동안 그의 성실을 먹을 거리로
삼을지어다 _(시편) 37편 3절

사랑과 은혜의 하나님 아버지!

모든 사람의 상황과 환경을 감찰하시고 인도하시는 하나님의 크신 은혜를 찬양합니다. 언제나 함께하시며 가장 좋은 것을 주시는 하나님을 의지하며 살아가는 우리가 될 수 있게 인도하소서.

"사람이 마음으로 자기의 길을 계획할지라도 그의 걸음을 인도하시는 이는 여호와시니라"라고 말씀하신 하나님 감사합니다. 하나님의 백성들이 스스로 길을 결정하고 계획하는 것처럼 보일지라도 실은 이 모든 것이 하나님의 선하신 뜻 아래에 있음을 알게 하시고 믿음으로 살게 하시니 감사합니다. 간절히 구하기는 지금도 취업을 준비하는 사랑하는 주의 자녀에게 이 말씀을 의지하게 하시고 믿게 하옵소서.

위대하신 하나님 아버지! 하나님은 온 세상을 향해 크고 놀라운 계획을 가지고 계심을 믿습니다. 그리고 그 놀라운 계획을 하나님의 사람을 통해 이루어 가시는 것을 또한 믿습니다. 하오니 우리가 믿음의 눈을 들어 우리를 통해 일하실 하나님을 바라보게 하소서. 특히 취업을 준비하는 사랑하는 _____님이 이 사실을 기억하며 온전히 하나님만 의지하게 하소서. 혹여 취업하는 것이 자신의 욕심과 유익, 개인적인 꿈을 이루기 위한 수단이 되지 않게 하시고 이 일이 하나님의 뜻을 이루기 위한 길이 되게 하소서.

취업을 준비하는 이 시간들이 때로 힘들고 고통스럽게 느껴질 것입니다. 하지만 이 시간을 통해 _____님을 향한 하나님의 크고 놀라운 계획을 발견하게 하시고, 이러한 시간보다 더 오래 _____님을 기다리셨던 하나님으로 인해 감사하는 은혜를 허락하소서. 취업을 준비하며 오히려 주위 사람들과의 관계가 더 화목하게 하시고 더 나아가 예수 그리스도의 아름다운 사랑이 취업을 준비하는 _____님을 통해 나타나게 하소서.

취업을 준비하는 사랑하는 _____님의 마음을 살펴주소서. 스스로 조급하여 하나님의 뜻을 헤아리지 못하는 어리석은 모습은 버리게 하시고 하나님의 때를 기다리는 넓은 마음을 주소서. 젊은이들에게 기회의 문이 너무도 좁은 이 세상에서 하나님을 신뢰하는 사람의 본을 보이게 하시고, 악하고 패역한 세대에 예수 그리스도의 빛을 나타내는 성령의 사람이 되게 하소서. _____님의 취업을 기다리며 기도하는 가족과도 함께하시고 특히 부모님의 마음을 주장하셔서 한마음으로 하나님의 뜻을 구하게 하소서. 이제 하나님의 말씀을 전하시는 주의 사자와 함께하셔서 취업을 준비하는 _____님과 이 가정에 하나님의 선하신 뜻을 선포하게 하소서.

간절히 기도하는 자를 도우시는 예수님의 이름으로 기도합니다. 아멘.

직장 · 사업 · 기타 대표기도문

취직

가난하여도 성실하게 행하는 자는 입술이 패역하고 미련한 자보다 나으니라
_〈잠언〉 19장 1절

모든 찬양을 받으시기에 합당하신 하나님 아버지!

연약하고 부족한 우리 입술의 찬양도 기쁘게 받아 주시니 감사합니다. 우리의 모든 삶이 찬양이 되게 하시고 우리에게 베푸신 하나님의 크신 은혜에 항상 감사하게 하소서. 우리를 구원하신 예수 그리스도의 크신 은혜를 잊지 않게 하시고 언제나 십자가 앞에 무릎 꿇게 하소서.

사랑하는 주의 자녀 _____님에게 일할 곳을 허락하시니 감사합니다. 이 땅의 많은 젊은이들이 일할 곳을 찾지 못해 고민하는 이때에 일할 수 있는 곳을 주셨습니다. 하오니 주님! _____님이 주님이 베푸신 크고 놀라운 은혜를 잊지 않고 감사하게 하소서.

주님이 주신 직장임을 기억하고 언제나 주님의 뜻 안에서 살아가는 _____님이 되게 하소서. 그저 세상에서 일하고 경제적인 유익을 얻고 자신의 꿈을 실현하는 곳이 아니라 하나님이 주신 성산임을 기억하게 하소서. 무엇을 하든지 하나님 앞에서 하는 것임을 잊지 않게 하소

서. 동료들과의 관계 가운데 함께하셔서 누구에게라도 주님의 사랑을 전하는 자가 되게 하시고 맡은 일을 행하는 중에서도 실수하지 않고 혹여 실수하더라도 인정하고 다시 고치며 자신의 모든 능력을 십분 발휘하여 인정받게 하소서.

자신이 만나는 모든 사람에게 예수 그리스도를 나타내는 믿음의 삶을 살게 하소서. 그리스도인이라는 이유로 직장에서 따돌림을 당하지 않게 하시고 오히려 많은 사람을 주께로 돌아오게 하는 복의 통로가 되게 하소서. 맡겨진 일에 최선을 다하며 항상 솔선수범하는 자세를 가지게 하소서. 함께 일하는 사람들을 유연한 자세로 대하여 불편하거나 다투는 일이 없게 하시되 하나님의 사람으로 할 수 없는 것들에 대해서는 단호히 대처하는 믿음의 사람이 되게 하소서.

사랑하는 주의 자녀 _____님의 취직을 위해 엎드려 기도한 것을 하나님이 들으셨으니 감사합니다. 하나님이 베푸신 은혜를 기억하며 이전보다 더 주께 순종하게 하소서. 취직을 한 후 여러 가지 일로 분주하여 영육이 피곤해질 때라도 하나님을 예배하는 일을 빠뜨리지 않게 하시고, 오히려 주께 나아와 예배하며 하나님이 주시는 새 힘을 공급받아 더 활기차게 일할 수 있게 도와주소서. _____님의 취직을 위해 눈물로 기도한 부모님과 가족과 동역자들을 기억하여 주셔서 하나님이 주신 응답으로 기쁨을 누리게 하소서.

이 시간 취직하고 기뻐하는 주의 자녀와 이 가정에 하나님의 말씀을 선포하실 목사님의 입술을 주장하셔서 일평생 가슴에 안고 살아갈 복음이 선포되게 하소서.

기쁨의 근원이 되시는 예수님의 이름으로 기도합니다. 아멘.

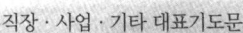

직장 · 사업 · 기타 대표기도문

이직

사람이 마음으로 자기의 길을 계획할지라도 그의 걸음을 인도하시는 이는 여호와시니라 _(잠언) 16장 9절

인자와 자비가 풍성하신 하나님 아버지!

하나님의 백성들을 향한 하나님의 인자하심과 자비하심에 감사합니다. 하나님의 인자와 자비가 아니었다면 죄로 말미암아 죽어야 할 우리였습니다. 하지만 하나님이 우리를 사랑하셔서 예수 그리스도의 공로로 살리셨습니다. 이제 예수 그리스도께서 십자가에서 흘리신 보혈의 공로를 의지하여 새 생명을 얻은 우리가 그 은혜에 감사하며 주를 찬양하오니 우리의 찬양을 기쁘게 받아 주소서.

믿는 모든 사람과 함께 걸으시는 하나님 아버지! 직장을 옮기며 하나님의 도우심을 구하는 사랑하는 주의 백성을 기억하소서. 하나님이 주신 지난 일터에서도 주의 은혜 가운데 일하였습니다. 이제 새롭게 주신 일터 역시 하나님의 은혜 가운데서 열심히 일할 수 있게 도와주소서. "여호와의 계획은 영원히 서고 그의 생각은 대대에 이르리로다"라는 말씀을 믿습니다. 지금 사랑하는 주의 백성이 이직이 마치 자신의 계획 같으나 모든 것은 선하신 주님의 계획 아래 있음을 믿습니다. 그러므로 주님! 결정된 이 일로 인해 더 이상 염려하거나 두려워하지 않게 하시고 믿음으로 주님이 주신 길을 걸어가게 하소서.

새로운 직장에 잘 적응할 수 있게 도와주소서. 새로운 장소에서 새로운 사람들을 만나고 새로운 일을 하게 될 것입니다. 좋은 환경을 주시고 믿는 사람들을 만나게 하셔서 함께 일하는 데 조금도 어려움 겪지 않도록 인도하소서. 오직 하나님을 신뢰함으로 어떤 환경에서도 담대하게 하소서. 사랑하는 주의 백성과 함께하셔서 어디서나 예수 그리스도를 나타내는 삶을 살게 하시고 예수 그리스도가 자신의 주인이심을 증언하는 믿음의 사람이 되게 하소서. 자신에게 주어진 모든 일을 성실히 감당하게 하시고 최선을 다하여 일하게 하소서.

새로운 직장에서의 삶이 기쁘고 즐거울 수 있게 도와주소서. 직장에서 원하는 일을 하나님 나라에서 일하듯 하게 하시고 주님의 뜻이 아닌 일에 타협하지 않게 하소서. 직장을 옮기는 것 때문에 어떤 상처도 생기지 않게 하시고 오히려 이 일이 더 큰 기쁨이 되게 하소서. 새로운 직장에서의 일로 인해 하나님을 예배하는 것에 어려움을 겪지 않게 하시고 하나님 나라를 위해 일하기 시작했던 처음 마음을 잊지 않게 하소서. 하나님을 위해 작은 손해를 보거나 자신의 소유를 희생해야 하는 것을 즐거워하게 하시고 어디에서나 자신을 위해 십자가에서 피 흘려 죽으신 예수 그리스도만 바라보게 하소서.

사랑하는 주의 백성을 위해 말씀을 전하실 목사님과 함께하시고 선포되는 말씀을 통해 세상을 이길 힘을 얻게 하소서.

우리와 늘 함께하여 주시는 예수님의 이름으로 기도합니다. 아멘.

직장 · 사업 · 기타 대표기도문

승진

사람들이 너를 낮추거든 너는 교만했노라고 말하라 하나님은 겸손한 자를 구원하시리라 _〈욥기〉 22장 29절

믿는 자에게 은총을 주시는 사랑의 하나님 아버지!

하나님을 믿고 하나님의 뜻을 따라 살기 원하는 사람들을 기억하시고 인도하시니 감사합니다. 하나님이 주신 말씀을 따라 항상 기뻐하며 쉬지 않고 기도하며 범사에 감사하는 믿음의 삶을 살 수 있도록 도와주소서.

주의 백성들에게 가장 좋은 것을 주시는 하나님 아버지! 하나님의 크신 은혜를 찬양합니다. 하나님의 은혜로 우리는 먹고 마시고 숨 쉬며 살아갑니다. 우리에게 일터를 주시고 그곳에서 열심히 일하여 경제적인 풍요를 누리며 만족을 누리게 하셨습니다. 이 모든 것만으로도 감사를 쉬지 않는 우리 모두가 되도록 인도하소서.

지금껏 베풀어 주신 은혜에도 감사가 부족하거늘 우리에게 승진이라는 또 다른 은혜를 내려 주시니 감사합니다. 이 모든 것이 주님의 은혜입니다. 더 열심히 주님을 위해 살아가는 주님의 백성이 되게 하시고

선하신 하나님의 뜻을 이루며 살아가게 인도하소서. 하나님이 주신 지위를 자신의 힘으로 이룬 양 스스로 높이지 않게 하시고 교만한 마음 때문에 하나님의 영광을 가리지 않도록 도와주소서. 작은 성공에 도취하여 하나님이 이루고자 하시는 크고 놀라운 일을 잊지 않게 하소서. 지금의 승진이 하나님이 주신 기회인 것을 알고 죄인들을 구원하신 예수 그리스도를 전하는 일에 더 열심을 내게 하시고 하나님의 이름만을 나타내는 믿음의 사람이 되게 하소서.

더 높은 지위를 가지면 그만큼 더 많은 책임이 따른다는 것을 잘 알고 있습니다. 사랑의 하나님 아버지! 승진하며 더 많은 책임감을 가져야 하는 주의 백성을 지켜 주소서. 주님이 주신 그 지위에 맞는 일을 잘 감당하게 하시고 윗사람의 명령에 순종하고 아랫사람에게 관대한 마음을 부어 주소서. 일터에서 누구를 만나고 어떤 일을 하더라도 주께 하듯 하게 하시고 함께하는 모든 사람에게 그리스도의 향기를 전하게 하소서. 하나님에게 일터를 구하며 기도하던 때를 기억하게 하시고 일터에서 일할 때 품었던 처음 마음을 잊지 않게 하소서.

사람의 마음을 감찰하시는 하나님 아버지! 사랑하는 주의 백성의 마음을 항상 살피시고 지켜 주소서. 하나님을 향한 마음이 변하지 않게 하시고 주님이 주신 은혜에 항상 감사하는 삶을 살게 하소서. 이제 말씀을 전하실 목사님에게 성령을 부어 주셔서 은혜의 말씀이 선포되게 하소서.

사랑하는 주의 백성을 통해 교회와 모든 성도에게 큰 기쁨을 주시는 하나님을 찬양하오며 거룩하신 예수님의 이름으로 기도합니다. 아멘.

직장 · 사업 · 기타 대표기도문

퇴사

너희는 강하고 담대하라 두려워하지 말라 그들 앞에서 떨지 말라 이는 네 하나님 여호와 그가 너와 함께 가시며 결코 너를 떠나지 아니하시며 버리지 아니하실 것임이라 하고 _〈신명기〉 31장 6절

영광을 받으실 하나님 아버지!

하나님의 모든 선하신 뜻으로 하나님의 백성들을 다스리시니 감사합니다. 하나님을 아버지라 부르는 모든 사람을 기억하셔서 어떠한 상황에서라도 함께하시고 하나님이 예비해 두신 길로 인도하소서.

사랑하는 주의 자녀를 절대 포기하지 않으시는 하나님 아버지! 이 시간 주의 자녀가 드리는 기도에 응답하여 주소서. 주의 자녀가 퇴사하고 앞으로의 일로 인해 주님 앞에 엎드립니다. 모든 것을 주께 맡기고 주님의 뜻을 구하는 자에게 하나님의 선하신 길을 보여 주소서. 그의 마음을 붙잡아 주셔서 세상이 주는 걱정과 두려움에 사로잡히지 않게 하시고, 주님이 행하시는 일을 기대하며 겸손히 엎드려 주님의 일을 기다리게 하소서.

"두려워하지 말고 믿기만 하라"고 말씀하신 주님! 주의 말씀에 의지하여 지금 처한 상황에 두려워하지 않고 주님만을 신뢰하게 도와주소서.

자신의 딸의 죽음 앞에서 떨며 두려워하던 야이로에게 말씀하시고 그 딸을 살려 주신 이야기를 통해 주님을 믿는 자에게는 어떤 일도 두렵지 않음을 우리로 알게 하셨으니 감사합니다. 이후에 일어날 모든 일에 섭리하셔서 주님의 선한 길로 이끌어 주소서.

지금까지 다니던 직장을 그만두고 이후의 일을 생각하면 걱정과 두려움이 앞섭니다. 이후에 일어날 일을 알지 못하여 전전긍긍하며 고민하게 됩니다. 하나님의 때에 하나님의 일을 이루어 주실 것을 믿지만 그 때가 언제인지 몰라 걱정하고 이루어 주실 일이 무엇인지 몰라 염려하는 어리석은 우리의 마음을 살펴 주소서. 하나님을 믿는다고 말하면서도 여전히 믿지 못하고 사람의 방법을 찾아 헤매는 우리의 불신앙을 용서하소서. 어쩔 수 없는 인간의 연약함을 불쌍히 여기시고 주님의 뜻을 담대히 기다릴 수 있는 굳센 믿음을 주소서.

사랑하는 주의 자녀가 퇴사한 일이 가정과 성도의 걱정거리가 되지 않게 하시고 주님의 선하신 뜻을 기다리며 함께 기도하게 하소서. 가족과 형제자매들의 기도가 사랑하는 주의 자녀에게 큰 위로가 되게 하시고 그들의 기도를 하나님이 들으셔서 속히 응답하여 주소서. 함께 믿음으로 기다리는 사람들에게 너무 오래 지체하지 마시고 하나님의 뜻을 보여 주소서. 그리하여 오히려 이 일로 인해 주님이 지금도 살아 계셔서 믿는 성도들에게 역사하고 계심을 알게 하소서.

이제 말씀을 전하실 목사님과 함께하셔서 선포되는 말씀을 통해 믿는 자에게 반드시 선한 일을 행하시는 하나님을 만나게 하소서.

하나님의 백성들의 소리에 응답하시는 하나님을 기대하오며 우리 주 예수님의 이름으로 기도합니다. 아멘.

직장 · 사업 · 기타 대표기도문

은퇴

오 형제여 나로 주 안에서 너로 말미암아 기쁨을 얻게 하고 내 마음이 그리스도 안에서 평안하게 하라 _〈빌레몬서〉 1장 20절

택하신 백성과 늘 함께하시는 하나님 아버지!

주의 백성들을 위해 쉬지 않고 일하시는 그 은혜에 감사합니다. 우리 가운데 계셔서 우리와 함께하시고 우리의 모든 걸음을 지키시는 하나님을 기억하며 날마다 하나님과 동행하는 우리가 되게 하소서.

"오직 나와 내 집은 여호와를 섬기겠노라"고 고백했던 여호수아를 기억합니다. 하나님이 맡기신 모든 일을 마치고 이스라엘 백성에게 순전한 마음으로 외쳤던 여호수아의 이 놀라운 고백이 오늘 우리의 고백이 되게 하소서. 특히 이제 은퇴하시는 귀한 주님의 백성을 기억하여 주셔서 여호수아처럼 오직 하나님만을 더욱 섬기는 귀한 믿음의 백성이 되게 도와주소서.

사랑하는 주의 자녀 _____님이 정한 나이에 이르러 은퇴하게 되었으니 이 모든 것이 주님의 은혜인 줄 믿습니다. 주께서 지금까지 인도하지 않으셨다면 어떻게 지금에 이르도록 주님이 주신 이 귀한 일을 감

당할 수 있었겠습니까! 지난날을 돌아보면 단 한 순간도 주님의 은혜가 아닌 시간이 없었음을 고백합니다. 그러하오니 주님! 지금까지 하나님이 함께하셨던 것처럼 이제 남은 모든 시간도 사랑하는 주님의 백성과 함께하셔서 오히려 은퇴하기 이전보다 더 힘 있게 주님이 주신 일을 감당하는 은혜를 부어 주소서.

주님이 기뻐하실 일이 무엇인지 찾아 행하게 하시고 육신의 힘이 다할 때까지 하나님을 섬기는 일을 쉬지 않게 하소서. 예수 그리스도를 알지 못하는 사람들에게 나아가 생명이신 예수 그리스도를 전하게 하시고, 사랑하는 교회와 성도와 가족을 위해 십자가 앞에서 눈물로 기도하게 하소서. 은퇴 이후에 남는 많은 시간을 하나님의 말씀을 읽을 수 있는 귀한 시간들로 채우게 하소서. 은퇴하기 이전의 바쁜 삶들로 하나님을 찬양하는 일에 소홀했다면 이제 마음껏 하나님을 찬양하게 하시고 이전보다 하나님의 말씀을 듣는 자리에 더 많이 앉아 있는 복을 받았음을 알게 하소서.

정한 때가 되면 그동안 하던 일을 멈추고 은퇴하는 것이 사람에게 정해진 법이지만 그 마음의 허전함을 돌아보소서. 어찌할 바를 몰라 방황하지 않게 하시고 은퇴한 이후에 해야 할 주님의 사명이 무엇인지 분명히 깨닫게 하소서. 오히려 주님이 주시는 새 비전을 발견하는 시간들로 충만한 은혜를 부어주소서.

은퇴한 후 주님의 도우심을 구하는 사랑하는 주의 자녀에게 주님의 말씀을 전합니다. 말씀을 전하시는 목사님께 더 놀라운 말씀의 은혜를 부어주소서.

언제나 함께하시는 예수님의 이름으로 기도합니다. 아멘.

직장·사업·기타 대표기도문

실직

이것을 너희에게 이르는 것은 너희로 내 안에서 평안을 누리게 하려 함이라
세상에서는 너희가 환난을 당하나 담대하라 내가 세상을 이기었노라
_〈요한복음〉 16장 33절

우리의 걸음을 인도하시는 하나님 아버지!

하나님을 신뢰하고 따르는 모든 사람의 삶을 주관하시고 언제나 하나님의 풍성하심을 맛보게 하시니 감사합니다. 어렵고 힘든 순간에도 함께하셔서 오히려 그 시간이 더 큰 은총의 시간임을 깨닫게 하시는 하나님의 섭리를 찬양합니다. 우리의 연약함을 주님 앞에 내려놓습니다. 이 세상을 살면서 하나님이 아닌 세상의 것들을 더 많이 구하던 우리의 잘못을 용서하시고 예수 그리스도의 십자가만으로 충분한 믿음을 우리에게 부어 주소서.

저마다 자신의 이익을 위해 분주한 이 세대를 불쌍히 여겨 주소서. 수많은 젊은이가 취업을 위해 최선을 다함에도 원하는 것을 쉬이 얻지 못하고, 바라던 곳에 취업한 후에도 자신의 생각과 달라 고민하는, 하나님 없이 살아가는 인생이 너무도 많습니다. 어쩔 수 없는 쳇바퀴 속에서 일하며 어렵게 신앙을 지켜 나가는 주님의 모든 자녀와 함께하

소서. 이런 상황에서 전혀 생각하지도 원하지도 않은 실직의 소식을 듣습니다. 주여! 이런 어려움을 겪는 주의 자녀를 안아 주소서.

은혜의 하나님! 원하지 않던 일을 겪고 실망하며 애통하는 주님의 자녀 _____님을 기억하여 주소서. 이 땅에서 살아가면서 우리가 원하는 일보다 오히려 원하지 않았던 일을 만날 때가 더 많음을 고백합니다. 그 고통이 심히 크고 무겁습니다. 갑자기 다가온 아픈 소식들 앞에서 주께 나아와 위로를 구하는 자들을 기억하여 주소서.

하지만 이 모든 것이 하나님의 섭리 가운데 있음을 믿습니다. 지금은 이 일이 감당하기 어렵고 힘이 들지만 언젠가는 이 일로 말미암아 하나님을 찬양하게 될 줄 믿습니다. 구하는 자에게 주시겠다고 하신 주님의 말씀을 기억하며 이제 이후의 삶을 하나님에게 의탁하오니 엎드려 간절히 구하는 주님의 자녀에게 하나님의 때에 가장 좋은 것을 주소서. 이 시간을 통해 주께 더 가까이 나아가는 은혜를 부어 주시고 혹시 그동안 시간이 부족하다 말하며 기도하지 못했다면 이제 기도의 자리로 나아가게 하시고 말씀을 읽는 것에 소홀했다면 하나님의 말씀으로 더 가까이 나아가는 복된 시간이 되게 하소서. 지금 겪는 실직의 고통이 인생의 끝이 아니라는 것을 알게 하시고 하나님이 주실 더 나은 삶을 기대하며 주님의 뜻을 잠잠히 기다리게 하소서. 이 아픔의 시간을 주시고 함께 아파하시는 주님을 만나게 하소서.

주님의 말씀으로 위로하시고 힘을 주소서. 말씀을 전하시는 목사님에게 성령을 충만하게 부어 주셔서 선포되는 말씀을 통해 우리와 함께하시는 주님을 알게 하소서.

우는 자를 위로하시는 예수님의 이름으로 기도합니다. 아멘.

직장 · 사업 · 기타 대표기도문

개업

우리는 구원받는 자들에게나 망하는 자들에게나 하나님 앞에서 그리스도의 향기니 _(고린도후서) 2장 15절

택하신 자녀를 늘 새롭게 하시는 하나님 아버지!

하나님의 은혜로 우리를 늘 새롭게 하시니 감사합니다. "그런즉 누구든지 그리스도 안에 있으면 새로운 피조물이라 이전 것은 지나갔으니 보라 새 것이 되었도다"라는 말씀처럼 예수 그리스도로 말미암아 옛 것과 비교할 수도 없는 새로운 피조물이 되게 하소서. 혹여 우리가 어리석어 옛 사람의 모습으로 되돌아가려 할 때라도 우리를 버리지 마시고 붙잡아 주셔서 예수님의 보혈의 공로로 다시 새롭게 하소서.

사랑의 하나님! 하나님의 뜻 안에서 새로운 일을 시작하는 주의 자녀들을 기억하여 주옵소서. 새로운 일을 시작하는 것이 그저 육신의 만족과 경제적인 유익과 자신들의 안위만을 위한 것이 되지 않게 하시고 이 일을 통해 이루고자 하시는 하나님의 뜻을 발견하며 성실하게 걸어가게 하소서. 세상의 많은 사람이 스스로의 만족과 욕심을 채우기 위해 자신을 속이며 심지어 하나님마저 속이려 합니다. 바라옵기는 새로운 일을

시작하는 주의 자녀가 세상 사람들의 어리석음을 따라가지 않게 하시고 세상의 유혹에 미혹되지 않게 하소서.

여기 이 사업장을 하나님이 지켜 주소서. 하나님의 섭리로 이곳에서 새로운 일을 시작하였으니 하나님이 늘 돌보아 주소서. 이 사업장에 그 어떤 어려움도 생기지 않게 하시고 이 사업장을 드나드는 모든 사람이 하나님을 만나고 경험하는 은혜의 장소가 되게 하소서. 이곳이 주님의 나라가 되게 하셔서 예수 그리스도를 전하는 복음의 기지가 되게 하시고 악한 사탄의 권세가 흔들지 못하게 지켜 주소서. 주님을 찬양하는 소리가 늘 흘러나오게 하시고 믿음의 사람들이 기도하는 장소가 되게 인도하소서. 마음이 상한 사람들이 이곳을 통해 하나님의 위로를 얻게 하시고 성도의 아름다운 교제가 넘치는 곳이 되게 하소서.

인간의 모든 계획을 아시는 하나님 아버지! 하나님의 뜻으로 개업하게 하셨으니 하나님이 늘 함께하여 주소서. 믿음의 사람들이 하는 모든 일 가운데 역사하셔서 하나님이 도우시는 사람들의 일이 어떠한지를 세상이 알게 하소서. 새로 시작하는 이 일이 육신의 일이 아니라 하나님이 주의 백성들에게 주신 사명이라는 것을 기억하게 하시고 주께서 맡기신 이 땅에서의 일에 충성하게 하소서. 혹시라도 새로 시작하는 일 때문에 하나님이 주신 생명을 위한 일에 소홀하지 않게 하시고 하나님을 예배하고 말씀을 읽으며 찬양하는 것에 더 열심을 낼 수 있게 도와주소서. 이제 개업한 가정을 위해 말씀을 전하시는 목사님을 통해 큰 은혜를 주실 줄 믿습니다.

거룩하신 우리 주 예수님의 이름으로 기도합니다. 아멘.

직장 · 사업 · 기타 대표기도문

사업의 확장

야베스가 이스라엘 하나님께 아뢰어 이르되 주께서 내게 복을 주시려거든 나의 지역을
넓히시고 주의 손으로 나를 도우사 나로 환난을 벗어나 내게 근심이 없게 하옵소서
하였더니 하나님이 그가 구하는 것을 허락하셨더라 _〈역대상〉 4장 10절

존귀하신 하나님 아버지!

하나님을 믿고 따르는 모든 자에게 구원을 베풀어 주시고 삶의 모든 순간에도 함께하시니 감사합니다. 지금도 하나님 앞에 엎드려 하나님의 도우심을 구하는 모든 사람에게 임재하셔서 세상을 이길 힘을 주시고 도우시는 하나님의 손을 경험하게 하소서.

하지만 우리는 어리석어 날마다 내밀어 주시는 하나님의 손을 잡기보다는 오히려 세상을 향해 손 내밀 때가 더 많았음을 고백합니다. 하나님만을 의지한다고 말하면서 하나님이 아닌 다른 것의 도움을 더 간절하게 기다렸던 어리석은 우리를 불쌍히 여기시고 예수님의 십자가의 공로로 우리를 변화시켜 주소서.

모든 것 위에 뛰어나신 하나님 아버지! 귀한 하나님의 자녀 _____ 님에게 하나님의 선한 일을 감당하게 하시니 감사합니다. 이 땅 위에서 살아갈 힘을 주시고 하나님이 주신 힘과 재능으로 귀한 사업을 잘 감당

하게 하셨으니 감사합니다. 하나님을 믿고 의지하며 하나님의 사업을 감당한 주님의 자녀에게 사업을 확장하게 하셨으니 은혜에 감사합니다. 모든 것이 하나님의 은혜이며 하나님의 공로임을 믿습니다. 이 시간 사업을 확장하고 하나님 앞에 엎드려 예배하는 하나님의 자녀의 경배를 기쁘게 받아 주소서.

지금까지 이루어진 모든 일이 하나님의 뜻이었음을 인정하게 하시고 이후의 모든 사업을 하나님의 손에 의탁하는 믿음의 자녀가 되게 하소서. 단 한 순간도 지금의 성공이 자신의 힘과 노력으로 이루어졌다고 여기지 않게 하시고 언제나 겸손한 마음으로 주님이 주신 사업을 행하게 하소서. 사업을 확장한 이 일에 취하여 하나님의 뜻을 구하지 않는 어리석은 잘못을 범하지 않게 하시고 이전보다 더 많이 엎드려 기도하는 기도의 사람이 되게 하소서.

하나님 나라를 위해 더 크게 사용하여 주시고 더 많이 일할 수 있도록 인도하소서. 하나님이 사랑하는 자녀에게 사업을 확장하도록 도우신 것을 기억하여 자신의 소유를 드려 하나님 나라를 확장하는 일에 충성할 수 있게 하소서. 허락하신 모든 것이 내 것이 아니고 하나님의 것임을 분명히 알고 주를 위해서 사용하는 은혜를 부어 주소서. 그래서 사랑하는 주의 자녀가 사업을 확장한 이 일이 하나님과 교회와 성도들에게 큰 기쁨이 되게 인도하소서.

매사 하나님의 도우심을 구하는 _____님에게 이제 하나님의 말씀을 전하실 목사님을 인도하소서. 선포되는 말씀을 듣고 언제나 도우시는 하나님을 만나는 은혜가 충만한 시간이 되게 하소서.

기도하는 자를 기뻐하시는 예수님의 이름으로 기도합니다. 아멘.

직장 · 사업 · 기타 대표기도문

사업의 번창

너희는 의인에게 복이 있으리라 말하라 그들은 그들의 행위의 열매를 먹을 것임이요 _〈이사야서〉 3장 10절

우리와 함께하시는 하나님 아버지!

하나님의 말씀에 불순종하여 하나님의 크신 사랑을 버리고 죄악의 길로 떠났던 어리석고 연약한 사람들을 끝까지 사랑하시니 감사합니다. 아들이신 예수 그리스도를 보내시고 믿기만 하면 구원받게 하신 하나님의 놀라우신 구원의 은혜를 찬양합니다. 우리 모두의 평생의 삶이 하나님의 이 놀라운 구원의 은총을 찬양하며 감사하는 삶이 되게 하소서. 주의 은혜를 떠나지 않는 우리 모두가 되게 하소서.

우리의 삶을 인도하시는 하나님 아버지! 세상의 헛된 것과 악한 모든 것을 벗어버리고 하나님이 기뻐하시는 빛의 자녀가 되게 하셨으니 감사합니다. 우리 모두의 삶을 주관하셔서 항상 하나님의 뜻을 이루어갈 수 있도록 도와주소서. 오늘도 우리에게 생명을 허락하셔서 하나님의 선하신 뜻을 바로 알게 하시고 하나님의 이름을 높이며 하나님 나라를 이루어 가는 데 사용하여 주소서.

하나님의 크고 놀라운 구원의 은총을 받고 믿음으로 살아가는 주님의 자녀 _____님에게 사업을 주시고 번창하게 하시니 감사합니다. 사업을 시작한 것도 사업이 번창하게 된 것도 하나님의 은혜임을 믿습니다. 옛날 믿음의 선진들에게 늘 함께하셨던 것처럼 하나님의 은혜로 사업하는 주님의 자녀와 항상 함께하여 주소서. 믿음의 선진들과 함께하셨을 뿐만 아니라 그들의 소유를 더 풍요하게 하시고 보호하셨던 주님! 오늘 엎드린 주님의 자녀에게 동일한 은혜를 허락하소서. 그러나 이 모든 것이 개인의 유익을 위함이 아니라 오직 하나님 나라를 위함이라는 것을 먼저 깨닫게 하소서. 또한 모든 것이 하나님의 것이라 믿음으로 고백하는 주의 자녀가 되게 하소서.

이 세상의 어리석은 사람들의 모습을 닮지 않게 하소서. 세상 사람들은 사업이 번창하고 경제적인 부요를 더 얻을수록 교만해져서 다른 사람들을 업신여기고 자신의 지위를 자랑하며 결국은 멸망의 길로 들어서고 마는 것을 봅니다. 사랑하는 주님! 이 시간 주님 앞에 엎드려 기도하는 주의 자녀에게 세상 사람들의 모습이 타산지석이 되게 하소서. 오히려 그들과는 다르게 사업이 번창하면 할수록 자신을 낮추고 겸손하며 하나님이 원하시는 뜻만을 구하는 은혜를 부어 주소서. 세상의 가치관과 다르더라도 주님의 말씀을 따르는 것을 기쁘게 하시고 모든 일의 우선순위가 주님의 나라가 될 수 있게 인도하소서.

이제 말씀을 전하시는 목사님의 입술을 주장하소서. 선포되는 말씀을 통해 사업을 번창하게 하신 주님의 은혜를 다시 깨달아 알게 하시고 주님을 위해 살아갈 열정이 불타오르는 시간이 되게 하소서.

거룩하신 우리 주 예수님의 이름으로 기도합니다. 아멘.

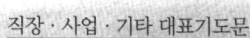

사업의 부도

그러나 내가 가는 길을 그가 아시나니 그가 나를 단련하신 후에는 내가 순금같이 되어 나오리라 _〈욥기〉 23장 10절

우리가 가는 모든 길을 아시는 하나님 아버지!

하나님이 우리의 길을 모두 아신다는 이 말씀으로 새 힘을 얻게 하시니 감사합니다. 우리를 붙잡아 주셔서 주님의 뜻 안에서 단련하시고 마침내 우리 모두를 순금같이 되게 하소서.

이 시간 하나님의 위로를 구합니다. 모든 상한 심령을 위로하시고 만지시는 하나님의 도우심을 간절히 구합니다. 하나님 나라를 세우기 위해 계획하고 시작하고 진행했던 사업에 큰 어려움을 겪고 있는 주님의 자녀 _____님을 기억하여 주소서. 우리는 모두 어리석고 부족해서 미처 생각하지 못하고 원하지도 않았던 어려움과 걱정이 닥쳐오면 어찌할 바를 알지 못하고 헤매는 연약한 자들이오니 불쌍히 여겨 주소서.

새 힘을 주시는 하나님 아버지! 하나님 앞에 엎드린 주의 자녀를 기억하여 주소서. 사업을 진행하다가 겪는 이런 큰일로 말미암아 낙심하지 않게 하소서. 혹시라도 하나님에게 버려진 것이 아닌지 두려워하지 않게 하시고 어떤 상황에서라도 하나님이 함께하심을 확실히 믿게 하소서. 지금 겪고 있는 사업의 어려움이 하나님을 더 깊이 만나고 주께로 더 가까이 나아가는 은총의 시간으로 이어지게 하소서. 지금 한 번 쓰러진 것이 영원히 쓰러진 것이 아님을 알게 하시고 쓰러질 때에 일으키시는 하나님을 보게 하소서.

주님이 사랑하는 _____님의 마음을 만져 주셔서 강하고 담대하게 하소서. 하나님이 함께하시기 때문에 그 어떤 일도 실패가 아니라는 것을 알게 하시고 겸손히 주께 엎드려 선한 뜻을 구하게 하소서. "그런데 내가 앞으로 가도 그가 아니 계시고 뒤로 가도 보이지 아니하며 그가 왼쪽에서 일하시나 내가 만날 수 없고 그가 오른쪽으로 돌이키시나 뵈올 수 없구나"라고 한탄했던 욥을 기억합니다. 지독한 인생의 문제 앞에서 하나님을 찾기 위해 앞과 뒤로 또 왼쪽과 오른쪽으로 이리저리 헤매었지만 결국 하나님의 도우심을 얻지 못했다는 욥과 같이 하나님의 뜻이 무엇인지 몰라 고통받는 주의 자녀를 기억하소서. 그리고 마침내 욥이 그럼에도 불구하고 자신의 길을 아시는 하나님을 찬양했던 것처럼 _____님의 모든 삶을 아시고 함께하시는 하나님을 굳게 믿는 믿음으로 이 아픔의 시간을 이기게 하소서.

우리의 길을 아시는 하나님 아버지! 우리는 하나님의 뜻이 어디에 있는지 잘 모를 때가 너무 많습니다. 하지만 하나님은 믿고 따르는 자를 결코 버리지 않으시는 분이심을 믿습니다. 이 시간 말씀을 전하시는 목사님을 통해 이렇게 놀라운 하나님의 은혜를 누리게 하소서.

결국은 우리의 믿음을 순금과 같이 정결하게 하실 하나님을 찬양하오며 예수님의 이름으로 기도합니다. 아멘.

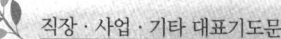
직장·사업·기타 대표기도문

출국

여호와께서 그들 앞에서 가시며 낮에는 구름 기둥으로 그들의 길을 인도하시고 밤에는 불 기둥을 그들에게 비추사 낮이나 밤이나 진행하게 하시니 낮에는 구름 기둥, 밤에는 불 기둥이 백성 앞에서 떠나지 아니하니라 _〈출애굽기〉 13장 21~22절

은혜가 충만하신 하나님 아버지!

하나님을 경배하며 순종해야 할 인간이 하나님에게 불순종하였음에도 불구하고 하나님의 사랑으로 구원하여 주시니 감사합니다. 예수 그리스도를 이 땅에 보내시고 십자가에서 죽게 하심으로 믿는 우리를 구원하신 것은 오직 하나님의 사랑 때문이었음을 믿습니다. 하나님이 우리에게 주신 사랑이 우리를 새롭게 하며 어떤 환경에서도 살아갈 의지가 됩니다. 날마다 하나님의 크고 놀라운 사랑에 감사하며 하나님만을 사랑하게 하소서.

사랑하는 주의 자녀들을 부르셔서 각자에게 맞는 삶을 주시고 주님의 뜻 안에서 살게 하시니 감사합니다. 주님의 자녀들이 어디에 있든지 오직 주님만을 바라보고 주님이 기뻐하시는 일을 행할 수 있게 인도하소서. 교회에서나 가정에서나 직장에서 하나님이 주신 달란트를 사용하게 하시고, 하나님이 원하시는 삶을 살도록 도와주소서.

사랑하는 주의 자녀 _____님이 주님이 주신 일로 인해 출국하려고 합니다. 오고 가는 모든 여정을 하나님이 친히 돌보아 주셔서 안전하게 지켜 주시고 목적대로 일을 잘 마치고 돌아올 있도록 인도하소서. 믿는 사람들의 안전은 세상의 것에 달려 있지 않고 오직 하나님의 뜻에 있음을 믿습니다. 우리가 세상의 것들을 겹겹이 두르고 안전하다 말할지라도 하나님이 치시면 무슨 소용이 있겠습니까! 우리가 빈 몸이라도 하나님이 지켜 주시면 세상의 그 어떤 것도 두렵지 않다는 것을 알고 오직 하나님만을 신뢰하며 출국하도록 인도하소서. 출국하는 주의 자녀에게 은혜를 베풀어 주셔서 하나님이 친히 불로 둘러싼 성곽이 되어 주소서. 돌아올 때까지 방패가 되는 주님을 경험하게 하시고 함께하셨던 주님을 간증하며 기뻐하는 믿음의 사람이 되게 하소서.

출국하는 _____님을 위해 기도하는 가족과 성도를 기억하셔서 언제나 자신의 백성과 함께하시는 하나님을 믿게 하소서. 주님이 함께하심을 믿어 미래의 일로 인해 불안해하지 않게 하시고 세상이 줄 수 없는 평안을 받아 누리게 하소서. 모든 두려움은 벗어버리고 예수 그리스도로 말미암은 굳센 믿음을 갖게 하소서.

하나님의 말씀을 듣기를 원합니다. 말씀을 전하실 목사님과 함께하셔서 출국을 앞둔 _____님과 가족과 성도에게 가장 필요한 말씀이 선포되게 하소서. 하나님의 말씀 때문에 평안을 누리게 인도하소서.

언제나 하나님의 백성들과 함께하시는 하나님을 찬양하오며 거룩하신 예수님의 이름으로 기도합니다. 아멘.

직장 · 사업 · 기타 대표기도문

이민

여호와께서 아브람에게 이르시되 너는 너의 고향과 친척과 아버지의 집을 떠나 내가 네게 보여 줄 땅으로 가라 내가 너로 큰 민족을 이루고 네게 복을 주어 네 이름을 창대하게 하리니 너는 복이 될지라 _〈창세기〉 12장 1~2절

인생의 걸음을 주관하시는 하나님 아버지!

오로지 홀로 완전하고 거룩하신 하나님을 찬양합니다. 하나님은 거룩하셔서 이 세상의 그 어떤 것도 하나님의 거룩하심 앞에 나아갈 수 없음을 고백합니다. 하물며 진노의 자녀이며 아무리 노력해도 가진 죄를 털끝만큼도 씻을 수 없는 우리는 하나님의 거룩하심을 바라볼 수도 없는 죄인인 것을 인정합니다. 하지만 우리에게 예수 그리스도를 보내셔서 십자가에서 죽으심으로 그를 믿는 모든 자를 구원해 주시니 감사합니다. 우리의 그 어떤 공로도 아닌 오직 예수 그리스도의 십자가의 공로로 우리가 구원받았으니 은혜에 감사합니다.

"주께서 내가 앉고 일어섬을 아시고 멀리서도 나의 생각을 밝히 아시오며 나의 모든 길과 내가 눕는 것을 살펴보셨으므로 나의 모든 행위를 익히 아시오니"라는 말씀을 기억합니다. 하나님은 우리의 모든 것을 이미 아시는 주님이심을 고백합니다. 그러므로 항상 우리를 살피시는 주

님을 신뢰하게 하소서. 항상 하나님만 바라보게 하소서.

믿고 의지하는 자를 결코 포기하지 않으시는 하나님 아버지! 여기 이민을 앞둔 귀한 가정이 있습니다. 이 땅 위에서 살아가다 하나님의 뜻이 계셔서 이 가정을 다른 나라로 이민하게 하셨음을 믿습니다. 하나님만을 신뢰하며 따르는 믿음의 가정을 인도하셔서 이민하는 모든 과정 가운데 어려움이 없도록 도와주소서. 이 나라에서 살아가면서 혹여 겪은 어려움들이 오히려 경험이 되어 다른 나라에서 살아갈 때에 어떠한 일도 견딜 수 있는 힘이 되게 하소서. 전혀 다른 시간과 문화와 언어와 사람들 사이에서 살아가게 됩니다. 가족 모두 잘 적응하게 도와주시고 이 가정이 정착해 살아가는 곳에서도 그리스도의 향기를 전하는 복된 가정이 되게 하소서.

떠나는 그 시간까지도 함께하셔서 모든 것이 잘 준비되게 하시고 지금까지 살아오던 곳을 떠나야 하는 마음을 만져 주소서. 이 가정의 이민이 모두에게 아픔과 슬픔이 되지 않게 하시고 오히려 주위의 모든 분과 더 깊은 사랑의 교제를 나눌 수 있도록 인도하소서. 남겨진 가족과 교회를 위해 늘 기도하게 하시고 그 어떤 순간에도 하나님의 뜻을 구하게 하소서. 오직 하나님의 도우심만을 구하며 일어나는 모든 일에 감사하는 믿음의 가정이 되게 하소서.

이제 말씀을 전하시는 목사님에게 은혜를 주셔서 이민을 준비하는 이 가정에 가장 필요한 말씀이 선포되게 하시고 이 가정이 하나님의 뜻을 듣고 순종하는 은혜의 시간이 되게 하소서.

도움을 구하는 모든 사람과 함께하시는 예수님의 이름으로 기도합니다. 아멘.

직장 · 사업 · 기타 대표기도문

유학

다니엘은 뜻을 정하여 왕의 음식과 그가 마시는 포도주로 자기를 더럽히지
아니하리라 하고 자기를 더럽히지 아니하도록 환관장에게 구하니
_〈다니엘서〉 1장 8절

모든 지혜의 근원이신 하나님 아버지!

모든 것보다 뛰어나신 지혜로 세상을 만드시고 사람을 만드신 하나님을 찬양합니다. 우리는 놀라우신 하나님의 지혜를 찬양하는 것이 당연한 피조물임을 고백합니다. 매일의 삶에서 오직 창조주 되시는 하나님만을 찬양하며 경배하는 우리 모두가 되게 하시고 하나님을 경배하는 모든 사람에게 하나님의 무한하신 은혜와 사랑을 베풀어 주소서.

은혜의 하나님 아버지! 하나님이 사랑하는 주님의 백성이 하나님의 뜻하심에 따라 유학을 가게 하시니 감사합니다. 모든 것이 하나님의 뜻하심이라는 것을 기억하고 오직 하나님의 뜻에 순종하게 하소서. 하나님이 귀한 자녀에게 지혜를 허락하시고 하나님 나라를 위해 사용하시려 새로운 곳에서 공부할 수 있게 인도하셨으니 감사합니다. 새로운 환경에도 잘 적응하게 하시고 공부하는 데 아무런 어려움이 없도록 도와주소서.

공부하는 모든 일이 자신의 삶의 유익이나 만족을 위한 것이 되지 않게 하시고 오직 하나님 나라와 하나님의 이름을 위한 것이 될 수 있게 하소서. 공부를 하면 할수록 스스로를 높여 교만해지지 않게 하시고 오히려 스스로를 낮추어 자신을 통해 예수 그리스도만 나타나게 하소서. 주어진 달란트를 낭비하지 않게 하시고 하나님이 자신에게 주신 것을 사용하여 하나님의 크고 놀라운 일을 이루는 도구가 되게 하소서. 공부를 하며 스스로의 성취에 만족하여 자신이 삶의 주인이라 여기지 않게 하시고 이전보다 더욱 하나님을 사랑하며 오직 하나님만이 자신의 삶의 주인인 것을 인정하게 하소서.

공부하는 모든 과정과 환경을 지켜 주소서. 환경과 언어와 문화가 다른 곳에서 잘 적응하게 하시고, 좋은 선생님을 만나 잘 배우게 하시고, 함께 하나님을 섬길 믿음의 사람들을 만나게 하소서. 언어와 문화의 차이로 인해 어려움을 겪지 않게 하시고, 하나님의 뜻과 다른 세상의 잘못된 문화를 보지 않게 하시고, 악한 것들은 조금도 용납하지 않고 언제나 선하신 하나님만을 보며 따르게 하소서.

두고 가는 가족을 기억하소서. 멀리 유학 가는 주의 자녀와 또 사랑하는 자녀를 멀리 보내는 부모님과 가족의 마음을 위로하소서. 어디에 있어도 서로를 위해 기도하게 하시고 언제나 주의 사랑으로 사랑하게 하소서. 주님이 함께 가시기 때문에 마음에 평안을 누릴 수 있게 하소서. 이제 하나님의 말씀을 듣습니다. 유학을 가는 사랑하는 주의 자녀와 보내는 가족에게 목사님의 입술을 통해 가장 좋은 하나님의 말씀이 선포되게 하소서.

거룩하신 예수님의 이름으로 기도합니다. 아멘.

직장·사업·기타 대표기도문

수상

두 사람이 한 사람보다 나음은 그들이 수고함으로 좋은 상을 얻을 것임이라
_〈전도서〉 4장 9절

존귀와 영광을 받으실 하나님 아버지!

가장 크고 높으신 하나님을 찬양합니다. 온 땅의 모든 입을 합하여 하나님을 찬양한다고 해도 여전히 부족한 위대하신 하나님을 경배하오니 우리의 경배를 받아 주소서. 하나님의 크신 이름 앞에 모여 하나님을 찬양하는 우리를 기억하여 주시고 하나님의 놀라운 은혜 가운데서만 살아갈 수 있게 하소서.

사랑하는 하나님 아버지! 우리에게 기쁨의 소식을 주시니 감사합니다. 사랑하는 주의 자녀를 믿음 안에서 길러 주시고 잘 배우게 하셔서 좋은 성적으로 상을 받게 하셨으니 감사합니다. 이 상을 받기 위해 얼마나 많은 시간을 노력했는지 주께서 아시고 그 노력에 귀한 선물로 응답하시니 감사합니다. 하나님이 하나님의 뜻을 행하고 하나님을 찬양하게 하시려고 주신 귀한 재능을 사용하여 수상하였으니 언제나 하나님만을 높이는 삶을 사는 주의 자녀가 되게 하소서.

주님이 주신 재능을 주님을 위해 쓰게 하소서. 혹시라도 자신의 재능이 오로지 자신의 소유라고 생각하여 하나님의 뜻을 저버리지 않게 하시고, 귀한 재능을 허락하신 하나님의 은혜에 늘 감사하게 하소서. 이번 수상으로 교만하지 않게 하시고 하나님이 주신 귀한 재능을 더 갈고 닦아 주님이 더 크게 사용하는 하나님의 도구가 되게 하소서. 자신에게 주어진 재능으로 이 땅의 유익을 구하는 자가 되지 않게 하시고 하나님 나라의 유익을 위해 살게 하소서.

하나님을 위해 일하는 사람을 보고 기뻐하시는 주님! 사랑하는 주의 자녀에게 더 많은 재능과 열심을 허락하셔서 이번 수상으로 그치지 않게 하시고, 더 많은 곳에서 더 큰 상을 수상할 수 있게 하셔서 그것으로 하나님께 영광 돌리게 하소서. 사랑하는 주의 자녀가 수상한 소식이 하나님 나라와 교회와 모든 성도에게 큰 기쁨이 되게 하셨으니 감사합니다. 모두가 함께 기뻐하며 사랑하는 주의 자녀의 미래를 위해 한마음으로 기도하게 하소서.

하나님이 귀하게 사용하실 주님의 자녀이니 그의 평생을 인도하소서. 지치고 힘들 때마다 자신을 위해 십자가에서 피 흘려 죽으신 예수 그리스도를 기억하게 하시고 주님의 아름다운 사랑이 다시 일어날 힘이 되게 하소서. 이 악한 세대 속에서 살아갈 때 지켜 주셔서 죄를 범하지 않게 하시고 세상이 감당할 수 없는 믿음의 사람이 되게 하소서. 예수 그리스도의 마음을 닮게 하시고 겸손히 주님만 따르게 인도하소서. 이제 말씀을 전하시는 주의 사자의 입술을 지켜 주소서. 이제로부터 영원까지 한결같으신 하나님의 음성이 이 시간 들려지게 하소서.

온전한 감사를 올려 드리며 예수님의 이름으로 기도합니다. 아멘.

《대표기도문》은 하나님이 기뻐 받으시는
신령한 예배를 드리는 데 도움이 된다.

5장

애도와 추모
대표기도문

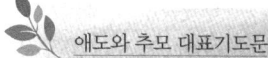
애도와 추모 대표기도문

임종 1

내가 너희를 위하여 거처를 예비하러 가노니 가서 너희를 위하여 거처를 예비하면
내가 다시 와서 너희를 내게로 영접하여 나 있는 곳에 너희도 있게 하리라
_〈요한복음〉 14장 2~3절

모든 만물의 생사화복을 주관하시는 하나님 아버지!

하나님이 인간을 지으시고 모든 삶을 인도하심을 믿습니다. 하나님을 배신하고 하나님의 품을 떠나 죄 가운데 살며 결국은 영원히 죽을 수밖에 없던 우리를 구원하시려고 아들을 세상에 보내신 하나님의 은혜를 기억합니다. 하나님과 동등하신 예수 그리스도께서 낮고 낮은 이 땅에 오신 것은 죄로 인해 죽어야 하는 우리를 위함이었습니다. 그리고 영원히 죽어야 할 우리를 위해 십자가에서 대신 죽으시고 죄인인 우리에게 영원히 살 길을 열어 주셨습니다.

인생의 여정을 도우시는 주님! 이제 이 땅 위에서의 삶의 여정을 그치고 주님이 계신 곳에서 영원히 살아갈 사랑하는 주님의 자녀 _____ 님을 위해 기도합니다. 주님이 이 땅 위에서 허락하신 시간이 다하고 이제 주님에게로 가기를 소망하오니 은혜를 베풀어 주소서. 하늘 문을 여시고 주님이 친히 안아 주소서.

한평생 하나님의 은혜가 아니었다면 결국은 이 세상의 종이 되어 살다가 영원한 죽음에 이를 수밖에 없었지만 주님이 사랑하셔서 예수 그리스도를 알게 하시고 믿음으로 살게 하셨으니 감사합니다. 하나님의 크신 은혜를 받고 그 은혜를 누리며 지금까지 하나님의 선한 일을 감당하게 하셨습니다. 하나님이 아니셨다면 누릴 수 없었던 은혜를 누렸고 하나님이 함께하지 않으셨다면 가질 수 없던 평안과 기쁨이 있었습니다. 이렇게 놀라운 은총의 삶을 살게 하시다가 이제 영원한 평화와 안식을 누리도록 부르시니 모든 것이 주님의 은혜입니다.

은혜를 베풀어 주시는 하나님 아버지! 세상의 수많은 사람이 죽음을 앞에 두고 두려워하며 그 길을 피하기 위해 애씁니다. 죽음이 인생의 마지막이라 생각하며 이 땅 위에서의 삶을 더 살기 위해 발버둥칩니다. 하지만 우리는 죽음이 마지막이 아니며 이 땅 위에서의 죽음은 주님이 계시는 영원한 천국에서의 새로운 삶의 시작이라는 것을 믿습니다. 지금 이 시간 주님의 나라에서 주님과 함께 살기를 기다리는 사랑하는 주의 자녀가 이 놀라운 사실을 확실히 믿을 수 있게 하소서. 이 땅에서 살며 그토록 사모하던 주님의 얼굴을 뵙고 주님의 품에 안겨 주님을 찬양하는 그 순간을 기대하게 하소서. 천국에서의 아름다운 삶으로 인해 이 땅의 것에 미련을 두지 않게 인도하소서. _____님의 임종을 맞이하여 함께 모인 사랑하는 가족을 지켜 주셔서 이 순간의 슬픔이 세상 사람들의 슬픔과 같지 않게 하소서. 눈물을 닦아 주시는 주님의 사랑을 경험하게 하시며 모두가 영원한 천국을 소망하는 믿음을 허락하소서. 하나님의 말씀으로 위로하여 주소서.

우리의 모든 삶을 이끄시는 예수님의 이름으로 기도합니다. 아멘.

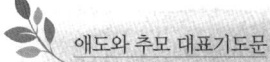 애도와 추모 대표기도문

임종 2

나는 선한 싸움을 싸우고 나의 달려갈 길을 마치고 믿음을 지켰으니 이제 후로는 나를 위하여 의의 면류관이 예비되었으므로 주 곧 의로우신 재판장이 그날에 내게 주실 것이며 내게만 아니라 주의 나타나심을 사모하는 모든 자에게도니라
_〈디모데후서〉4장 7~8절

거룩하신 하나님 아버지!

하나님을 믿는 믿음을 지키며 끝까지 달려간 자에게 면류관을 주신다고 약속하시니 감사합니다. 우리가 믿음을 지키는 것은 우리를 구원하신 하나님의 크신 사랑에 감격하였기 때문이며 하나님의 은혜에 대한 반응일 뿐임을 고백합니다. 하지만 하나님은 개의치 않으시고 믿음을 지킨 자에게 면류관을 주시니 모든 것이 주님의 은혜입니다. 하나님의 이 크고 놀라운 은혜를 기억하며 끝까지 믿음을 지키는 우리 모두가 되게 하소서.

이제 선한 싸움을 싸우고 모든 인생의 길을 마친 사랑하는 주의 자녀를 위해 기도합니다. 예수 그리스도를 구주로 믿고 그 믿음을 지켜 지금에 이르렀으니 영원한 주님의 나라에서 사도 바울에게 예비되었던 의의 면류관을 그에게도 씌워 주소서. 이것은 사도 바울뿐만 아니라 주의 나타나심을 사모하는 모든 자에게 준비된 것이라 말씀하셨으니 이 말씀

에 의지하여 간구합니다. 언제나 주님을 믿고 주님을 사모하며 사셨던 _____님이 주님의 나라에 들어갈 때 주님이 친히 주시는 의의 면류관을 쓰게 하소서. 이 세상만을 의지하고 살았던 사람들은 자신들의 인생의 끝에서 아무것도 보지 못하고 영원한 형벌에 처해질 것이지만 주님을 믿고 의지하던 사람들의 인생의 끝은 다르다는 것을 믿습니다. 우리의 인생의 끝에서 우리는 주님을 만날 것이며 주님이 우리를 안아 주실 것을 믿습니다. 평생을 두고 사모하던 예수 그리스도를 만나 주님의 품에 안겨 영원한 천국에서 살게 하소서.

주님의 나라에 이르기까지 험한 산을 건넜고 거친 들을 지났으며 폭풍이 이는 바다를 항해하기도 했습니다. 자신의 힘으로는 견디기 힘든 시간이었지만 주님이 함께하셔서 모든 것을 이길 수 있었습니다. 주님의 나라에 이르기까지 평탄한 길을 만나며 큰 어려움이 없이 살아갈 때에도 주님은 함께 계셨습니다. 단 한 순간도 주님이 계시지 않으셨던 때가 없었음을 믿습니다. 주님의 은혜로 지금에 이르렀으니 이제 주님의 은혜로 천국 백성이 되게 하소서.

하나님 아버지! 이제 임종을 앞둔 사랑하는 주의 자녀 _____님이 고통받지 않게 하시고 주님이 주시는 영원한 안식을 누리게 하소서. 사랑하는 분의 임종을 지키는 가족의 마음에도 함께하셔서 이 땅에서는 이별하지만 영원한 하나님 나라에서 다시 만날 것을 소망하게 하소서. 이 순간 모두가 굳건한 반석이신 예수 그리스도만을 소망하며 주님이 주시는 은혜를 기다리게 하소서. 이 시간 하나님의 말씀으로 함께하소서. 말씀으로 위로하시고 도와주소서.

우리의 유일한 소망이신 예수님의 이름으로 기도합니다. 아멘.

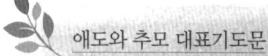
애도와 추모 대표기도문

입관 1

그의 경건한 자들의 죽음은 여호와께서 보시기에 귀중한 것이로다
_〈시편〉 116편 15절

자비하신 하나님 아버지!

하나님의 뜻을 따라 살지 않고 자신의 생각대로 살아가던 우리를 버리지 않으시고 오히려 자신의 아들을 버려 생명 주신 하나님의 은혜를 기억합니다. 여기 엎드린 우리 모두가 하나님의 크고 놀라운 은혜만을 따라가는 믿음의 자녀들이 되게 인도하소서.

주님이 영원한 천국으로 불러 가신 사랑하는 고인을 입관하기 위해 모였습니다. 이제 입관의 절차를 진행하며 마지막으로 이 땅에서 사랑하는 고인의 얼굴을 보고 그를 만질 것입니다. 사랑하는 고인의 육신은 이제 관 속에 안치되어 흙으로 돌아갈 것입니다. 지금 사랑하는 고인의 얼굴을 마지막으로 뵙는 유가족의 마음을 만져 주소서. 이 시간 이별하는 아픔이 크고 무겁지만 사랑하는 고인의 영혼이 영원한 천국에서 주님과 함께 계심을 믿음으로 말미암아 위로를 얻게 하소서. 사랑하는 고인의 얼굴을 마지막으로 뵙는 슬픔으로 흘리는 눈물을 주님의 손으로 닦아 주시고 하늘의 평안을 누리게 하소서.

사랑하는 고인을 보며 많은 생각이 주마등처럼 지나갑니다. 좀 더 많은 시간을 함께하며 하나님의 사랑을 나누지 못했던 우리의 모습이 가슴을 먹먹하게 합니다. 주여! 우리의 부족하고 모자란 마음 때문에 이 시간 너무 지나친 슬픔에 빠져들지 않게 하소서.

사랑하는 고인의 믿음을 돌이켜 생각합니다. 오직 예수 그리스도를 구주로 믿어 하나님의 백성으로 살았던 그 믿음을 기억하며 지금 함께 모인 우리도 예수 그리스도만을 구주로 믿게 하소서. 하나님을 사모하며 말씀을 듣기 위해 애쓰며 하나님을 찬양하기를 기뻐하고 늘 감사하던 고인처럼 우리도 바른 신앙 안에서 생활할 수 있게 인도하소서. 사랑하는 고인이 언제나 예수 그리스도의 십자가 앞에 엎드려 기도했던 것처럼 우리도 쉬지 않고 기도하게 하시고 사랑하는 고인이 자신의 생명을 다해 잃어버린 영혼들을 찾은 것처럼 우리도 주님을 알지 못하는 사람들에게 예수 그리스도를 전하는 자가 되게 하소서.

이 시간 입관의 절차를 진행하는 분들의 손길을 지켜 주소서. 사랑하는 고인을 입관하기 위해 수고하는 분들의 모든 수고를 기억하시고 은혜를 베풀어 주소서. 혹시라도 하나님을 모른다면 이 시간을 통해 예수 그리스도에 대해 알게 하시고 주님을 믿는 마음이 일어나게 하소서. 입관의 절차 동안 연로하신 분들과 연약하신 분들이 피곤하지 않게 하시고 온 가족이 예수 그리스도만 바라보며 입관의 절차를 치르게 하소서. 다시 한 번 간절히 원하오니 사랑하는 고인을 입관하며 애통하는 유가족에게 하나님이 친히 찾아오셔서 위로하소서.

길이요 진리요 생명 되시는 예수님의 이름으로 기도합니다. 아멘.

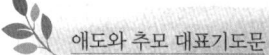

애도와 추모 대표기도문

입관 2

이는 우리 하나님의 긍휼로 인함이라 이로써 돋는 해가 위로부터 우리에게 임하여 어둠과 죽음의 그늘에 앉은 자에게 비치고 우리 발을 평강의 길로 인도하시리로다 하니라 _〈누가복음〉1장 78~79절

은혜와 긍휼이 풍성하신 하나님 아버지!

때를 따라 주시는 하나님의 놀라우신 은혜를 찬양합니다. 우리의 합당한 자격으로 인함이 아니라 오직 하나님의 사랑이 우리에게 은혜를 베풀어 주시는 이유인 것을 믿습니다. 이렇게 놀라운 주님의 사랑을 늘 마음에 새기게 하시고 주님을 따라 믿음으로 살아갈 수 있게 인도하소서. 늘 주님을 따라 살겠노라고 결단하면서도 시시때때로 하나님을 멀리하고 세상의 길로 걸어갔던 우리들의 어리석음을 용서하소서. 나의 의지와 공로를 예수 그리스도께서 달리신 십자가 앞에 내려놓고 주님의 힘을 의지하여 살게 하소서.

이 시간 사랑하는 고인을 주님의 품으로 돌려보내고 입관의 절차를 진행하기 위해 모였습니다. 사랑하는 고인의 모습을 마지막으로 보고 만지는 이 절차 가운데 주님의 은혜를 부어 주소서. 지금 우리가 뵙는 고인의 모습을 통해 인간의 유한함을 깨닫게 하시고 모든 인간에게 결국은 예수님이 필요하다는 것을 확실히 믿게 되는 은총을 허락하소서.

사랑하는 사람이 이 땅에서의 모든 수고를 끝내고 예수 그리스도의 품에 안기는 것은 하늘의 큰 기쁨이라는 것을 믿습니다. 그래서 우리는 마음을 다해 천국의 백성이 되는 고인을 환송해야 하지만 이별의 아픔이 우리의 마음을 사로잡습니다. 고인과 눈을 맞추고 고인의 음성을 듣고 고인께서 우리를 만져 주시기를 바라지만 그럴 수 없는 인간의 근원적인 문제로 고통스러워합니다. 사랑하는 주님! 죽음 앞에서 아무것도 할 수 없는 우리들의 연약함과 무능력함을 불쌍히 여기시고 위로하여 주소서.

사랑하는 고인을 입관하는 자리에 모인 유가족이 하나님의 사랑으로 서로 위로하게 하소서. 고인께서는 먼저 하나님의 부르심을 받고 천국으로 가셨지만 여전히 이 땅에 남아 각자의 삶을 살아갈 유가족의 마음을 주장하소서. 이 땅에 남아 더 많은 수고를 하며 살아가야 할 유가족에게 주신 하나님의 선물이 여기에 함께 모인 가족이라는 것을 알게 하시고 서로를 아끼며 사랑하게 하소서. 무엇보다 서로의 믿음이 약해지지 않게 돌아보게 하시고 하나님 나라를 위해 함께 동역하게 하소서. 이 땅 위에서의 남은 인생을 하나님 나라를 위해 살아가도록 영육의 건강을 허락하소서.

이제 입관의 절차를 진행합니다. 입관의 절차를 위해서 수고하시는 모든 분의 노고를 주님이 기억하여 주소서. 이 분들의 손길을 통해 사랑하는 유가족이 다시 한 번 위로받게 하시고 입관을 진행하는 이 시간이 하나님의 은혜와 사랑이 충만한 시간 되게 도와주소서.

우리를 위로하시는 예수님의 이름으로 기도합니다. 아멘.

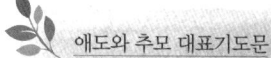

애도와 추모 대표기도문

하관 1

믿음으로 에녹은 죽음을 보지 않고 옮겨졌으니 하나님이 그를 옮기심으로 다시 보이지 아니하였느니라 그는 옮겨지기 전에 하나님을 기쁘시게 하는 자라 하는 증거를 받았느니라 _〈히브리서〉 11장 5절

생명의 주인이신 하나님 아버지!

영원히 죽을 수밖에 없던 우리에게 영원한 생명을 약속하시고 이루시는 주님을 기억합니다. 주님을 떠나 살던 우리를 불쌍히 여기사 아들이신 예수 그리스도를 보내셔서 주께서 친히 말씀하신 약속을 이루신 은혜를 찬양합니다. 이 시간 함께 모인 우리 모두가 하나님의 약속의 백성이 되게 하셔서 예수 그리스도로 말미암은 구원을 얻게 하소서.

사랑하는 고인을 천국으로 환송한 후 이제 하관의 절차를 진행합니다. 사랑하는 고인을 하관하는 이 시간 함께하셔서 슬퍼하는 모든 유가족의 마음을 위로하여 주소서. 영원한 천국에서 지금은 편히 쉬고 계시는 사랑하는 고인을 기억하며 마음의 평안을 얻게 하소서. 사랑하는 고인과의 이별로 가슴 아파하는 유가족에게 찾아오셔서 천국의 소망을 주소서.

사람은 결국 죽을 수밖에 없다는 것을 모든 사람이 다 알고 있음에도 불구하고 내 말을 지키면 영원히 죽음을 보지 않을 것이라고 하신 주님의 말씀을 믿습니다. 하나님의 백성이라 말하던 유대인들은 예수 그리스도의 말씀에도 불구하고 자신들이 가지고 있던 생각을 꺾지 않았습니다. 그들은 자신들의 눈앞에 하나님의 아들이 계셨지만 그를 믿지 않았습니다. 하나님의 아들이 자신의 말을 지키면 영원히 죽지 않을 것이라고 말씀하셨지만 그 말씀을 신뢰하지 않았고 결국 자신들의 생각대로 영원한 죽음에 이르고야 말았습니다.

이 시간 우리의 생각을 다시 점검하게 하소서. 여전히 세상의 상식을 따르며 우리 자신의 소견에 따라 살아가려는 어리석은 마음을 버리게 하시고 영원한 생명을 주시는 주님만을 따르게 하소서. 언제나 자기를 부인하고 주님이 주시는 십자가를 지고 주님을 따라가게 하소서. 주님만을 신뢰함으로 영원한 생명을 누리도록 인도하소서. 하나님 나라에 들어가게 될 그날을 기대하며 예수 그리스도만을 소망하게 하소서. 인간의 모자란 지혜가 아닌 위대하신 하나님의 지혜를 따르게 하소서.

이제 고인을 땅 속에 안치합니다. 하나님이 흙으로 만드셨던 사람이기에 이제 흙으로 돌아갑니다. 하관하는 모든 절차 가운데 조금의 어려움도 없게 하시고, 유가족과 성도가 하나님의 위로를 얻게 하소서. 하관의 절차를 진행하시는 분께 성령의 충만함을 주시고 돕는 분들의 손길에 한량없는 은혜를 부어 주소서. 남은 가족이 예수 그리스도의 마음으로 서로를 더 아끼고 사랑하게 하소서. 하관 이후의 시간도 주께 의탁하며 각자의 삶의 자리에 돌아갈 때 함께하시고 어디에서 무엇을 하며 살더라도 주님을 기억하게 하소서.

슬픈 마음을 위로하시는 예수님의 이름으로 기도합니다. 아멘.

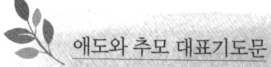

애도와 추모 대표기도문

하관 2

무릇 흙에 속한 자들은 저 흙에 속한 자와 같고 무릇 하늘에 속한 자들은 저 하늘에 속한 이와 같으니 우리가 흙에 속한 자의 형상을 입은 것같이 또한 하늘에 속한 이의 형상을 입으리라 _(고린도전서) 15장 48~49절

은혜로우신 하나님 아버지!

작고 보잘것없는 우리를 사랑하셔서서 가장 크고 위대하신 주님이 낮고 천한 곳에 오셔서 죽기까지 하셨으니 그 은혜에 감사합니다. 주님이 우리를 부르신 그때부터 우리는 언제나 주님 안에 있었음을 믿습니다. 주께서 우리를 주님의 품에 안아 주셨기에 세상의 유혹과 시험 앞에서도 흔들리지 않을 수 있었고 그 어떤 위협도 두렵지 않을 수 있었습니다. 그러므로 우리 모두의 인생을 붙잡아 주셔서 언제나 주님의 품 안에서만 살아가도록 인도하소서.

사랑하는 주님! 지금 주님의 품 안에 안겨 주님의 위로를 간절히 구하는 주님의 백성들이 있으니 은혜를 베풀어 주소서. 자신들이 하나님의 소유인 줄을 알고 엎드려 하나님의 도우심만을 구하오니 친히 오셔서 도와주소서. 사랑하는 고인을 주님의 품으로 돌려보내고 모든 장례의 절차를 마무리한 후에 이제 하관의 절차를 진행하고 있습니다. 지금 고개 숙여 주님의 위로를 구하는 사랑하는 유가족과 성도에게 하나님의 크고 놀라운 위로를 베풀어 주소서.

하나님의 크고 놀라운 섭리를 다시 한 번 생각합니다. 태초에 하나님이 사람을 흙으로 지으셨고 그들이 하나님을 배신했을 때 다시 흙으로 돌아가게 될 것이라고 말씀하셨습니다. 이후 세상의 그 어떤 사람도 하나님이 정하신 섭리를 벗어나지 못하고 모두가 흙으로 돌아가는 것이었습니다. 첫 사람 아담이 흙에서 와서 흙으로 돌아간 것처럼 우리 모두의 인생도 결국 그렇게 될 것이었습니다. 하지만 하늘에 속한 예수 그리스도의 은혜로 우리가 한 줌의 흙으로 끝나지 않고 새로운 생명을 얻게 하셨습니다. 예수 그리스도를 구주로 믿으면 비록 육신은 흙으로 돌아가지만 영혼은 영원한 천국으로 들어가며 마침내 주님이 다시 오시면 이 땅에서 새로운 육신으로 살아가게 될 것을 믿게 하셨습니다. 지금 주님의 은혜 가운데 하관의 절차를 진행하는 우리 모두가 이런 믿음을 갖게 하시고 예수 그리스도께서 주시는 영원한 생명을 누리는 사람들이 되게 하소서.

고인의 영혼을 기쁘게 받으신 주님! 이제 천국 백성이 된 사랑하는 고인을 주께서 안아 주시고 영원한 평화를 누리게 하소서. 세상의 그 무엇으로도 형언할 길이 없는 아름다운 천국에서 그보다 더 아름답고 놀라우신 예수 그리스도와 함께 영원히 존귀하시고 거룩하신 하나님을 찬양하며 살아가게 하소서. 그리고 지금 하관의 절차를 진행하는 우리 모두가 영원한 하나님 나라를 소망하며 예수 그리스도만 믿게 하소서.

위로하시는 하나님을 찬양하오며 예수님의 이름으로 기도합니다. 아멘.

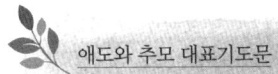

애도와 추모 대표기도문

발인 1

우리 주 예수 그리스도의 아버지 하나님을 찬송하리로다 그의 많으신 긍휼대로 예수 그리스도를 죽은 자 가운데서 부활하게 하심으로 말미암아 우리를 거듭나게 하사 산 소망이 있게 하시며 썩지 않고 더럽지 않고 쇠하지 아니하는 유업을 잇게 하시나니 곧 너희를 위하여 하늘에 간직하신 것이라 _〈베드로전서〉 1장 3~4절

의로우신 하나님 아버지!

죄와 허물로 죽을 수밖에 없던 인생을 향하신 하나님의 의를 기억합니다. 하나님이 세우신 언약을 무너뜨리고 의로우신 하나님과 함께 살 수 없는 불쌍한 존재가 되었던 인간을 위해 보내신 예수 그리스도께서 하나님의 의가 되시는 것을 믿습니다. 우리 대신 십자가를 지신 예수 그리스도를 영원토록 믿고 따르게 하소서.

하나님의 의를 따라야 하지만 우리의 믿음이 연약하고 부족하여 자신의 의를 세우려고 애쓸 때에 불쌍히 여기사 우리를 돌이키시고, 십자가에 달리신 예수 그리스도의 그 발 앞에 세워 주소서. 바로 그곳에서 다시 우리의 죄를 회개하고 후로는 주님만을 따라 하나님의 의를 세우는 믿음의 삶을 살 수 있게 인도하소서.

사랑하는 고인을 부르셔서 천국의 백성으로 삼으신 주님을 생각합니다. 사람에게 무슨 자격이 있어 천국을 들어갈 수 있겠습니까! 이 땅에 있는 모든 재물을 다 모아 쌓아도 하나님 나라에 한 걸음도 들어갈 수 없고, 세상이 칭송하는 모든 선한 일을 다 행한다고 해도 하나님의 의를 조금도 얻을 수 없으며, 온 세상을 다 정복하고 다스리는 위대한 인물이 되어도 하나님 나라의 백성이 될 수 없음을 우리는 너무도 잘 알고 있습니다. 예수 그리스도만이 사람이 천국으로 들어갈 수 있는 유일한 길이며 우리가 내세울 유일한 자격인 것을 믿습니다. 사랑하는 고인도 예수 그리스도께서 흘리신 보혈의 공로를 힘입어 천국에서 주님과 함께 계시는 것을 믿습니다.

이제 발인의 절차를 진행합니다. 장례의 처음부터 함께하셨던 하나님이 빈소에서 치르는 마지막 장례의 절차인 발인에도 함께하셔서 모든 유가족과 성도의 마음을 위로하여 주소서. 마치 빈소를 떠나는 것이 사랑하는 고인이 영영 우리의 곁을 떠나는 것 같아서 견딜 수 없이 아픈 마음을 주님이 만져 주시고, 심령이 상하지 않도록 지켜 주소서.

발인 이후의 남은 절차에도 주님이 함께하셔서 어떤 어려움도 없게 하시고 주님의 은혜 안에서 잘 마무리할 수 있게 인도하소서. 발인의 모든 절차를 진행하고 돕는 분들의 수고를 기억하셔서 주님의 선한 뜻이 나타나게 하시고, 사랑하는 고인을 기억하며 유가족의 슬픔을 위로하기 위해 모인 하나님의 백성들의 마음도 위로하소서. 함께 모인 조문객 중 하나님을 알지 못하는 사람이 있다면 이 발인의 절차 가운데 임재하시는 하나님을 경험하고 하나님에게로 돌아오게 하소서.

하나님의 의가 되시는 존귀하신 예수님의 이름으로 기도합니다. 아멘.

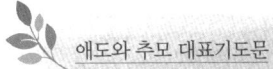
애도와 추모 대표기도문

발인 2

내일 일을 너희가 알지 못하는도다 너희 생명이 무엇이냐 너희는 잠깐 보이다가 없어지는 안개니라 _〈야고보서〉 4장 14절

영원무궁하신 하나님 아버지!

영원 전부터 계시고 영원무궁하도록 계실 하나님의 이름을 찬양합니다. 하나님 앞에서 잠깐 보이다가 없어지는 안개와 같이 짧고 연약한 인생을 살면서도 마치 자신이 무엇이라도 된 것처럼 살던 어리석은 우리들을 불쌍히 여겨 주소서. 그리고 가장 낮고 천한 곳에 겸손히 자신을 내어놓은 우리 주 예수 그리스를 구주로 믿고 따라 살게 하소서.

한 치 앞도 모르는 사람들이 영원하신 하나님을 자신들의 생각대로 재단하고 평가하며 그저 자신들의 필요에 따라 하나님을 이용하는 어리석음을 용서하소서. 하나님의 백성이라고 말하면서도 하나님을 왕으로 섬기지 않고 하나님 나라의 유익만을 누리려 하던 잘못을 고쳐 주소서. 오직 예수 그리스도의 십자가 앞에 나아가오니 우리의 마음이 변하지 않도록 늘 함께하소서.

이 시간 사랑하는 고인을 주님의 품으로 먼저 보내고 발인의 절차를 진행하려고 합니다. 이 땅에서 고인과 이별하는 유가족과 성도의 마음을 지켜 주시고 주님이 주시는 위로로 충만하게 하소서. 사랑하는 고인이 빈소를 떠나는 순간의 슬픔을 견디지 못하고 아파하지 않게 유가족의 마음을 지켜 주시고 세상의 어리석은 사람들처럼 이 순간이 영원한 이별이라 여기지 않고 언젠가 주님이 우리를 부르시는 날에 우리도 주님이 계신 그곳에서 고인과 다시 만날 것을 기대하게 하소서.

이 시간 사랑하는 유가족을 위해 기도합니다. 이제 발인의 절차와 이후에 있을 나머지 장례의 절차가 끝나면 유가족은 각자의 삶을 살아가게 될 것입니다. 우선 이 장례를 치르며 피곤하고 힘들었던 육신에 새 힘을 부어 주소서. 무엇보다 각자에게 주어진 삶 속에서 이제 더 이상 자신의 힘을 의지하지 않게 하시고 오직 우리 주 예수 그리스도만 의지하게 하소서. 이 땅에서 인간들이 추구하는 것은 잠시 있다 사라지는 허상에 불과한 것임을 알게 하셨으니 영원한 생명을 얻기 위해 이 땅에 있는 유한한 것들을 포기하는 일에 담대하게 하소서. 예수 그리스도로 말미암은 새 생명을 얻기 위해 날마다 자신을 죽이고 예수 그리스도만 믿는 믿음의 삶을 살게 도와주소서.

발인의 절차 중에 있습니다. 발인의 절차를 진행하고 돕는 분들의 수고를 기억하여 주시고 그분들에게 주님의 충만한 은혜를 부어 주소서. 사랑하는 고인을 주님의 품으로 돌려보내는 유가족과 그들을 위로하는 성도에게 참되신 주님의 사랑을 부어 주시길 원합니다.

새 생명의 근원 되시는 예수님의 이름으로 기도합니다. 아멘.

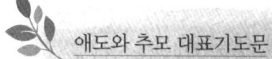
애도와 추모 대표기도문

부모의 장례 1

좋은 이름이 좋은 기름보다 낫고 죽는 날이 출생하는 날보다 나으며 초상집에 가는 것이 잔칫집에 가는 것보다 나으니 모든 사람의 끝이 이와같이 됨이라 산 자는 이것을 그의 마음에 둘지어다. _〈전도서〉 7장 1~2절

찬송과 존귀를 받으실 하나님 아버지!

어두워져가는 세상에 빛이신 예수 그리스도를 보내신 하나님의 은혜를 찬양합니다. 예수 그리스도께서는 우리의 죄를 사하기 위해 사람으로 오셨고 마침내 십자가에서 피 흘려 죽으셨습니다. 하지만 사흘 만에 다시 살아나셔서 결코 하나님과 함께할 수 없었던 죄인들을 하나님과 화목하게 하셨습니다. 주님의 크고 놀라운 사랑과 은혜에 찬송과 존귀를 드리는 우리 모두가 되게 인도하소서. 하지만 여전히 죄의 습성이 남아 하나님의 얼굴을 피하여 어두운 곳으로 가려 했던 어리석은 우리들을 용서하소서. 언제나 함께하시는 예수 그리스도의 십자가 앞에 우리의 연약함을 고백하오니 불쌍히 여겨 주소서.

슬픈 마음으로 방황하는 자를 부르시는 하나님 아버지! 이 시간 사랑하는 부모님을 천국으로 보낸 사랑하는 주의 자녀의 마음을 만져 주소서. 슬프고 애통한 마음을 가눌 길이 없어 주님만을 의지하오니 주께서 위로하소서. 그의 마음에 있는 한탄을 주님은 아시오니 도와주소서. 부모님과 더 많은 시간을 보내지 못하고 더 잘 모시지 못했던 것을 후회하는 자녀의 마음을 만지시고 흘리는 그 눈물을 닦아 주소서.

위로하시는 주님! 이 시간 사랑하는 부모님의 생전의 믿음을 기억합니다. 예수 그리스도를 구주로 믿어 주님을 섬기는 일을 그치지 않으셨고, 하나님 나라를 위한 일이라면 그 무엇도 아까워하지 않으셨습니다. 십자가에서 대신 죽으신 주님의 사랑에 늘 감사하며 기쁠 때나 슬플 때나 모든 것이 주님의 은혜인 줄 알고 사셨습니다. 주님이 부르실 그날이 가까울수록 영원한 천국을 소망하며 사셨습니다. 사랑하는 자녀에게 예수 그리스도를 가르치셨고 말보다 행함으로 믿음의 본을 보이신 믿음의 선진이기도 하셨습니다. 이제 이 땅에서의 삶을 끝내고 그토록 소망하던 영원한 천국의 백성이 되게 하셨으니 모든 것이 주님의 은혜인 것을 믿습니다. 사랑하는 부모님의 신앙을 본받아 자녀들이 더 큰 믿음으로 살게 하소서.

부모님의 장례를 통해 사랑하는 자녀들과 유가족이 살아 계신 주님을 만나게 하소서. 세상의 많은 사람은 장례를 끝이라 생각하지만 우리들은 시작이라는 것을 믿사오니, 이 땅에서 살아갈 주의 자녀와 모든 유가족이 주님 주시는 새 힘으로 살아가게 하소서. 죄와 사망으로부터 완전히 자유를 얻은 믿음을 주시고 구원의 은총을 늘 찬양하는 사람들이 되게 하소서. 이제 부모님의 장례를 치르며 하나님 앞에 엎드린 자녀들을 말씀으로 위로하소서. 하나님의 선하심과 인자하심이 장례의 모든 절차 가운데 충만하기를 기도합니다.

참 위로가 되시는 예수님의 이름으로 기도합니다. 아멘.

애도와 추모 대표기도문

부모의 장례 2

이삭이 리브가를 인도하여 그의 어머니 사라의 장막으로 들이고 그를
맞이하여 아내로 삼고 사랑하였으니 이삭이 그의 어머니를 장례한 후에
위로를 얻었더라 _〈창세기〉 24장 67절

천국 보좌에 앉아 계시는 거룩하신 하나님 아버지!

하나님이 계신 아름다운 나라에 들어갈 자격이 없는 우리를 불러 천국 백성으로 삼아 주신 은혜를 찬양합니다. 이 땅에 있는 그 무엇과도 비교할 수 없고 우리의 모든 언어를 다 사용해도 설명할 수 없는 하나님이 계신 그곳을 소망합니다. 우리의 생각과 힘을 다 내려놓고 오직 예수 그리스도의 공로만을 의지하오니 우리 모두를 아름다운 하늘나라의 백성이 되게 하소서. 어리석은 우리가 하나님 나라의 아름다움을 노래하면서도 세상의 조그만 아름다움에 시선을 빼앗겨 하나님이 원하지 않으시는 길을 갈 때 붙잡아 주소서.

사랑하는 부모님의 장례를 치르는 주의 자녀를 기억하소서. 사랑하는 부모님을 먼저 보내고 가슴이 아파 어찌할 바를 모르며 눈물 흘리는 주의 자녀들을 위로해 주소서. 하나님의 사랑으로 그 눈물을 닦아 주소서. 상한 심령을 내버려 두지 마시고 언제나 함께하시는 예수 그리스도로 인해 평안을 누리게 하소서.

사랑하는 부모님이 생전에 예수 그리스도를 구주로 믿어 지금은 천국에서 살고 계심을 믿습니다. 주님의 십자가 사랑이 사랑하는 부모님을 천국 백성이 되게 하셨고 또 우리도 하나님 나라에서 살게 하셨습니다. 그러므로 사랑하는 부모님이 생전에 이 땅에 오셔서 십자가에 달려 죽으심으로 모든 죄를 사하신 예수 그리스도를 구주로 믿으셨던 것처럼 주의 자녀와 모든 유가족이 예수 그리스도만 믿고 따르며 오직 한 분으로 인해 만족하게 하소서.

사랑의 하나님 아버지! 부모님의 장례 앞에서 하나님의 도우심을 구하는 주의 자녀의 마음을 살펴 주소서. 부모님을 먼저 주께로 돌려보내고 장례의 절차를 진행하는 이 시간이 세상 사람들과 같이 헛되고 무익한 시간이 되지 않게 하소서. 오히려 하나님의 크고 놀라우신 은혜와 사랑을 누리며 오직 예수 그리스도로만 살아가겠노라고 다시 한 번 결단하는 은혜의 시간이 되게 하소서. 이 시간 찾아오셔서 마음 깊숙한 곳에 있는 모든 아픔과 괴로움까지 만져 주시는 주님의 큰 사랑을 누리며 다시는 주님의 사랑을 떠나지 않는 하나님의 자녀가 되게 하소서. 하나님이 이 땅에서 주신 남은 모든 인생이 더는 자신의 것이라 말하지 않게 하시고 주인 되어 주시는 예수 그리스도만 따르게 하소서.

하나님이 함께하셔서 남아 있는 모든 장례의 절차를 은혜 중에 무사히 마치게 하시고 주의 자녀와 유가족과 조문하는 모든 성도가 하나님의 은혜를 누리며 하나님을 알지 못하는 분들이 하나님을 경험하게 되는 은총을 허락하소서.

거룩하신 예수님의 이름으로 기도합니다. 아멘.

애도와 추모 대표기도문

배우자의 장례 1

우리가 살아도 주를 위하여 살고 죽어도 주를 위하여 죽나니 그러므로
사나 죽으나 우리가 주의 것이로다 _(로마서) 14장 8절

그 무엇과도 비교할 수 없는 놀라우신 하나님 아버지!

하나님을 아버지라 부를 수 없고 그 어떤 교제도 나눌 수 없는 우리를 사랑하셔서 구원의 길을 열어 주신 하나님의 은혜를 기억합니다. 그러나 감당할 수 없는 큰 은혜를 받았음에도 여전히 썩어져 가는 구습을 따라 죄짓는 데 빨랐던 우리의 어리석은 행위들을 봅니다. 주여! 불쌍히 여기시고 긍휼을 베풀어 주소서. 생명의 빛이신 예수 그리스도만을 따라가는 은혜의 인생들 되게 하소서.

애통하는 자를 위로하시는 주님! 사랑하는 남편(아내)과 돌이킬 수 없는 이별을 하는 주님의 자녀를 기억하소서. 하나님의 뜻으로 부부가 되게 하시고 지금껏 주님의 은혜 가운데 함께 살게 하셨다가 사랑하는 고인을 먼저 부르셨습니다. 서로 사랑하며 많은 세월을 함께 살아도 때가 이르러 주님이 부르시면 이렇게 이별할 수밖에 없는 것이 사람의 인생인 것을 깨닫습니다.

함께 살아왔던 지난 시간을 돌이켜 봅니다. 서로 다른 곳에서 다른 삶을 살다가 주님이 택하신 때에 한 몸이 되었고 그때부터 함께 인생의 항해를 시작했습니다. 어떤 날은 잔잔한 바다를 항해했으며 어떤 날은 감당할 수 없는 큰 파도에 부딪히기도 했습니다. 그 어떤 순간에도 사랑하는 남편(아내)이 있어 함께 손잡고 주께 기도하며 모든 순간을 견딜 수 있었습니다. 이제 홀로 남은 인생길을 가야 하는 사랑하는 주의 자녀를 안아 주소서. 주님이 늘 함께하셔서 외롭지 않게 하시고, 하나님 나라를 소망하며 더 큰 믿음으로 살아가게 인도하소서. 그의 마음속 깊은 곳까지 모두 다 아시는 하나님에게 자신의 모든 것을 내어놓고 주님만을 따르게 하소서. 홀로 남은 슬픔으로 이 세상의 거짓된 아름다움에 미혹되지 않게 하시고 주님만을 따르게 하소서.

거룩하신 하나님 아버지! 사랑하는 고인을 장례하는 모든 시간 가운데 함께하소서. 하나님의 은혜만을 구하게 하시고 하나님을 만나 하늘의 평안을 누리게 하소서. 이 순간에는 이 땅에 남아 있는 다른 것들을 염려하지 않게 하시고 오직 영원한 하늘나라와 그곳에서 사랑하는 남편(아내)을 맞아 주실 주님과 그리고 사랑하는 주의 자녀를 기다리고 있을 고인만을 생각하며 위로받게 하소서. 하나님이 친히 찾아오셔서 애통하는 주의 자녀를 측량할 수 없는 사랑의 팔로 안아 주소서.

사랑하는 주의 자녀와 모든 유가족을 위로해 주시는 하나님을 찬양합니다. 무엇보다 하나님의 말씀으로 위로하여 주소서. 남아 있는 모든 장례의 절차 가운데도 함께하실 것을 믿습니다.

천국에서 기쁘게 우리를 맞으실 하나님을 찬양하며 거룩하신 우리 주 예수님의 이름으로 기도합니다. 아멘.

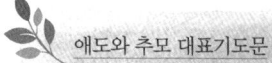
애도와 추모 대표기도문

배우자의 장례 2

여호와여 나의 기도를 들으시며 나의 부르짖음에 귀를 기울이소서
내가 눈물 흘릴 때에 잠잠하지 마옵소서 _(시편) 39편 12절

자비로우신 하나님 아버지!

두려워하는 자를 도우시고 상한 마음으로 우는 자들을 찾아오셔서 그 마음을 만지시는 하나님의 은혜를 기억합니다. 지금 엎드려 기도하는 우리 모두가 하나님의 놀랍고도 크신 자비를 잊지 않게 하시고 언제나 우리를 지키시는 하나님의 품 안에서만 살게 하소서.

환난과 고통 속에서 부르짖을 때 응답하시는 하나님을 기억하며 엎드려 기도합니다. 사랑하는 사람과의 이별로 인해 마음이 무너져 낙심한 주님의 자녀를 기억하소서. 상한 심령을 고치시는 주님이 만져 주소서. 주께서 사랑의 팔로 안아 주시고 주님의 자녀의 귀에 세상이 줄 수 없는 위로의 음성을 들려 주소서.

위로의 주님! 사랑하는 남편(아내)을 먼저 하늘나라로 보냈습니다. 지금껏 한 지붕 아래서 함께 살며 서로 사랑하던 인생의 반려자가 영원히 주님의 품으로 떠났습니다. 언젠가 시간이 지나면 여기 엎드린 우리 모두가 주님의 나라에서 사랑하는 고인을 만나게 될 것을 알지만 먼저 보낸 그 슬픔이 너무나 큽니다. 주님의 뜻이 계신 것을 알지만 인간의 감정이 앞서 목이 메어 아무 말을 할 수가 없습니다. 이렇게 큰 고통 속에 있는 사랑하는 주의 자녀를 위로하여 주소서.

하나님이 천지를 창조하실 때 가정을 만드신 것을 기억합니다. 부부는 하나님이 서로에게 주신 가장 소중한 선물이며 어려울 때 위로가 되고 지칠 때에 기댈 언덕이 되는 영원한 친구였습니다. 먼저 주님에게로 돌아간 사랑하는 남편(아내)은 함께 예수 그리스도를 구주로 믿고 하나님을 섬기며 믿음의 길을 걸었던 믿음의 동반자였습니다. 믿음이 연약해질 때 서로를 위해 기도했고 주님이 응답하여 주셨을 때 함께 기뻐 뛰었습니다. 그런데 이제 사랑하는 주의 자녀와 함께 인생의 길을 걸었던 남편(아내)은 이 땅에서의 모든 수고를 그치고 하나님 나라에 계십니다.

위로의 주님! 그 빈 자리의 쓸쓸함을 주님으로 인해 위로받게 하소서. 신실하신 주님의 사랑으로 슬픔에 잠긴 주의 자녀의 마음을 붙드소서. 이제 이 땅에서 주님이 부르실 그날까지 주님의 손을 잡고 믿음으로 살게 하소서. 이전보다 더 철저히 자기를 부인하고 예수 그리스도께서 주시는 십자가를 지고 주님만 따르게 하소서. 더 이상 다른 근심과 걱정 속에서 헤매지 않게 하시고 언제나 주님만을 찬양하게 하소서.

사람의 인생이 하나님 없이는 헛될 뿐임을 알게 하셨으니 사랑하는 남편(아내)을 주님의 품에 돌려보내고 슬퍼하는 주의 자녀와 유가족과 성도가 오직 하나님의 말씀으로 위로받게 하소서.

예수님의 이름으로 기도합니다. 아멘.

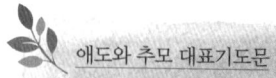

애도와 추모 대표기도문

자녀의 장례 1

여호와의 은혜의 해와 우리 하나님의 보복의 날을 선포하여 모든 슬픈 자를 위로하되 무릇 시온에서 슬퍼하는 자에게 화관을 주어 그 재를 대신하며 기쁨의 기름으로 그 슬픔을 대신하며 찬송의 옷으로 그 근심을 대신하시고 그들이 의의 나무 곧 여호와께서 심으신 그 영광을 나타낼 자라 일컬음을 받게 하려 하심이라 _〈이사야서〉 61장 2~3절

완전하신 하나님 아버지!

환난과 고통 중에서 부르짖는 자의 소리를 결코 외면하지 않으시는 하나님을 기억합니다. "주신 이도 여호와시요 거두신 이도 여호와시오니 여호와의 이름이 찬송을 받으실지니이다"라던 욥의 고백을 기억합니다. 모든 만물이 주님의 소유이며 주님이 만드신 줄 믿습니다.

자비하신 주님! 그러나 마음에 차오르는 아픔과 슬픔을 어찌할 수 없어 우는 사랑하는 주님의 백성들을 기억하소서. 사랑하는 아들(딸)을 먼저 주님의 품에 보내고 그 아픔과 고통에 애통하는 하나님 백성의 마음을 돌아보소서. 오직 주님만이 이들의 마음을 위로할 수 있음을 믿사오니 친히 이들의 마음을 만져 주소서.

세상 사람들은 "부모가 죽으면 땅에 묻고 자녀가 죽으면 가슴에 묻는다"고 말합니다. 부모님의 죽음도 슬프지만 하나님의 정한 이치에 따라 부르셨기에 그 죽음을 받아들이는 것이 자연스럽지만 자녀의 죽음은 쉬이 받아들일 수 없어 평생 가슴에 새기며 그 슬픔을 잊지 못한다는 의미일 것입니다. 사랑하는 주님! 이 시간 아들(딸)을 먼저 주님의 품으로 돌려보낸 부모님의 애통함을 달래 주소서. 이제는 더 이상 사랑하는 아들(딸)의 음성을 들을 수 없고 그 온기를 느낄 수 없다는 사실에 가슴이 무너집니다. 주여 불쌍히 여기시고 긍휼히 여겨 주소서! 주님이 팔을 벌려 안아 주소서.

천국의 주인이신 하나님! 이제는 아버지 되시는 하나님의 보좌 앞에 서 있을 사랑하는 아들(딸)을 생각합니다. 그가 아픔과 고통과 절망이 없는 하나님 나라에서 가장 아름다운 웃음을 지으며 하나님을 찬양하고 있을 것을 믿습니다. 예수 그리스도의 품에 안겨 기뻐하며 행복해하고 있을 것을 믿습니다. 바라기는 영원한 나라에서 천국 백성으로 살아갈 사랑하는 아들(딸)의 모습을 믿으며 부모님들이 위로받게 하소서. 언젠가 주님이 부르시면 사랑하는 아들(딸)을 만나 영원토록 함께 주님을 찬양하며 함께 살아갈 그날을 믿음으로 기다리게 하소서.

가슴 아픈 소식을 듣고 찾아와 위로하는 사랑하는 성도들을 기억하소서. "우는 자와 함께 울라"고 말씀하신 주님을 의지하여 위로하며 함께 슬퍼하는 성도들 각자의 마음에 주님이 주시는 충만한 은혜가 가득하게 하소서. 장례의 모든 절차 가운데 함께하시며 유가족에게 이 시간을 견딜 힘을 주소서. 우리 모두에게 하나님의 말씀으로 위로하실 줄 믿습니다.

울며 부르짖는 자에게 찾아오셔서 참 위로를 주시는 거룩하신 예수님의 이름으로 기도합니다. 아멘.

애도와 추모 대표기도문

자녀의 장례 2

이르시되 너희를 위로하는 자는 나 곧 나이니라 너는 어떠한 자이기에
죽을 사람을 두려워하며 풀같이 될 사람의 아들을 두려워하느냐
_〈이사야서〉 51장 12절

사랑의 하나님 아버지!

하나님은 아들을 대속 제물로 주시고 그 살을 찢고 피를 흘려 마침내 죽게 하셨습니다. 그리고 아들의 죽음으로 하나님을 배신한 죄인들을 살리셨습니다. 우리는 모두 하나님의 아들이 십자가에서 죽으심 때문에 구원받은 백성이 되었습니다. 하나님의 아픔이 우리를 살리셨습니다. 우리를 살리시기 위해 아들을 보내신 하나님의 크고 놀라운 사랑을 영원히 누리며 살 수 있게 도와주소서.

사랑하는 아들(딸)의 죽음으로 고통받는 이들의 마음을 누구보다 잘 아시는 주님! 하나님의 아들이 죽으실 때 해도 빛을 잃어 온 땅에 그 빛을 비추지 않았던 것을 기억합니다. 하나님이 아들의 죽으심으로 아파할 때 온 땅이 흑암으로 덮였던 것처럼 지금 사랑하는 주의 백성들의 마음이 온통 흑암으로 덮인 것을 돌아보소서.

사랑하는 아들(딸)을 주님의 품으로 보낸 부모님의 마음을 위로하소

서. 마음속 깊은 곳까지 상하여 괴로워하는 그들의 심령을 살펴 주소서. 더 이상 아무런 소망이 없어져 버린 그들의 절망을 불쌍히 여겨 주소서. 절망과 비통으로 울고 있는 그들의 눈물을 씻어 주소서. 이들의 마음을 위로하실 분은 오직 주님밖에 없음을 고백합니다. 하오니 유일한 소망이신 예수님께서 친히 찾아오셔서 이들의 슬픔을 만져 주소서.

사랑하는 아들(딸)은 주님이 이 가정에 주신 귀중한 선물이었습니다. 늘 부모님의 말씀에 순종하고 주위 사람들에게 기쁨을 주는 착한 아들(딸)이었습니다. 무엇보다 예수 그리스도를 구주로 믿어 주님을 섬기는 믿음의 사람이었습니다. 하나님이 계신 영원한 천국을 꿈꾸며 순전한 믿음으로 살아가던 소망의 사람이었습니다. 이 귀한 아들(딸)을 주님이 이제 부르셨으니 영원토록 천국 백성으로 살아가게 하소서.

존귀하신 주님! 함께 모여 사랑하는 아들(딸)을 먼저 주님의 품으로 보낸 부모님과 유가족 그리고 위로하기 위해 모인 사랑하는 성도들을 기억하소서. 지금은 주님의 품에 안겨 있는 사랑하는 아들(딸)을 위해 함께 기도하게 하시고 서로 위로하게 하소서. 우리를 위해 아들을 주신 하나님을 기억하며 마음의 모든 고통을 주님 앞에 내려놓게 하시고 하나님께서 주시는 놀라운 평안을 누리게 하소서. 이 시간을 통해 사랑하는 주의 백성들이 주님을 만나게 도와주시고 주님께서 주시는 힘을 얻게 하소서. 하나님께서 남아 있는 장례의 절차 가운데 함께하시기를 바라며 말씀을 전하실 주의 사자에게 함께하셔서 말씀을 듣는 부모님과 유가족 그리고 성도에게 하늘의 위로가 선포되게 하소서.

우는 자들과 함께하시는 예수님의 이름으로 기도합니다. 아멘.

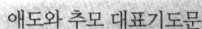

자살 1

> 그리스도의 고난이 우리에게 넘친 것같이 우리가 받는 위로도 그리스도로 말미암아 넘치는도다 _〈고린도후서〉 1장 5절

위로의 하나님 아버지!

마음이 상한 자를 고치시고 애통하는 자와 함께하시는 주님을 기억합니다. 우리에게 하나님의 위로가 없다면 무엇으로 이 아픔과 슬픔을 견딜 수 있겠습니까! 하나님의 사랑과 위로만이 우리에게 닥친 이 슬픔을 견딜 수 있는 힘이 됩니다. 주여! 이 시간 하나님의 크신 위로를 구하는 우리 모두에게 찾아 오셔서 애통하는 마음을 만져 주소서.

너무나 가슴 아픈 소식을 들었습니다. 잘못 전해진 소식이었기를 간절히 바랐습니다. 결코 사실이 아니기를 기도했습니다. 하지만 바뀔 수 없는 진실로 우리의 마음은 먹먹해졌습니다. 하나님 앞에 엎드려 울고 또 울었습니다. 도대체 무엇이 그를 이렇게 만들었는지 그의 마음을 알지 못했던 우리의 잘못을 용서하소서. 그에게 어떤 아픔이 있었는지 또 어떤 어려움이 그를 괴롭혔는지를 알지 못했던 우리의 어리석음을 용서하소서. 형제의 어려움을 살펴 함께 주님의 길을 걸어가야 했음에도 자신의 생활에만 집중했던 우리의 잘못을 용서하소서.

하나님 아버지! 이 시간 사랑하는 유가족을 위해 기도합니다. 주님이 이들의 고통과 아픔을 만져 주소서. 다른 사람들은 이해할 수 없는 심각한 마음의 상처와 슬픔을 주께서 위로하소서. 인간의 말과 행동으로는 결코 위로할 수 없음을 알기 때문에 주님의 손길을 구합니다. 세상이 다 무너진 고통 가운데 있을 사랑하는 유가족의 마음을 주께서 위로하시고 그들의 눈물을 닦아주소서. 이들이 겪는 고통은 여느 이별의 고통보다 훨씬 크고 심각합니다. 주님! 불쌍히 여기셔서 부디 함께하소서. 이번 일로 인해 다른 사람들의 부정적인 시선을 받지 않게 하시고 주님의 은혜로 견디게 하소서.

상한 갈대를 꺾지 않으시는 사랑의 주님! 유가족이 재차 상처받는 일이 없게 도와주소서. 쓸데없는 소문의 대상이 되지 않게 하시고 이런 일이 사랑하는 사람을 잃은 고통에 더해지지 않게 지켜 주소서. 지금 이 순간의 고통을 견딜 유일한 힘은 하나님을 의지하는 것뿐임을 알게 하시고 하나님만을 신뢰함으로 이 아픔의 시간을 이기게 하소서. 혹시라도 이번 일로 인해 가족이 죄책감을 가지지 않게 하소서. 이 아픔의 시간이 마치 자신의 잘못인 것처럼 여겨 그것으로 스스로를 절망에 빠뜨리지 않게 도와주소서. 이 모든 일은 결국 주님의 뜻에 있음을 믿게 하시고 오직 주님만을 바라보게 하소서.

이들에게 필요한 말씀을 주소서. 말씀으로 유가족의 마음을 위로하시고 하나님이 그들을 얼마나 아끼시는지를 알게 하소서. 도저히 어찌할 수 없는 고통 중에서도 손 내밀어 주시는 하나님을 만나게 하소서.

고통 가운데 함께하시는 예수님의 이름으로 기도합니다. 아멘.

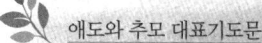
애도와 추모 대표기도문

자살 2

한번 죽는 것은 사람에게 정해진 것이요 그 후에는 심판이 있으리니
_〈히브리서〉 9장 27절

자비로우신 하나님 아버지!

인생의 어려움 앞에 고통하며 주님을 찾는 자들을 버려 두지 않으시고 도우시는 하나님의 은혜를 기억합니다. 도저히 어찌할 수 없는 상황에서 하나님을 찾는 연약한 우리를 도와주소서. 하나님이 아니고서는 이길 수 없는 슬픔에 잠긴 우리들을 만져 주소서.

도저히 마음을 다스릴 길 없는 안타까운 일을 당했습니다. 우리와는 상관없는 이야기로 생각하며 살아왔습니다. 우리 주위에서는 절대로 일어나지 않을 줄만 알았습니다. 그러나 주님! 사랑하는 사람들의 가정에 찾아온 이 엄청난 일 앞에서 할 말을 잃게 됩니다. 하나님 앞에 엎드렸지만 무슨 말로 어떻게 기도해야 할지 알 수가 없습니다. 인간의 말로는 결코 위로할 수 없는 아픔을 당한 이 가정을 주님이 만져 주소서. 고통받는 이 가정을 따뜻한 주님의 팔로 안아 주소서.

사랑의 주 하나님! 이 땅에 남아 온 몸과 마음으로 고통받고 있는 사랑하는 유가족을 불쌍히 여겨 주소서. 세상의 다른 사람들처럼 지금 받는 고통에 또 다른 고통이 더해지지 않게 지켜 주소서. 남겨진 가족의 비통함을 주위의 사람이 알게 하셔서 이들을 위로하게만 하소서. 그리고 사랑하는 유가족의 마음을 담대하게 하셔서 지금 당한 이 아픔이 자신들의 책임이라 여기지 않게 하소서. 스스로를 더 심각한 고통 속에 빠트리지 않게 하시고 혹시라도 죄책감에 사로잡히지 않게 하소서. 사랑하는 유가족이 주님의 은혜로 이 아픔의 시간을 견딜 수 있게 하소서. 서로가 서로를 위로하고 배려하며 주님의 사랑 안에서 한마음이 되어 지금 닥쳐온 모든 슬픔을 이기게 하소서.

"나는 가난하고 궁핍하오나 주께서는 나를 생각하시오니 주는 나의 도움이시요 나를 건지시는 이시라 나의 하나님이여 지체하지 마소서"라는 말씀을 기억합니다. 사랑의 주님! 지체하지 마시고 찾아와 주셔서 그들의 마음을 만져 주소서. 오직 주님만이 이들의 도움이 되시고 모든 상황에서 건지실 것을 믿습니다. 지체하지 마시고 속히 도와주소서. 하나님만을 바랍니다. 하나님만이 참 위로 되심을 믿습니다. 사랑하는 유가족에게 주님의 음성을 들려 주소서.

생각하지도 못한 아픔 속에 있는 유가족을 위해 기도하는 성도를 기억하시고 주님이 그들의 기도에 응답하시며 함께 슬퍼하고 있는 모든 성도에게 동일한 은혜와 위로를 내려 주소서. 오직 하나님의 말씀으로 위로해 주실 것을 믿사오니 말씀을 전하실 목사님의 입술을 주장하셔서 선포되는 말씀을 통해 하나님 주시는 평안을 얻게 하소서. 부디 한시도 눈을 떼지 마시고 가족을 지켜 주소서.

거룩하신 예수님의 이름으로 기도합니다. 아멘.

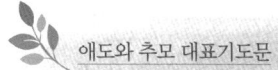

애도와 추모 대표기도문

믿지 않는 사람의 장례 1

나더러 주여 주여 하는 자마다 다 천국에 들어갈 것이 아니요 다만 하늘에 계신 내 아버지의 뜻대로 행하는 자라야 들어가리라 _〈마태복음〉 7장 21절

거룩하시고 존귀하신 하나님 아버지!

모든 생명의 근원이시며 사람의 나고 죽음을 이미 알고 다스리시는 하나님의 은혜를 기억합니다. 우리가 연약하여 하나님이 원하시는 일을 행하지 못할 때에도 함께하셔서 예수 그리스도의 십자가 앞에서 믿음을 회복하게 하시고 다시 믿음으로 살아갈 힘을 얻게 하소서.

존귀하신 하나님 아버지! 이 땅 위에서 정해진 삶을 살다가 이제 그 생명이 다하여 장례의 절차를 진행하는 주님의 백성들을 기억하소서. 육신으로 살다가 흙으로 돌아가는 사랑하는 _____님의 장례를 통해 주님의 백성들이 다시 한 번 주의 은혜를 기억하게 하소서. 하나님 없이 살아가다 그 생명이 다할 때의 허무함을 알게 하시고 하나님이 주신 인생을 살아갈 때에 참 소망이 있음을 알게 하소서. 혹시라도 하나님과 세상 사이에서 어디로 갈지 몰라 방황하지 않게 하시고 하나님 나라로 이끄시는 예수 그리스도만을 바라보게 하소서.

인간의 삶을 돌아봅니다. 어머니에게서 태어나 자라며 젊을 때 육신을 뽐내고 점점 지혜가 깊어가지만 인생의 황혼이 다가오면 모든 것이 헛됨을 알게 되고 아무런 준비 없이 죽음을 맞이하는 것이 사람의 인생입니다. 길어도 100년이 되지 않는 유한한 인생을 살아가며 자신이 가진 모든 것을 자랑한들 그것이 무슨 소용이 있겠습니까! 솔로몬과 같이 부귀영화를 누린 사람도 이 땅에서의 모든 것이 헛되다고 말했거늘 우리의 삶을 일러 무엇하겠습니까!

사랑하는 주님! 우리가 이 땅에서 살아가는 잠시의 삶이 죽음 이후의 영원한 삶을 결정한다는 것을 기억하게 하소서. 이 땅에서 살면서 예수 그리스도를 만나지 못한다면 영원한 생명을 누리지 못한다는 것을 깨달아 이 시간 모든 유가족과 조문객이 예수 그리스도만 믿어 영원한 삶을 살 수 있게 인도하소서.

사랑하는 분의 장례 절차 가운데 있는 빛 되신 주의 자녀들을 돌보아 주소서. 하나님의 자녀라는 이유로 비난받지 않게 하시고 자신의 믿음을 지켜 주님에게 영광 돌리게 하소서. 예수 그리스도를 구주로 믿어 구원받은 하나님의 자녀로서 장례의 모든 순서를 바라보게 하시고 사랑하는 주의 자녀들을 통해 아직도 하나님을 알지 못하는 분들이 주께로 돌아오는 은혜를 부어 주소서. 이후에도 이번 장례를 기억하게 하시고 믿지 않는 가족을 위해 눈물로 기도하게 하소서. 사랑하는 주님! 사랑하는 주의 자녀들에게 말씀으로 위로하소서. 하나님의 말씀이 이들의 마음 가운데 살아 움직이게 하셔서 하나님이 주시는 참된 평안을 누리게 하소서.

길이요 진리요 생명이신 예수님의 이름으로 기도합니다. 아멘.

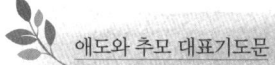
애도와 추모 대표기도문

믿지 않는 사람의 장례 2

대답하여 이르시되 천국의 비밀을 아는 것이 너희에게는 허락되었으나
그들에게는 아니되었나니 무릇 있는 자는 받아 넉넉하게 되되 없는 자는
그 있는 것도 빼앗기리라 _〈마태복음〉 13장 11~12절

생명의 근원이신 하나님 아버지!

우리를 구원하시려고 아들을 내어 주신 하나님의 은혜를 기억합니다. 우리의 죄를 씻어 주시기 위해 십자가에 못 박혀 죽으신 예수 그리스도께서는 지금도 살아 계시서 우리를 돕고 계심을 믿습니다. 우리가 지쳐 쓰러질 때도 혼자 남아 외로워 견딜 수 없을 때도 함께하셔서 만져 주심을 믿습니다. 여기 주님의 은혜가 필요한 가정이 있습니다. 사랑하는 분의 죽음 앞에서 위로가 필요한 가정을 주께서 돌아보소서.

온 땅의 모든 권세를 가지신 주님! 만물의 주인이신 하나님을 잊어버리고 오히려 스스로를 이 땅의 주인이라 여기며 살아가는 우리를 불쌍히 여겨 주소서. 세상 사람들은 어리석게도 섞어질 것들을 소유하고자 헛된 수고로 인생을 낭비하고 결국에는 아무것도 가지지 못한 채 생을 마칩니다. 우리 또한 하나님을 알지 못하고 하나님이 모든 것의 주인이심을 인정하지 않으면 그들과 같은 인생을 살게 될 것입니다.

지존자 하나님! 지금 사랑하는 분을 장례하는 유가족과 함께 모인 모든 사람의 마음을 주장하셔서 하나님의 권세와 능력을 알게 하소서. 하나님이 온 세계의 주인이심을 인정하게 하소서. 이 땅에서 우리가 가진 것이 우리의 것이 아니라 하나님의 소유라는 것을 깨닫게 하소서. 하나님의 것을 가지고 자신의 것이라 말하며 살아가더라도 결국은 아무 소용이 없고 빈손으로 왔다가 빈손으로 가는 것이 인생이라는 것을 기억하게 하소서. 이 땅에서 우리의 소유를 주장한다면 결국 아무것도 가질 수 없지만 모든 것이 하나님의 것임을 인정하고 하나님의 자녀가 될 때 하나님과 함께 온 세상을 소유하게 되는 놀라운 진리를 발견하게 하소서. 그러므로 사랑하는 유가족과 함께 모인 모든 성도가 더 이상 이 땅의 것을 자신의 것이라 여기지 않게 하시고 심지어 자신까지도 하나님의 소유인 것을 믿게 하소서.

사랑하는 분의 장례를 하나님에게 의탁합니다. 여기 이 장례식장 가운데 주님의 은혜를 베풀어 주소서. 하나님을 알지 못하는 유가족과 조문객이 삶과 죽음에 대해 다시 한 번 생각하게 하시고 죽음 이후의 삶을 보게 하소서. 예수 그리스도가 아니면 영원한 생명을 얻지 못한다는 것을 깨달아 주님에게로 돌아오게 하소서. 먼저 주님의 은혜를 받아 영원한 생명에 참여하게 된 주님의 백성들이 담대함으로 예수 그리스도를 전할 수 있게 하시고 하나님을 알지 못했던 사람들이 복음을 듣고 예수 그리스도를 믿어 천국 백성이 되게 하소서. 이제 사랑하는 유가족과 성도에게 하나님의 말씀을 전하시는 목사님과 함께하실 줄 믿사오며 주의 말씀으로 새 힘을 얻게 하소서.

값없이 은혜를 베풀어 주시는 예수님의 이름으로 기도합니다. 아멘.

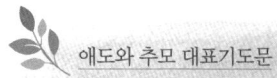

애도와 추모 대표기도문

갑작스러운 사고로 인한 사망 1

우리의 연수가 칠십이요 강건하면 팔십이라도 그 연수의 자랑은 수고와
슬픔뿐이요 신속히 가니 우리가 날아가나이다 _〈시편〉 90편 10절

자비와 긍휼이 무궁하신 하나님 아버지!

자신의 죄로 영원히 죽어야만 하던 우리를 위해 아들을 주셔서 생명을 주신 하나님의 은혜를 기억합니다. 이제 하나님이 우리를 부르셔서 영생을 누리게 하실 하나님 나라를 기대하며 살게 하셨으니 유일한 소망이신 예수 그리스도만 믿고 따르게 하소서.

인생의 삶과 죽음을 주관하시는 하나님! 사람의 생명이 주께 달려 있음을 믿습니다. 그래서 우리는 언제나 주님 앞에 엎드려 우리의 생명을 지켜 주시기를 간구합니다. 하지만 하나님의 생각은 우리의 생각과 달라서 이렇게 갑자기 사랑하는 주의 자녀를 데려가시기도 하기에 우리의 마음이 아파 옵니다. 사랑하는 고인의 소식을 접하고 놀라며 가슴 아파하는 모든 유가족과 성도의 마음을 위로하소서.

마음의 준비도 하지 못했습니다. 하나님이 계시는 영원한 천국에 대해 말씀을 나누지도 못했습니다. 지나간 인생을 돌아보며 사랑하는 고인에게 주신 하나님의 은혜에 감사할 시간도 없었습니다. 주님이 고인의 삶을 어떻게 인도하셨고 어떤 일을 하셨는지를 들을 수 있는 시간도 없었습니다. 고인에게 베푸신 하나님의 은혜와 사랑을 나누었다면 지금과 같은 고통은 없었을 것 같습니다. 하나님이 고인의 삶을 어떻게 돌보셨는지 들었다면 좀 더 기쁘게 주님의 나라로 보내 드릴 수 있었을 것 같습니다.

위로하시는 주님! 너무 갑자기 일어난 이 일 앞에서 슬퍼하는 유가족과 성도를 기억하소서. 사랑하는 사람과 뜻밖의 영원한 이별을 맞게 된 이들의 마음을 만져 주소서. 어찌할 바를 모르고 주저앉아 주님의 위로만을 구하는 이들을 불쌍히 여겨 주소서. 사랑하는 고인을 주님이 부르셨음을 알기에 영원한 하나님 나라에서 사실 것을 생각하며 위로받게 하소서. 이제 더 이상 세상 속에서 애통하지 않고 모든 수고를 그치고 안식을 누리고 계실 고인을 생각하며 평안하게 하소서.

갑자기 일어난 일로 당황하지 않게 하소서. 사랑하는 고인을 주님이 부르셨다는 사실을 기억하고 주님의 뜻 안에서 모든 장례의 절차를 잘 진행하게 인도하소서. 하나님이 온전히 함께하시는 장례가 될 수 있게 사랑하는 유가족의 믿음을 굳세게 하소서. 사랑하는 고인을 주님이 갑자기 부르신 이 일을 통해 인생의 유한함을 다시 깨닫게 하시고 오늘을 자랑해도 내일을 기약할 수 없는 것이 우리들의 인생이라는 것을 알게 하소서. 여기 함께 모여 주님의 은혜를 구하는 유가족과 성도에게 하나님의 말씀을 들려 주시고 말씀으로 위로를 얻게 하소서.

눈물을 닦아 주시는 거룩하신 예수님의 이름으로 기도합니다. 아멘.

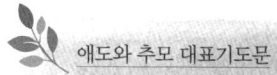
애도와 추모 대표기도문

갑작스러운 사고로 인한 사망 2

깊도다 하나님의 지혜와 지식의 풍성함이여, 그의 판단은 헤아리지 못할 것이며
그의 길은 찾지 못할 것이로다 _〈로마서〉 11장 33절

인자와 자비가 풍성하신 하나님 아버지!

하나님의 지으심을 받고도 오히려 하나님을 대적했던 패역한 우리를 포기하지 않으시고 한량없는 인자하심으로 기다리셨던 하나님을 기억합니다. 언제나 하나님의 인자하심을 구하며 믿음으로 살아가는 우리 모두가 되게 하소서.

이 시간 사랑하는 주의 자녀를 갑자기 주님의 나라로 보내고 놀라고 두려운 마음으로 엎드려 기도합니다. 주님의 부르심이라는 것을 잘 알지만 이 땅에서 주님을 위해 더 수고한 후에야 그날이 올 줄로 여겼기에 너무나 갑작스러운 마음을 떨쳐 버릴 수가 없음을 용서하소서.

인생의 주인이신 하나님! 우리의 인생이 결코 우리의 것이 아님을 고백합니다. 어리석은 부자가 풍족한 소유를 두고도 더 큰 곳간을 지어 자신의 모든 소유를 쌓아 둔 성경 말씀을 기억합니다. 그는 많은 소유를 새로 만든 큰 곳간에 쌓아 두고 스스로 만족했습니다. 그 소유를 보며 앞으로 평안히 쉬고 먹고 마시고 즐거워할 것을 꿈꾸었습니다. 하지만 하나님의 생각은 그와 달랐음을 기억합니다. 하나님은 그 부자를 향해 "어리석은 자여 오늘 밤에 네 영혼을 도로 찾으리니 그러면 네 준비한 것이 누구의 것이 되겠느냐"라고 말씀하셨습니다. 오 주님! 우리의 인생이 이 어리석은 부자와 같이 되지 않게 하소서. 우리가 이 땅에서 무엇을 예비하며 살아가더라도 주님이 부르시면 그 모든 것이 의미 없이 되는 것을 기억하고 참된 의미가 되시는 예수 그리스도만을 따라 살게 하소서. 혹여 우리 인생 가운데 주님이 갑자기 부르시더라도 기뻐하며 주님의 나라에 들어갈 수 있는 믿음을 허락하소서.

그러나 남겨진 사람들의 아픔을 돌아보소서. 아무런 예고도 없이 사랑하는 사람이 떠나간 그 자리에서 울고 있는 사랑하는 유가족의 마음을 만져 주소서. 하나님의 위로하심이 간절히 필요합니다. 주님이 사랑하는 유가족을 안아 주시고 하나님의 음성을 들려 주소서. 고인은 갑자기 이 세상을 떠났지만 하나님은 결코 갑자기 사랑하는 주님의 백성들을 떠나지 않으심을 알게 하시고 늘 함께하시는 하나님의 크고 놀라운 은혜를 누리게 하소서.

무한한 사랑을 베풀어 주시는 하나님! 유가족에게 주시는 하나님의 은혜와 사랑을 성도에게도 동일하게 주시고 무엇보다도 예수 그리스도를 믿고 믿음으로 살아갈 수 있도록 인도하소서. 이제 사랑하는 유가족과 성도를 위해 하나님의 말씀을 전하실 목사님의 입술을 주장하셔서 살아 있는 생명의 말씀이 선포되게 하소서.

성령께서 친히 도우실 것을 믿사오며 예수님의 이름으로 기도합니다. 아멘.

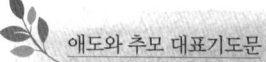

애도와 추모 대표기도문

오랜 지병으로 인한 사망 1

모든 눈물을 그 눈에서 닦아 주시니 다시는 사망이 없고 애통하는 것이나 곡하는 것이나 아픈 것이 다시 있지 아니하리니 처음 것들이 다 지나갔음이러라
_〈요한계시록〉 21장 4절

사랑과 긍휼이 풍성하신 하나님 아버지!

우리에게 주신 하나님의 은혜를 기억합니다. 우리의 모든 삶 속에서 함께하셨고 기도할 때 응답하셨던 하나님을 찬양합니다. 하나님이 은혜 주시지 않으면 고통의 눈물과 절망의 탄식으로 살아갈 수밖에 없었던 우리들입니다. 바람이 불면 부는 대로 이리저리 흔들리며 세상의 풍조 속에 살아가야 하던 어리석은 우리를 위해 하나님이 일하셨습니다. 어리석고 부족한 우리를 위해 쉬지 않으시는 하나님의 놀라우신 사랑을 기억하고 하나님 나라를 위해 살아가는 우리가 되게 하소서. 이 시간 사랑하는 고인을 천국으로 환송하고 주님의 은혜를 구하는 유가족과 성도가 함께 모였습니다. 사람의 언어로 다할 수 없는 하나님의 위로를 이들에게 들려 주소서.

사랑하는 고인이 오랜 시간 육신의 병으로 고통받았던 것을 기억합니다. 우리는 하나님에게 고인의 오랜 지병을 고쳐 주시기를 간구했습니다. 그러나 하나님은 사랑하는 고인을 주님의 품으로 부르셨습니다. 우리의 바람과는 달랐지만 주님이 정하신 때에 따라 고인을 부르셨으니 우리 마음의 슬픔이 그치게 하시고 사랑하는 유가족과 성도들의 마음을 위로하여 주소서.

"오직 그만이 나의 반석이시요 나의 구원이시요 나의 요새이시니 내가 크게 흔들리지 아니하리로다"라는 말씀처럼 하나님 때문에 언제나 흔들리지 않고 의연했던 고인의 믿음을 또한 생각합니다. 오랜 지병으로 고통 속에 있으면서도 언제나 하나님을 사랑하고 하나님만 의지했던 고인을 하나님이 기쁘게 맞아주셨을 것을 믿습니다.

우리의 믿음을 지켜 주시는 주님! 오랜 시간 동안 육신의 지병으로 힘들어했을 사랑하는 고인을 떠올리면 가슴이 아픕니다. 견딜 수 없는 고통이 찾아올 때마다 눈물 흘렸을 그의 마음을 우리가 어찌 다 알 수 있겠습니까! 그러나 육신에 아픔이 찾아올 때마다 하나님을 찾았고 하나님에게 간구했고 하나님을 의지하게 하셨으니 그의 지병이 그를 고통스럽게 했지만 오히려 하나님에게 더 가까이 가게 하는 길이었음을 알게 됩니다. 오랜 지병 가운데서도 하나님과 동행했던 고인의 생전의 믿음을 우리가 기억하게 하소서.

오랜 지병으로 투병하던 사랑하는 고인과 함께 어려운 시간을 보냈던 사랑하는 유가족의 마음을 위로하소서. 고인이 아플 때 함께 아팠고 고인이 기도할 때 함께 기도했던 사랑하는 유가족의 아픔을 만져 주소서. 모든 장례의 절차 가운데 함께하시는 하나님을 경험하게 하시고 하나님이 계시는 천국을 소망하는 은혜를 허락하소서.

반석이시요 구원이신 예수님의 이름으로 기도합니다. 아멘.

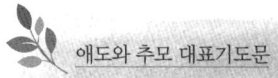

애도와 추모 대표기도문

오랜 지병으로 인한 사망 2

내가 확신하노니 사망이나 생명이나 천사들이나 권세자들이나 현재 일이나 장래 일이나 능력이나 높음이나 깊음이나 다른 어떤 피조물이라도 우리를 우리 주 그리스도 예수 안에 있는 하나님의 사랑에서 끊을 수 없으리라 _〈로마서〉 8장 38~39절

사랑의 하나님 아버지!

우리를 향하신 끊을 수 없는 사랑으로 아들을 세상에 보내신 하나님의 은혜를 찬양합니다. 이 세상의 그 어느 것도 우리를 향한 하나님의 사랑을 멈추게 할 수 없다는 것을 믿습니다. 여기 하나님의 그 사랑을 간절히 바라는 사람들의 마음에 주님의 풍성한 사랑을 부어 주소서.

오랜 투병 생활로 지치고 힘들었던 이 땅에서의 모든 삶을 끝낸 사랑하는 고인을 기억하며 기도합니다. 참으로 긴 세월을 아파했습니다. 많은 시간을 육신의 고통으로 힘들어했습니다. 이제 하나님이 이 모든 수고와 고통을 그치라고 하시고 아무런 고통이 없는 영원한 천국으로 인도하셨습니다. 이제 고인은 하나님이 계신 그곳에서 예수 그리스도와 함께 영원한 평화를 누리고 계실 것을 믿습니다.

자비로우신 주 하나님! 모든 것이 하나님의 사랑이었습니다. 사랑하는 고인의 모든 삶 가운데 하나님의 사랑이 거하지 않은 곳이 없음을 고백합니다. 그가 강건하게 살 때에도 그가 오랜 시간 병으로 아파할 때도 주님은 함께하셨습니다. 사랑하는 고인과 가족이 고인의 지병을 가지고 하나님을 찾게 하셨고 오직 하나님만을 의지하게 하셨습니다. 사랑하는 고인이 갑자기 찾아온 통증으로 고통할 때 모두가 한마음으로 주께 기도하게 하셨습니다. 그리고 하나님이 계신 영원한 하늘 나라를 사모하게 하셨고 이제 그곳으로 인도하셨습니다. 이 모든 것이 고인과 우리를 향한 하나님의 사랑인 것을 믿습니다.

오, 주님! 이 세상의 그 어떤 것도 사랑하는 고인을 빼앗아 가지 못하도록 하나님이 그를 지키셨고 세상의 유혹과 거짓이 사랑하는 고인을 넘어뜨리지 못하도록 늘 고인과 함께하셨습니다. 사랑하는 고인은 이렇게 주님의 사랑을 충만히 누리셨고 이제 완전한 사랑의 나라에 가셨습니다. 이렇게 놀라운 하나님의 사랑을 받은 사랑하는 고인을 기억하며 여기 엎드린 유가족과 성도가 위로받게 하소서. 고인의 평생에 함께하셨던 하나님이 사랑하는 이들과도 함께하소서.

사랑하는 고인께서 생전에 오랜 시간 투병하는 것을 옆에서 지켜 보며 함께 힘들어했던 유가족의 마음을 위로하여 주소서. 남겨진 모든 장례의 절차 가운데 그리스도의 향기로 가득하게 하소서. 순서마다 임하시는 하나님의 무한하신 은혜를 유가족과 성도가 함께 누리게 하시어 장례의 절차가 진행되는 이곳이 하나님 나라가 되게 하소서. 이제 하나님의 말씀을 전하실 목사님에게 성령을 부으셔서 끊을 수 없는 사랑을 베푸시는 하나님을 선포하게 하시고 듣는 우리 모두가 그 사랑에 감격하는 은혜를 부어 주소서.

은혜가 풍성하신 예수님의 이름으로 기도합니다. 아멘.

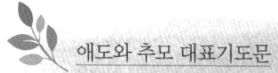

애도와 추모 대표기도문

장례 후 위로예배 1

예수께서 이르시되 내가 곧 길이요 진리요 생명이니 나로 말미암지 않고는
아버지께로 올 자가 없느니라 _〈요한복음〉 14장 6절

우리를 부르셔서 지키시는 하나님 아버지!

길과 진리와 생명이 되시는 예수 그리스도를 믿기만 하면 하나님의 자녀가 되는 권세를 주셨으니 감사합니다. 오직 예수 그리스도로 말미암아 하나님에게로 나아가는 우리 모두가 되게 하소서. 길과 진리와 생명이신 예수 그리스도가 아닌 다른 길을 찾는 우를 범치 않게 하시고 오직 예수 그리스도만으로 하나님에게 나아가게 인도하소서.

이 시간 사랑하는 고인을 주님의 품으로 돌려보내고 모든 장례를 마친 후 사랑하는 유가족과 함께 하나님에게 예배하고자 모였습니다. 예배하는 유가족의 마음을 주장하셔서 순전한 마음으로 주를 예배하게 하소서. 예배하는 이곳에 주님의 나라가 임하게 하시고 주님이 주시는 크고 놀라운 은혜와 위로가 충만하게 하소서.

유일한 빛이신 하나님! 오직 주님만이 우리의 영혼을 바른 길로 이끄실 것을 믿습니다. 혹여 어두운 곳을 다닐 때에도 주님의 말씀이 우리의 빛이 되실 것을 믿습니다. 우리가 사망의 골짜기를 헤맬 때에도 주님이 함께하셔서 모든 위협을 물리치시고 우리를 하나님 나라로 인도해 주실 것을 믿습니다. 그리고 마침내 우리가 평생 바라고 소원했던 주님의 나라에서 주님의 사랑과 은혜를 누리며 주님과 함께 살게 될 것을 믿습니다. 주님이 계신 그곳에서 사랑하는 고인과 함께 기쁨의 찬양을 부르게 될 것을 믿습니다. 지금 함께 엎드려 주님을 예배하는 우리 모두에게 예수 그리스도만을 의지하는 믿음을 허락하소서. 주님이 아니면 우리의 모든 인생이 헛될 뿐임을 알게 하소서.

장례의 모든 절차 가운데 주셨던 하나님의 크신 은혜를 기억합니다. 사랑하는 고인을 주님의 품에 먼저 보내고 슬퍼하며 고통받던 우리를 만져 주신 분이 주님이셨고 어쩔 수 없는 아픔으로 울고 있던 우리를 위로하셨던 분이 주님이셨습니다. 주님이 함께 계셨기 때문에 이 아픔의 시간을 견딜 수 있었고 주님의 위로가 있었기 때문에 평안을 누릴 수 있었습니다. 주님이 사랑하는 고인의 장례 가운데 온전히 함께하셨던 것처럼 이제 우리의 모든 삶에도 함께 계실 것을 믿습니다. 주님이 주시는 이 믿음을 잃지 않게 도와주소서. 혹시 우리의 남은 인생길이 거칠고 힘들지라도 하나님이 함께하신다는 것을 믿고 주님의 품 안에서 기뻐하며 즐거워할 수 있도록 인도하소서.

우리의 예배를 기뻐하시는 하나님! 말씀을 전하실 목사님에게 은혜를 베풀어 주소서. 하늘보다 높고 바다보다 넓은 주님의 사랑과 위로를 선포하게 하시고 이 말씀을 듣는 사랑하는 유가족이 이 땅에서 살아갈 힘을 얻게 하소서.

우리를 떠나지 않으시는 존귀하신 예수님의 이름으로 기도합니다. 아멘.

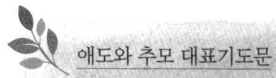

애도와 추모 대표기도문

장례 후 위로예배 2

여호와의 속량함을 받은 자들이 돌아오되 노래하며 시온에 이르러 그들의 머리 위에 영영한 희락을 띠고 기쁨과 즐거움을 얻으리니 슬픔과 탄식이 사라지리로다 _(이사야서) 35장 10절

은혜가 풍성하신 하나님 아버지!

주님의 백성들을 사랑하시고 인도하시는 주님의 은혜를 찬양합니다. 하나님의 품을 떠나 자신의 생각대로 살았던 우리들을 구원하셨을 뿐만 아니라 늘 함께하시고 가장 좋은 것으로 먹이시니 감사합니다. 멈추지도 쉬지도 않으시는 하나님의 그 큰 사랑에 감사해서 주님만을 사랑하며 살아가는 우리가 되게 하소서. 하지만 여전히 부족하여 하나님을 기쁘시게 하지 못하고 오히려 세상의 유익을 구하기에 바빴던 우리의 모습을 불쌍히 여기시고 십자가의 보혈로 정결하게 하소서.

삶의 걸음을 주관하시는 하나님! 사랑하는 고인의 장례를 무사히 마치게 하시니 감사합니다. 주님이 베풀어 주신 은혜로 장례를 통해 우리 주 예수 그리스도를 더욱 굳게 믿게 하셨으니 모든 것이 주님의 은혜입니다. 그리고 이제 사랑하는 유가족과 함께 모여 하나님에게 위로예배를 드리게 하시니 감사합니다. 지금 드리는 예배 가운데 찾아오셔서 영과 진리로 예배하게 하시고 홀로 영광받으소서.

"우리의 연수가 칠십이요 강건하면 팔십이라도 그 연수의 자랑은 수고와 슬픔뿐이요 신속히 가니 우리가 날아가나이다"라는 말씀을 기억합니다. 사람의 살아가는 인생의 길이가 결국 칠팔십 년에 불과하며 사람이 제 아무리 건강해도 백 년을 사는 사람이 거의 없음을 우리는 잘 알고 있습니다. 그럼에도 불구하고 사람은 저마다 조금이라도 더 오래 살기 위해 발버둥을 칩니다. 그러나 그 어떤 노력도 자신의 인생의 길이를 털끝만큼이라도 길게 하지 못합니다. 사랑하는 주님! 이 시간 예배하는 우리 모두에게 성령을 부으셔서 나 자신의 의지와 힘이 아닌 예수 그리스도의 뜻을 구하는 자들이 되게 하소서. 오직 예수 그리스도를 믿음으로 잠시의 생명이 아닌 영원한 생명을 얻게 하소서.

이 시간 주님 앞에 함께 엎드려 하나님을 예배하는 유가족이 온전히 주님만을 따라 살 수 있는 힘을 부어 주소서. 이 땅에서의 잠시 잠깐의 유익을 위해 살지 않게 하시고 주님이 주시는 영원한 생명을 누리며 살게 하소서. 사랑하는 고인의 장례를 통해 하나님이 주시는 풍성한 은혜를 누렸으니 이제 주님만을 사랑하며 주님의 나라를 위해 자신의 생명을 드리는 믿음을 허락하소서.

하나님 앞에 예배하는 이 시간 하나님의 말씀으로 우리에게 교훈하소서. 말씀을 선포하시는 목사님에게 성령의 충만함을 주시고 이 땅의 썩어질 것이 아니라 영원한 생수가 되시는 예수 그리스도를 선포하게 하소서. 그리고 말씀을 듣는 우리 모두에게 큰 위로와 은혜가 넘치게 하소서.

영원한 샘물이 되시는 예수님의 이름으로 기도합니다. 아멘.

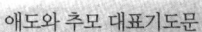

추모예배 1

그 후에 우리 살아 남은 자들도 그들과 함께 구름 속으로 끌어 올려 공중에서 주를 영접하게 하시리니 그리하여 우리가 항상 주와 함께 있으리라 그러므로 이러한 말로 서로 위로하라 _〈데살로니가전서〉 4장 17~18절

독생자를 통해 영원한 생명을 주신 하나님 아버지!

추악하고 더러운 죄로 말미암아 결국은 죽을 수밖에 없던 우리를 그냥 버려 두지 않으시고 아들을 보내셔서 영원한 생명을 얻게 하신 하나님의 은혜에 감사합니다. 영원한 생명이 하나님의 아들 안에 있음을 우리가 알았으니 오직 예수 그리스도만을 믿고 살아가게 하소서.

그러나 영원한 생명이 예수 그리스도 안에 있음을 알면서도 여전히 마음이 끌리는 대로 세상이 주는 달콤한 유혹을 따라가는 우리의 어리석음을 불쌍히 여겨 주소서. 더 이상 죄를 따라 살지 않도록 우리를 예수 그리스도의 십자가에 함께 못 박히게 하소서. 그리하여 이제는 더 이상 우리가 사는 것이 아니라 예수님이 내 안에서 역사하게 하소서.

인생을 주관하시는 하나님 아버지! 이 시간 사랑하는 고인을 추모하며 주께 예배하오니 함께 예배하는 우리 모두의 마음속에 찾아오셔서 은혜를 베풀어 주소서. 고인을 추모하는 예배로 모였으니 사랑하는 고인의 생전의 믿음을 기억하고 영원한 천국에서 주님과 함께 계시는 고인을 추모하게 하소서. 그러나 무엇보다 온전한 마음으로 하나님을 예배하게 하소서. 지금 드리는 이 예배를 통해 하나님의 크고 놀라운 사랑을 우리 모두가 누릴 수 있게 하소서.

사랑하는 고인께서 이 땅에서 살아 계실 때의 믿음을 기억합니다. 세상의 많은 유익을 얻고 자신의 이름을 높이며 이 땅 위에서 행복하게 사는 것보다 하나님을 예배하는 것을 더 귀하게 여기고 오직 하나님만 섬겼던 분이셨습니다. 하나님을 섬기고 따르는 것에 방해가 되는 것은 단호하게 버리셨지만 가족의 믿음의 성장을 위해 기도하기를 쉬지 않으셨습니다. 이제 사랑하는 고인의 이런 믿음을 본받게 하소서. 이 시간 고인을 추모하기 위해 모인 우리 모두가 고인의 신앙을 이어 그 믿음을 대대에 이어가게 인도하여 주소서.

주님이 사랑하는 고인을 추모하는 이 자리에 함께하소서. 고인이 이 땅에서 살아 계실 때를 기억하며 눈물짓는 사랑하는 가족에게 주님의 사랑을 더하여 주소서. 모인 가족이 주님의 사랑 안에서 하나 되게 하시고 서로를 위하여 기도하며 주님의 나라에 이르기까지 믿음으로 함께 걷는 믿음의 동행자가 되게 하소서. 각자의 삶의 자리에서 예수 그리스도의 향기를 전하게 하시고 주님의 이름을 증거하며 살아가는 전도자가 되게 하소서. 이제 하나님의 말씀을 전하시는 목사님에게 은혜를 부어 주셔서 그 말씀을 듣는 우리 모두가 주님만으로 살아갈 수 있게 하소서.

여기에 모인 모든 가족의 삶 가운데 세밀하게 역사하시는 하나님을 찬양하오며 우리 주 예수님의 이름으로 기도합니다. 아멘.

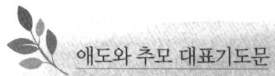

애도와 추모 대표기도문

추모예배 2

예수를 죽은 자 가운데서 살리신 이의 영이 너희 안에 거하시면 그리스도 예수를 죽은 자 가운데서 살리신 이가 너희 안에 거하시는 그의 영으로 말미암아 너희 죽을 몸도 살리시리라 _〈로마서〉 8장 11절

우리를 죽음에서 살리신 하나님 아버지!

우리를 위해 아들을 보내셔서 십자가에서 죽게 하시고 다시 살리신 하나님의 은혜를 찬양합니다. 하나님이 우리의 죄를 지시고 십자가에서 죽으신 예수 그리스도를 다시 살리셔서 그를 믿는 우리도 함께 살게 하시니 감사합니다. 주님의 이 크신 은혜로 거듭난 하나님의 백성이 되었으니 오직 주님의 뜻을 구하며 살아가는 자들 되게 하소서.

이 시간 사랑하는 고인을 추모하며 주께 예배합니다. 우리의 예배를 받아 주소서. 우리의 눈이 하나님을 향하게 하시고 예배하는 이 시간 영과 진리로 하나님에게 나아가게 하소서. 언제 어디에서라도 하나님이 찾으시는 진정한 예배자가 되게 하시고 이 순간 고인을 추모하는 이 예배 중에도 마음과 정성을 다해 하나님만 예배하게 하소서.

사랑하는 고인을 추모하며 이 세상에서 저마다의 삶을 살아가는 수많은 인생들을 생각해 봅니다. 그들은 하나님을 알지 못하면서 모든 것을 다 아는 것처럼 말하며 심지어는 하나님을 조롱하며 살아갑니다. 그들의 마지막이 무엇인지 알지 못하고, 알지 못하는 것을 두려워하면서도 유일한 해답이신 하나님을 믿지 않습니다. 그들에게 예수님이 절실히 필요하듯이 우리 역시 날마다 부으시는 하나님의 사랑이 절실히 필요한 사람들입니다. 하오니 주님! 하나님의 사랑을 간구하는 우리에게 언제나 주님의 무한하신 사랑을 부어 주소서.

전능하신 주 하나님! 사랑하는 고인이 자신의 믿음을 지켜 하나님의 뜻을 구하고 하나님 나라를 위해 사셨던 것처럼 지금 예배하는 우리 모두도 예수 그리스도만을 위해 살게 하소서. 어리석은 사람들처럼 세상의 것을 얻기 위해 살지 않게 하시고 세상의 가치관이나 유익을 구하는 것이 헛된 것임을 깨닫게 하소서. 사랑하는 고인의 믿음을 본받아 언제나 하나님 나라와 하나님의 의를 구하는 우리가 되게 하소서. 또한 사랑하는 고인과 같이 주님의 나라를 위해 살게 하소서. 우리들에게 하나님을 향한 열정을 허락하셔서 하나님 나라를 세우고 예수님의 이름을 전하는 데 열심을 내게 하소서. 각자가 섬기는 교회에서 맡겨 주신 직분들을 잘 감당하고 언제나 주님의 뜻에 순종하게 하소서.

하나님 앞에 예배하는 이 시간 주님의 크신 은혜가 충만하게 하소서. 예배하는 우리 모두에게 주님의 사랑을 경험하게 하소서. 말씀을 전하시는 주의 사자에게 말씀의 능력을 부어 주시고 선포되는 말씀을 통해 우리의 믿음이 그리스도의 장성한 분량에까지 이르게 하소서.

사랑하는 고인을 추모하게 하신 주님에게 감사드리며 거룩하신 우리 주 예수님의 이름으로 기도합니다. 아멘.

모든 그리스도인에게도 산소 호흡기가 필요하다.
이 산소 호흡기는 바로 기도이다.

6장

치유 및 위로와 격려 대표기도문

치유 및 위로와 격려 대표기도문

갑작스러운 사고로 입원 1

너는 내일 일을 자랑하지 말라 하루 동안에 무슨 일이 일어날는지 네가
알 수 없음이니라 _〈잠언〉 27장 1절

온 천하의 모든 일을 아시는 하나님 아버지!

하나님의 백성들을 향하신 하나님의 은혜를 기억합니다. 우리가 살아가고 행하는 작은 일 하나까지 살피시고 인도하시는 주님이 우리와 함께 계심을 믿게 하소서. 쉬지도 주무시지도 않고 하나님의 백성들을 보고 계시는 하나님을 영원토록 찬양하며 살게 하소서.

사람의 인생이 자신의 뜻과 생각대로 진행되지 않는다는 것을 우리는 잘 알고 있습니다. 세상에서 많은 유익을 얻고 그 이름이 높아지며 모두가 부러워하는 부를 이룬다고 해도 그것이 무너지는 것은 한순간이며, 더 이상은 없을 것 같은 고통의 순간도 시간이 지나면 잊혀지기 마련입니다. 그래서 우리가 가진 것으로 스스로를 지키고 안전하다고 자랑할 수 없으며 오직 하나님의 도우심만을 구해야 하는 것을 알게 하셨습니다. 원하기는 하나님의 모든 백성이 하나님의 품 안에서 평안을 누리며 살게 하소서.

거룩하신 하나님 아버지! 이 시간 갑작스러운 사고로 병원에 입원하게 된 사랑하는 주의 자녀 _____님을 위해 기도합니다. 모든 것이 하나님의 섭리 가운데 있다는 것을 믿지만 원하지 않는 사고로 입원하게 되어 근심하고 있으니 사랑하는 주의 자녀의 마음을 지켜 주소서. 주님이 친히 찾아오셔서 사고로 다친 부위를 만져 주시고 속히 회복시켜 주소서. 좋은 의사를 만나게 하시고 돕는 분들에게 은혜를 주소서. 사고 후의 후유증이 조금도 없게 하시고 잘 회복되어 이전보다 더 건강한 몸이 되게 하소서. 치료 받는 가운데 고통받지 않게 하시고 깨끗하게 나을 수 있도록 도와주소서.

이런 갑작스러운 사고가 세상 사람들에게는 아픔과 절망의 시간일 것이지만 하나님을 믿는 주의 자녀에게는 오히려 하나님을 더 가까이 만나는 은혜의 시간이 되게 하소서. 하나님이 _____님을 만나시기 위해 베풀어 주신 귀한 시간이라는 것을 기억하고 아픔 중에서도 치료하시는 하나님을 경험하게 하소서.

연약한 자의 기도를 들으시는 주님! 이번 사고로 근심하며 눈물로 기도하는 가족을 기억하소서. 갑자기 들려온 사고의 소식으로 놀란 마음이 주님의 손길로 진정되게 하시고 모두가 한마음으로 주께 엎드려 기도하게 하소서. 간병하는 일이 힘이 들고 불편하지만 함께하는 이 시간을 통해 가족 간의 사랑이 더욱 깊어지게 하시고 예수 그리스도께서 주시는 놀라운 은혜를 함께 누리게 하소서. 주의 백성들이 다른 사람을 위해 기도하는 것을 쉬지 않게 하시고 다른 사람을 위해 기도하는 것으로 더 큰 신앙의 유익을 얻게 하소서.

사랑하는 자와 함께하시는 예수님의 이름으로 기도합니다. 아멘.

치유 및 위로와 격려 대표기도문

갑작스러운 사고로 입원 2

곧 네 환난을 잊을 것이라 네가 기억할지라도 물이 흘러감 같을 것이며 네 생명의 날이 대낮보다 밝으리니 어둠이 있다 할지라도 아침과 같이 될 것이요 _〈욥기〉 11장 16~17절

언제나 변함없으신 하나님 아버지!

우리에게 언제나 변함없는 인자와 자비를 베푸시는 하나님의 은혜를 찬양합니다. 우리의 모든 삶이 하나님을 찬양하는 삶이 되도록 인도하소서. 우리는 어떤 순간에도 하나님만 바라보아야 하지만 너무 쉽게 세상을 바라보는 연약함을 가졌사오니 우리의 어리석음을 불쌍히 여겨 주시고 십자가의 공로만을 의지하는 우리가 되게 하소서.

참된 평안을 주시는 하나님! 사랑하는 주의 자녀 _____님이 갑작스러운 사고로 입원하였으니 주님의 은혜를 부어 주소서. 지금까지도 지켜 주셨던 하나님이 사랑하는 주의 자녀에게 이런 사고를 허락하셨으니 모든 것이 주님의 뜻 안에 있음을 믿습니다. 하지만 우리는 연약한 인간이어서 갑작스러운 사고의 소식에 놀라 심한 근심과 걱정 속에 사로잡혀 있습니다. 위로하여 주시고 사고를 당한 사랑하는 주의 자녀와 이 일로 함께 근심하는 우리 모두의 마음에 평안을 주소서.

주께서 사람들에게 허락하신 인생길을 가다 보면 물 한 방울 찾기 힘든 사막을 지날 때도 있을 것이고 한 걸음도 떼기 어려운 험한 산을 거쳐야 할 때도 있을 것입니다. 세상의 많은 사람은 이런 순간이 오면 자신의 운명을 탓하기도 하고, 좌절하거나 낙심하기도 합니다. 어떤 사람들은 스스로의 힘으로 그 모든 일을 이겨 내기 위해 노력하기도 합니다. 하지만 예수 그리스도를 구주로 믿은 우리에게는 이 모든 일의 해답을 주셨으니 감사합니다. 예측하지 못한 어려움을 주신 분이 하나님이시며 그 어려움을 해결할 유일한 해답도 하나님이신 것을 믿사오니 사랑하는 주의 자녀의 마음을 주님이 만져 주소서.

사랑하는 주 하나님! 갑자기 닥쳐온 이 일로 인해 하나님의 은혜를 의심하는 잘못을 범하지 않게 하시고 오히려 하나님의 크고 놀라우신 계획이 무엇인지 기대하는 주의 자녀가 되게 하소서. 갑작스러운 사고로 놀란 마음을 주님이 위로하여 주소서. 이제 입원하였으니 다친 모든 부위를 주님의 손으로 만지셔서 아무런 후유증 없이 깨끗하게 고쳐 주소서. 입원하는 동안 잘 치료받아 이전보다 더 강건한 몸으로 주님의 선한 사명을 감당하는 믿음의 사람이 되게 인도하소서.

사랑하는 ＿＿＿＿님의 갑작스러운 사고 소식으로 크게 놀라고 근심했을 사랑하는 가족을 기억하소서. 주님이 그들의 놀란 마음을 위로하시고 온 가족이 한마음으로 주님만을 신뢰하게 하소서. 이제 하나님의 말씀을 듣겠습니다. 갑자기 당한 사고로 아파하는 사랑하는 ＿＿＿＿님과 함께 근심하는 가족에게 하나님의 크고 놀라운 위로가 선포되게 하소서.

항상 돌보시고 인도하시는 예수님의 이름으로 기도합니다. 아멘.

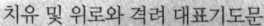

단기 입원 1

내 영혼아 네 평안함으로 돌아갈지어다 여호와께서 너를 후대하심이로다
주께서 내 영혼을 사망에서, 내 눈을 눈물에서, 내 발을 넘어짐에서
건지셨나이다 _〈시편〉 116편 7~8절

사랑과 긍휼이 풍성하신 하나님 아버지!

인생의 가장 낮고 어두운 곳에서 신음하며 살아가던 우리를 찾아오셔서 하나님의 영광의 나라로 이끄시니 감사합니다. 어쩔 수 없는 부패와 죄악으로 세상의 가장 어두운 곳과 구석진 곳만을 다니며 하나님의 얼굴을 피하려 했던 우리의 연약함을 버려 두지 않으시고 거룩하신 예수 그리스도께서 직접 그곳을 찾아오셔서 우리의 손을 잡아 주셨으니 이제 그 놀라운 주님의 사랑을 영원토록 찬양하게 하소서.

우리의 어리석음을 용서하소서. 예수 그리스도께서 가장 낮은 곳에 친히 오셔서 우리를 빛 가운데로 이끄셨지만 아직도 어둠을 좇아가던 습성을 버리지 못해 빛을 피하려 들던 우리의 죄를 십자가의 보혈로 씻어 주소서.

사랑하는 주님! 주님을 사랑하고 주님의 뜻에 순종하며 살던 주님의 자녀가 병원에 입원하게 되었으니 돌아보소서. 하나님이 주셨던 삶을 열심히 살던 주의 자녀에게 하나님의 뜻이 무엇인지 알게 하소서. 자신에게 일어난 일로 하나님을 원망하지 않게 하시고 실망하거나 낙담하지 않게 지켜 주소서. 오히려 여러 가지 일로 분주하여 하나님을 만나지 못했던 지난 시간을 돌아보게 하시고 주님이 주신 이 시간 동안 주님을 알고 만나기 위해 더 많이 기도하게 하소서.

긴 시간을 입원하지 않게 하시니 감사합니다. 하지만 짧은 시간이라도 병원에 입원해 있는 것이 사람의 마음을 힘들게 하고 불편한 점이 많으니 이 모든 것을 주님이 주시는 은혜로 잘 견디게 하소서. 진단받은 대로 잘 치료받게 하시고 이제 후로는 이런 이유로 병원에 입원하지 않도록 도와주소서. 퇴원한 후에는 주님이 주신 은혜에 더 감사하며 온전히 하나님의 뜻에만 순종하는 믿음의 사람이 되게 하소서.

병원에 입원해 치료받으며 무엇보다도 예수 그리스도의 크신 은혜를 경험하게 하소서. 하나님의 아들이 이 땅에 우리와 똑같은 사람으로 오셔서 극한 육신의 고통을 받으셨던 것을 기억하게 하시고 그 주님이 지금 사랑하는 주의 자녀의 모든 아픔을 만져 주신다는 사실을 분명히 믿게 하소서.

사랑하는 _____님의 입원으로 놀랐을 가족을 기억하소서. 모든 가족이 먼저 육신의 어려움으로 입원한 _____님을 위해 기도하게 하소서. 육신의 어려움을 치료하러 입원하였지만 오히려 이 시간이 주의 자녀와 가족 모두의 심령이 고침받는 귀한 시간이 될 수 있도록 인도하소서. 사랑하는 _____님이 입원하여 누워 있는 이 병실이 주님의 사랑과 은혜가 충만한 곳이 되게 하소서.

육신의 고통을 만지시는 예수님의 이름으로 기도합니다. 아멘.

치유 및 위로와 격려 대표기도문

단기 입원 2

고난 당한 것이 내게 유익이라 이로 말미암아 내가 주의 율례들을
배우게 되었나이다 _〈시편〉 119편 71절

주의 이름으로 고난 당하는 자를 지키시는 하나님 아버지!
우리를 위해 예수 그리스도를 내어 주신 하나님의 사랑을 기억합니다.
아들이신 예수 그리스도께서 받지 않아도 될 고난을 받으신 것은 오로지 우리의 죄악 때문임을 고백합니다. 주님이 아파하신 것으로 우리가 나음을 받았습니다. 주님이 받으신 고통 때문에 우리가 다시 살게 되었습니다. 주님이 고난받으셔서 우리가 영원한 생명을 얻게 되었습니다.
그러므로 이제 우리도 주님 때문에 고난받을 수 있는 믿음을 허락하소서. 의를 위하여 받는 박해를 오히려 기뻐하게 하소서.

여기 고난 중에 있는 사랑하는 주의 자녀를 기억하소서. 육신의 질고로 병원에 입원하여 근심하는 주의 자녀의 마음을 만져 주소서. 이 시간 하나님의 말씀을 기억하게 하소서. 이 고난의 시간이 오히려 그에게 유익이 되는 것을 알게 하소서. 사랑하는 주의 자녀가 당하는 이 아픔의 시간이 오히려 유익이 될 수 있도록 인도하소서. 그동안 삶의 다른 여

러 가지 이유로 소홀하였던 하나님의 말씀을 읽을 수 있게 하소서. 주님이 주신 귀한 시간이라는 것을 알고 하나님의 말씀을 읽고 묵상하고 배우는 데 열심을 내게 하소서. 그래서 하나님이 주신 이 짧은 입원 기간이 사랑하는 주의 자녀가 걸어야 할 긴 인생에서 가장 소중한 시간이 되게 하소서.

고통 중에 은혜를 주시는 하나님! 육신의 고통으로 입원하였으니 주님이 친히 찾아오셔서 치유하여 주소서. 주님의 손으로 아픈 곳을 만져 주시고 깨끗하게 낫게 하소서. 의사를 통해 병을 고칠 기회를 주셨으니 다른 어떤 어려움도 없게 하시고 입원 기간 내에 깨끗하게 하소서. 하나님의 은혜로 건강하게 하시고 건강한 몸으로 주님을 위해 헌신하는 믿음의 사람이 되게 하소서. 주님이 주신 것을 주님 위해 사용하며 주를 위해 자신의 생명까지도 드리는 굳센 믿음을 허락하소서.

사랑하는 주의 자녀가 육신의 질고로 입원하였기 때문에 함께 근심하고 기도하는 사랑하는 가족의 마음을 주장하소서. 하나님이 주신 교회에서 함께 신앙생활하며 서로의 어려움 앞에서 한 목소리로 기도하는 주의 성도들이 입원한 _____님을 위해 기도하오니 속히 치료하여 주소서. 길지 않는 시간을 입원하게 하셨으니 우리 모두가 더 간절히 부르짖게 하시고 주님의 만져 주심을 믿게 하소서.

이제 하나님의 말씀을 전하시는 주의 사자의 입술을 붙잡아 주셔서 주님의 도우심을 구하는 _____님과 우리 모두에게 부으시는 하나님의 크고 놀라운 사랑을 선포하게 하소서.

우리와 함께 아파하시는 예수님의 이름으로 기도합니다. 아멘.

치유 및 위로와 격려 대표기도문

장기 입원 1

보옵소서 내게 큰 고통을 더하신 것은 내게 평안을 주려 하심이라 주께서 내 영혼을 사랑하사 멸망의 구덩이에서 건지셨고 내 모든 죄를 주의 등 뒤에 던지셨나이다 _(이사야서) 38장 17절

믿는 모든 자의 방패가 되시는 하나님 아버지!

악한 세상 속에서 살아가며 닥쳐오는 일이 무서워 어찌할 바를 모르는 불쌍한 인생들을 구원하시고 도우시는 하나님의 은혜를 찬양합니다. 진실로 이 세상은 부패하고 악하여 연약한 우리가 있을 곳이 없음을 고백합니다. 하나님의 도우심을 간절히 부르짖을 때 외면하지 않으시고 피난처가 되시는 하나님을 늘 찬양하며 살게 하소서. 어리석은 우리가 피난처가 되신 주님만을 바라보지 않고 어두운 세상을 바라볼 때 따뜻한 음성을 들려 주시고 우리의 눈이 세상을 바라보지 않고 오직 하나님만을 바라볼 수 있게 인도하소서.

여기 병원에 입원한 사랑하는 주의 자녀 _____님을 위해 기도합니다. 하나님이 주시는 힘으로 하나님의 선한 일을 하며 살기를 원했지만 원하지 않았던 질고로 병원에 입원하게 되었으니 _____님의 마음을 주님이 만져 주소서. 하나님을 사랑하는 그의 마음을 기뻐 받으시고

지금 처한 상황 때문에 낙심하거나 좌절하지 않게 하시며 이 모든 일을 이길 새 힘을 부어 주소서.

사랑하는 하나님 아버지! 여기 병원에 긴 시간을 입원해야 하오니 어여삐 여겨 주소서. 세상과 단절되어 홀로 있다는 생각이 들지 않게 하시고 스스로의 상황을 비관하지 않게 하소서. 병원이든 어디든 하나님이 계신 곳이 하나님 나라인 것을 알게 하시고 언제나 하나님의 임재만을 간구하게 하소서. 오랜 시간을 입원할 때 겪을 여러 가지 불편함과 어려움으로 힘들어하지 않게 하시고 사랑하는 주의 자녀를 고통 가운데서 건지신 우리 주 예수 그리스도만 생각하게 하소서.

하나님의 은혜 가운데 잘 치료받게 하셔서 속히 낫게 하소서. 좋은 의사를 만나게 하시고 돕는 분들의 귀한 손길을 허락하소서. 하나님이 사랑하는 주의 자녀를 담당하는 모든 분을 일일이 기억하셔서 그분들을 통해 하나님의 치료하시는 역사가 나타나게 하소서. 무엇보다 주님이 사랑하는 _____님의 모든 아픈 부분을 만져 주셔서 속히 낫는 은혜를 허락하소서.

은총의 주 하나님! 오랜 시간을 입원하는 _____님의 마음을 만져 주시며 함께하는 가족의 마음까지 안아 주소서. 자신의 힘과 시간을 내어 주의 자녀를 간병하는 모든 가족에게 새 힘을 부어 주소서. 사랑하는 주의 자녀를 돕는 일로 가족 간에 조금이라도 상처가 될 만한 일이 생기지 않게 하시고, 오히려 주님의 사랑으로 서로를 배려하고 위하는 은혜가 충만하게 인도하소서. 사랑하는 주의 자녀와 함께하는 모든 가족에게 주님의 말씀으로 함께하실 것을 믿습니다.

세상 끝까지 함께하시는 예수님의 이름으로 기도합니다. 아멘.

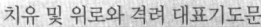 치유 및 위로와 격려 대표기도문

장기 입원 2

내 영혼아 여호와를 송축하며 그의 모든 은택을 잊지 말지어다 그가 네 모든
죄악을 사하시며 네 모든 병을 고치시며 네 생명을 파멸에서 속량하시고
_〈시편〉 103편 2~4절

생명을 주시는 하나님 아버지!

모든 생명의 근원이신 하나님을 찬양합니다. 죄인들을 죽음에서 건지셔서 생명을 주신 하나님을 우리가 아버지라 부를 수 있게 하셨으니 감사합니다. 하나님의 놀라우신 은혜를 영원히 잊지 않고 주님만을 섬기며 살게 하소서.

하나님은 아들이신 예수 그리스도를 십자가에 내어 주심으로 우리의 모든 죄악을 사하셨습니다. 우리는 예수 그리스도를 믿음으로 그 어떤 대가 없이 구원을 선물로 받았습니다. 그러나 우리는 너무 무지해서 하나님의 값없는 구원의 선물을 알지 못하고 우리의 힘과 능력으로 구원을 얻고자 하였습니다. 이런 우리를 불쌍히 여겨 주소서. 이제 예수 그리스도의 십자가 앞에 나아가 철저하게 자신을 부인하게 하시고 주님이 주시는 십자가를 지고 주님만을 따라 살게 하소서.

거룩하신 주님! 사랑하는 주의 자녀 _____님을 위해 기도합니다. 육

신의 질고 때문에 병원에 입원한 _____님의 마음을 위로하소서. 입원해 있는 동안 주님이 주시는 은혜로 모든 힘든 시간들을 견디게 하시고 주님이 예비하신 의사의 손길을 통해 잘 치료받아 완쾌될 수 있게 인도하소서. 짧지 않은 시간을 입원해야 하오니 자신의 처지로 인해 마음이 상하지 않게 하시고 입원하는 이 일을 통해 하나님이 원하시는 뜻이 무엇인지 발견하게 하소서. 온 세상의 그 무엇보다 크고 높은 하나님의 사랑을 경험하는 은총의 시간이 되도록 역사하소서.

주님만이 _____님의 질고를 완전히 고치실 수 있음을 믿습니다. 이 세상 사람들이 보고 놀라 모든 것이 주님의 은혜인 것을 알고 주님의 이름을 찬양하도록 주님이 사랑하는 주의 자녀를 만져 주소서. 주님의 은혜로 깨끗하게 나아서 다시는 악한 병으로 고통받지 않도록 인도하소서. 이 고통의 시간이 지나 강건한 몸으로 주님을 섬기는 그날이 속히 오게 하소서.

주님! 어느 인생인들 아무 어려움 없이 살아갈 수 있겠습니까! 이 땅 위에서 살아 숨 쉬는 사람들 중에 생명의 위협을 받지 않는 사람이 누구이겠습니까! 결국 어려움과 고통과 생명의 위협 속에 우리가 의지해야 할 유일한 분이신 예수 그리스도를 만나는 것만이 해답이라는 것을 알게 하소서. 주님에게 우리의 모든 것을 맡기면 더 이상 세상이 주는 고통과 아픔으로 두려워하지 않아도 되는 것을 믿게 하소서. 이제 하나님의 말씀으로 위로하소서. 말씀을 전하시는 목사님에게 하나님의 풍성한 은혜를 부어 주시고 말씀을 전하는 자와 듣는 자 모두가 성령의 사람이 되게 하소서.

길이요 진리요 생명이신 예수님의 이름으로 기도합니다. 아멘.

치유 및 위로와 격려 대표기도문

노년의 병 – 중풍

이르되 주여 내 하인이 중풍병으로 집에 누워 몹시 괴로워하나이다
이르시되 내가 가서 고쳐 주리라 _〈마태복음〉 8장 6~7절

전능하시고 존귀하신 주님!

온 세상을 위해 일하시는 하나님의 성실하심을 찬양합니다. 감히 하나님을 바라볼 수도 없는 인생을 위해 아들을 보내시고 구원의 길을 여셨을 뿐만 아니라 늘 함께하시며 인도하시니 감사합니다. 혹시라도 부족한 우리가 하나님만을 바라보지 않고 세상의 다른 것을 바라보며 하나님의 손을 놓으려 할 때 우리의 손을 굳게 잡으시고 다시 주님만 볼 수 있게 인도하소서.

사랑하는 주님! 이 시간 사랑하는 주님의 백성 _____님을 위해 기도합니다. 주님이 허락하신 삶을 은혜 가운데 살아왔습니다. 때로는 실수하고 실패하기도 했으나 예수 그리스도를 섬기며 주님만을 믿고 살았습니다. 그런데 이제 인생의 황혼에 접어들며 중병으로 고통받고 있으니 불쌍히 여겨 주소서. 주님의 전에 나아가 항상 예배하고 싶지만 닥쳐온 육신의 어려움으로 그렇게 하지 못하는 답답한 마음을 기억하소서.

주님을 향한 열정은 여전하지만 육신이 따르지 못해 어찌할 바를 모르는 주님의 백성을 기억하소서. 비록 인생의 후반기를 살고 그의 육신에 어려움이 찾아왔지만 주님을 사랑하는 마음은 날로 더욱 깊어지게 하소서. 육신으로는 주님을 섬길 수 없지만 매 순간 기도함으로 하나님을 섬기게 하시고 하나님의 놀라우신 이름을 찬양하게 하소서.

치료의 주 하나님! 사랑하는 주님의 백성 _____님의 육신을 만져 주소서. 고통받는 모든 부분을 주님의 손으로 어루만져 주소서. 섬기던 주님의 몸된 교회에 다시 나아갈 수 있는 건강한 다리를 주시고, 하나님의 말씀을 자세히 볼 수 있는 밝은 눈을 주시며, 하나님의 말씀을 귀 기울여 들을 수 있는 밝은 귀를 회복시켜 주소서. 분명하고 똑똑한 목소리로 하나님을 찬양할 수 있게 하시고 두 손으로 하나님 나라를 위해 봉사할 수 있게 인도하소서. 주님이 사랑하는 주의 백성을 고쳐 주셔서 이 가정과 주님의 몸 된 교회에 큰 기쁨이 넘치게 하소서.

사랑하는 주의 백성과 함께 살아가는 가족을 기억하소서. _____님의 어려움을 돕고 함께하며 주님의 크신 사랑을 경험하게 하시고, 하나님이 지금 이 가정을 통해 이루시려고 하는 뜻이 무엇인지를 알게 하소서. 가족의 모든 섬김 가운데 예수 그리스도의 십자가가 나타나게 하시고 선한 말과 선한 행동만이 이 가정에 가득하게 도와주소서. 또한 사랑하는 주의 백성을 위해 함께 기도하는 성도에게도 동일한 은혜를 부어 주소서.

육신의 어려움으로 고통받지만 하나님의 은혜를 구하는 사랑하는 _____님과 그의 가정과 모든 성도와 함께하실 하나님을 찬양하오며 거룩하신 예수님의 이름으로 기도합니다. 아멘.

치유 및 위로와 격려 대표기도문

노년의 병 - 치매

사람이 감당할 시험밖에는 너희가 당한 것이 없나니 오직 하나님은 미쁘사 너희가 감당하지 못할 시험 당함을 허락하지 아니하시고 시험 당할 즈음에 또한 피할 길을 내사 너희로 능히 감당하게 하시느니라 _(고린도전서) 10장 13절

존귀하신 하나님 아버지!

우리를 구원하시고 모든 삶 가운데 함께하시는 하나님을 찬양합니다. 우리의 삶 속에서 우리의 어리석음으로 힘들어하고 어려움을 겪을 때에도 함께하셔서 언제나 바른 길로 이끌어 주시니 감사합니다. 주님만을 따라 주님이 원하시는 길을 걸어가는 우리 모두가 될 수 있도록 도와주소서.

사람들은 인생 가운데 겪는 많은 시험으로 근심하지만 하나님의 자녀들에게는 감당할 시험 외에는 주시지 않는다고 말씀하시니 감사합니다. 또 우리가 시험을 당할 그때에는 피할 길을 주시니 감사합니다. 과연 우리의 인생을 돌아보니 언제나 우리의 영원한 피난처가 되신 예수 그리스도께서 계셨습니다. 그러므로 지금도 또 후에도 항상 함께하시며 우리를 인도하실 예수 그리스도를 굳게 믿습니다.

인생의 주인이신 하나님! 사랑하는 이 가정을 위해 기도합니다. 주님의

자녀 _____님에게 육신의 어려움이 찾아왔습니다. 인생의 후반부가 되면 찾아올 수 있는 어려움이지만 이 일을 겪는 주의 자녀 _____님과 함께하는 가족의 고통이 큽니다. 주여! 불쌍히 여겨 주소서. 사랑하는 주의 백성을 만져 주소서. 하나님을 믿고 섬기며 하나님의 자녀로 살아왔던 그의 인생을 돌아보시고 그가 겪는 육신의 어려움이 더 깊어지지 않도록 도와주소서.

어쩌면 가족을 기억하지 못할까 봐 두렵습니다. 평생 살아오던 집이 어디 있는지 모르고 헤매게 될까 봐 걱정입니다. 때가 되면 찾아가 예배했던 교회를 혼자 찾아갈 수 없을까 봐 염려됩니다. 무엇보다 사랑하는 예수 그리스도의 이름을 기억하지 못할까 봐 마음을 놓을 수가 없습니다. 현대 의학에서는 이 어려움을 단순한 노화 현상이 아닌 뇌질환 중의 하나라고 주장한다 하오니 주님이 치료하여 주소서. 이것이 노화 현상이건 뇌질환이건 주님은 모든 것을 다스리시는 분이심을 믿사오니 사랑하는 주의 백성 _____님을 고쳐 주소서.

사랑하는 주 하나님! _____님을 위해 기도하는 가족의 마음을 위로하소서. 함께 아파하고 있는 가족을 지켜 주소서. 그를 돌보며 겪는 여러 가지 어려움들을 주님은 아시오니 견딜 힘 주시고 주님을 의지해 서로 사랑하게 하소서.

모든 것을 하나님에게 의탁합니다. 하나님이 함께하지 않으시면 모두가 견딜 수 없는 어려운 시간들일 것입니다. 하지만 하나님을 믿고 따를 때 하나님의 크고 놀라운 은혜를 경험하게 될 줄 믿습니다. 이런 놀라운 은혜를 사랑하는 _____님과 가족에게 부어 주소서.

사랑이 많으신 예수님의 이름으로 기도합니다. 아멘.

치유 및 위로와 격려 대표기도문

수술 전 1

두려워하지 말라 내가 너와 함께 함이라 놀라지 말라 나는 네 하나님이 됨이라
내가 너를 굳세게 하리라 참으로 너를 도와 주리라 참으로 나의 의로운 오른손으로
너를 붙들리라 _〈이사야서〉 41장 10절

영원하신 하나님 아버지!

변함없으시고 동일하신 하나님을 찬양합니다. 하나님이 쉬지 않고 베풀어 주시는 은혜로 우리가 살아갑니다. 주님이 은혜를 주시지 않으셨다면 잠시도 살아가지 못했을 부족한 인생들을 긍휼히 여겨 주소서. 하나님의 영광에 조금도 보탬이 되지 못하는 우리의 연약함을 불쌍히 여기시고 도와주소서.

육신의 질병은 우리가 이 땅 위에서 살아가는 동안 어쩔 수 없이 겪어야 하는 고통일 것입니다. 썩어질 육신을 가지고 살며 여러 가지 질병과 불시에 닥쳐오는 사고에 쉽게 노출되는 우리들을 불쌍히 여겨 주시고 혹여 우리의 힘과 젊음과 건강을 과시하며 스스로의 힘으로 살고자 하는 어리석음을 버리게 하소서. 우리는 죄의 결과로 인해 고통과 아픔으로 가득한 이 세상을 살아가야 하는 연약한 존재라는 것을 깨달아 항상 도우시는 주님만을 의지하게 하소서.

이 시간 사랑하는 주의 자녀 _____님이 수술을 받기 전에 엎드려 기도합니다. 원하지 않는 질병으로 고통받아 이제 수술을 결정하였으니 하나님이 함께하소서. 두려워하지 않게 하소서. 하나님이 수술의 모든 과정 가운데 함께하심을 믿고 결코 두려워하거나 놀라지 않게 하소서. 수술을 집도하는 의사의 손을 주께서 잡아 주셔서 그 어떤 실수도 일어나지 않게 인도하소서. 자신의 몸을 의사의 손에 맡겨야 하는 사랑하는 주의 자녀의 걱정과 근심을 물리쳐 주소서. 육신의 고통과 마음의 두려움으로 주님 앞에 엎드린 주의 자녀의 마음을 만져 주소서.

오, 주님! 이 시간 사랑하는 주의 자녀가 자신을 위해 십자가에 못 박히신 예수 그리스도를 기억하게 하소서. 예수 그리스도께서 _____님을 위해 살을 찢기시는 고통을 당하셨고 보배로운 피를 흘리셨으며 마침내 죽으셨음을 바라보게 하소서. 주님이 십자가에 달리시기 전날 밤, 겟세마네 동산에서 하나님에게 간절히 기도하던 일을 생각하게 하소서. 우리 주님은 사랑하는 _____님을 위해 모든 두려움과 고통과 슬픔을 받아들이셨고 주님이 받으신 그 아픔 때문에 주의 자녀가 생명을 얻었다는 것을 기억하게 하소서. 지금 이 순간 사랑하는 _____님에게 가장 온전하고 순전한 마음으로 예수 그리스도의 십자가에 동참케 하는 은혜를 부어 주소서.

이제 수술의 시간이 다가옵니다. "참으로 너를 도와주리라"고 말씀하시는 하나님을 신뢰하는 주의 자녀가 되게 하소서. 주님이 주신 신실하신 그 말씀을 붙잡고 이 시간을 이기게 하소서.

믿는 자의 손을 오늘도 굳게 잡아 주실 하나님을 신뢰하오며 거룩하신 예수님의 이름으로 기도합니다. 아멘.

치유 및 위로와 격려 대표기도문

수술 전 2

내 영혼아 네가 어찌하여 낙심하며 어찌하여 내 속에서 불안해하는가
너는 하나님께 소망을 두라 그가 나타나 도우심으로 말미암아 내가
여전히 찬송하리로다 _〈시편〉 42편 5절

신실하신 하나님 아버지!

세상의 약한 것으로 강한 것을 부끄럽게 하시는 하나님의 은혜를 찬양합니다. 우리가 스스로 강하다고 말할 때 사용하지 않으시고 오히려 스스로를 약하다고 말하며 하나님의 도우심만을 간절히 구할 때 우리를 들어 사용하시는 주님을 경배합니다. 그러므로 언제나 자기를 부인하고 주께만 의지하는 우리 모두가 되게 하소서.

"여호와는 죽이기도 하시고 살리기도 하시며 스올에 내리게도 하시고 거기에서 올리기도 하시는도다"라는 말씀을 기억합니다. 이제 수술을 받기 위해 준비하는 사랑하는 주의 자녀 _____ 님에게 위로의 말씀이 되게 하소서. 하나님은 자신의 연약함을 알고 하나님을 의지하는 자를 강하게 하신다는 것을 믿게 하소서. 지금 사랑하는 주의 자녀가 처한 모든 상황을 하나님 앞에 내려놓고 하나님의 도우심만을 겸손히 구합니다. 오직 주님의 뜻이 무엇인지를 알게 하소서.

사랑하는 주님! _____님에게 담대한 마음을 허락하소서. 수술을 받기 전 불안하고 두려워하는 마음을 만져 주소서. 하나님이 함께하심을 믿고 근심하지 않게 하소서. 육신의 연약함으로 이제 수술을 받고 나면 하나님의 은혜 안에서 다시 강건해져서 하나님이 기뻐하시는 선한 일을 충분히 감당할 힘을 얻을 수 있음을 믿게 하소서. 주님을 신뢰함으로 모든 근심을 버리고 수술을 잘 받을 수 있게 하소서.

소망의 주 하나님! 하나님께서 사람에게 주신 인생의 길을 걸을 때 때로는 실패하기도 하고 때로는 생각하지도 못했던 일로 좌절하기도 합니다. 마치 하나님의 모든 복을 받은 것처럼 승승장구하던 사람이 단번에 쓰러질 때도 있고 아무런 소망이 없어 보이는 사람의 인생이 드라마처럼 달라질 때도 있습니다. 우리는 아무도 미래의 일을 알지 못하고 저마다 자신들이 꿈꾸는 것을 이루기 위해 달려갈 뿐입니다. 그러나 그 길을 달려갈 때 자주 걸림돌에 걸려 넘어집니다. 하지만 주님 넘어졌다고 해서 그것이 끝이 아님을 알게 하소서. 여기 _____님이 수술을 받는 것은 아마도 너무도 바쁜 인생의 길을 뛰어가는 그에게 잠시 쉬어가게 하시는 주님의 뜻일 것입니다.

위로의 하나님! 수술을 집도하는 의사의 손을 주님이 주장하시고 모든 과정 가운데 어떤 어려움도 일어나지 않게 지켜 주소서. 수술의 전 과정이 오직 하나님의 은혜로만 충만하게 하시고 수술 이후 회복되는 모든 과정도 주님의 섭리 속에 있게 하소서.

우리의 생각보다 훨씬 크신 하나님의 생각을 기대하오며 거룩하신 예수님의 이름으로 기도합니다. 아멘.

치유 및 위로와 격려 대표기도문

수술 후 1

베냐민에 대하여는 일렀으되 여호와의 사랑을 입은 자는 그 곁에 안전히 살리로다 여호와께서 그를 날이 마치도록 보호하시고 그를 자기 어깨 사이에 있게 하시리로다 _〈신명기〉 33장 12절

긍휼과 자비가 무궁하신 하나님 아버지!

죄와 허물로 죽을 수밖에 없던 죄인들을 위해 아들을 보내신 은혜를 기억합니다. 우리를 위해 자신의 몸을 버리고 십자가에 달려 피 흘리신 주님을 늘 찬양합니다. 우리에게 생명 주신 주님의 놀라운 사랑을 늘 마음에 새겨 변함없이 주님을 섬기는 우리 모두가 되게 하소서.

연약한 자들을 도우시는 하나님! 사랑하는 주의 자녀 _____님이 수술을 받은 후 주님 앞에 엎드려 기도합니다. 하나님의 은혜에 감사하며 주님을 찬양하는 주의 자녀를 기쁘게 받아 주소서. 주님의 은혜 가운데 무사히 수술이 끝나게 하셨으니 감사합니다. 주께서 수술하는 모든 과정 가운데 함께하셔서 의사의 손길을 주장하셨으니 감사합니다.

주님이 수술의 모든 과정에 섭리하셨으니 이제 _____님이 주님의 은혜 안에서 속히 회복되게 하소서. 수술 이후에 있는 통증을 참을 수 있는 힘을 주시고 하나님이 만져 주셔서 속히 아물게 하소서. 수술 받

은 이후 어떠한 후유증도 생기지 않게 하시고 다시는 재발하지 않도록 지켜 주소서. _____님의 육신을 병들게 했던 모든 원인이 사라지게 하시고 이전보다 더 건강한 몸으로 주님의 선한 뜻을 이루는 믿음의 삶을 살게 하소서.

자비로우신 하나님! 수술 이후 회복되는 동안 온전히 주님만을 바라보게 하소서. 주님이 사랑하는 주의 자녀에게 주신 은혜의 시간이라는 것을 알고 하나님이 기뻐하시는 시간을 보내게 하소서. 성경을 읽으며 하나님의 음성을 듣게 하시고 하나님을 찬양하며 감사하는 시간이 되게 하소서. 몸이 회복될 때 영이 함께 회복되는 은총을 허락하소서. 하나님에게로 더 가까이 나아가게 하시고 사랑하는 주의 자녀의 인생 가운데 가장 은혜로운 시간이 될 수 있게 인도하소서. 다른 무엇보다 자신을 위해 생명 주신 예수 그리스도를 더 굳건히 믿게 하소서.

사랑하는 주의 자녀 _____님을 통해 이 병실이 하나님 나라가 되게 하소서. 주님이 그를 통해 주시는 은혜를 이 병실에 함께 있는 분들과 출입하는 모든 분이 보게 하소서. 예수 그리스도를 알지 못하는 분들이 살아 계신 예수 그리스도를 만나게 되는 역사가 이곳에서 일어나게 하소서. _____님을 위해 간병하는 가족에게 힘을 주소서. 불편하고 힘든 상황에서 하나님을 의지하게 하시고 이 시간이 예수 그리스도의 사랑으로 서로를 더욱 섬기는 복된 시간이 되게 하소서. 믿고 의지하는 자를 도우시는 하나님을 기억합니다. 하나님의 도우심을 간절히 바라는 이들에게 말씀으로 함께하소서.

구하고 찾고 두드리는 자에게 응답하실 하나님을 기대하오며 거룩하신 예수님의 이름으로 기도합니다. 아멘.

치유 및 위로와 격려 대표기도문

수술 후 2

너는 마음을 다하여 여호와를 신뢰하고 네 명철을 의지하지 말라 너는 범사에
그를 인정하라 그리하면 네 길을 지도하시리라 _〈잠언〉 3장 5~6절

은혜와 사랑이 풍성하신 하나님 아버지!

하나님을 아버지라 부르게 하시니 감사합니다. 이 시간 우리 모두를 기억하셔서 어떤 순간에서도 하나님만을 따라가게 인도하소서. 하지만 여전히 부족한 우리들을 불쌍히 여기소서. 하나님을 아버지라 부르면서도 죄의 자녀였던 옛 습성을 버리지 못하고 여전히 세상의 악한 것들을 기뻐하는 우리의 잘못을 용서하소서. 예수 그리스도의 십자가만 의지하여 하나님이 기뻐하시는 삶을 살게 하소서.

사랑하는 주의 자녀 _____ 님을 위해 기도합니다. 원하지 않던 육신의 병고로 수술을 받았습니다. 두렵고 떨리던 모든 마음을 주님이 만져주셨고 근심과 걱정을 가져가심으로 주님의 은혜 속에 수술을 잘 받게 하셨으니 감사합니다. 모든 것이 주님의 은혜인 것을 믿습니다. 이제 수술을 받은 곳이 잘 아물게 하시고 아팠던 모든 곳이 깨끗하게 낫게 하소서. 재발하지 않게 하시고 어떤 후유증도 생기지 않게 인도하소서.

무사히 수술을 받게 하셨으니 회복되는 모든 시간도 함께하소서. 정해진 순서에 따라 잘 치료받게 하셔서 속히 퇴원할 수 있게 인도하소서.

사랑의 하나님 아버지! _____님을 향한 하나님의 크고 놀라운 사랑을 그가 알게 하소서. 그래서 온 마음을 다해 하나님만을 믿고 따르게 하소서. 늘 자신을 향한 하나님의 말씀이 무엇인지 구하게 하소서. 혹시라도 자신을 의지하지 않게 하소서. 자신의 생각과 힘을 앞세우지 않게 하시고 모든 것이 주님의 소유인 것을 인정하게 하소서. 우리가 스스로를 아는 것보다 우리를 더 잘 아시는 주님을 확실히 믿게 하소서. 이제 온전히 회복되어 이 세상에서 주님이 주신 삶을 살아갈 때에 빈 마음으로 주님 앞에 서게 하셔서 그 말씀을 듣게 하소서.

말씀하시는 하나님! 사랑하는 주의 자녀에게 이번의 수술이 큰 교훈이 되게 하소서. 사람의 인생에 찾아오는 이런 중대하고 큰 일이 자신의 계획 속에 있었던 일이 아님을 깨닫게 하소서. 이번 일을 계기로 앞으로의 인생에서 혹시 자신의 계획이 실패하고 이 땅에서의 소망이 끊어지는 아픔이 다시 찾아오더라도 지금 함께하셨던 주님이 그때도 함께하실 것을 믿고 승리하는 믿음의 장부가 되게 하소서. 그러나 주님! 사랑하는 주의 자녀가 앞으로 살아갈 인생에서 주님의 뜻 안에서의 성공을 이루게 하소서. 삶의 주관자이신 예수 그리스도 앞에 나아가 자신의 모든 삶을 맡기게 하셔서 내가 원하는 성공이 아니라 주님이 원하시는 성공을 이루어 나가도록 도와주소서. 사랑하는 주의 자녀에게 말씀을 전하실 주의 사자를 붙들어 주셔서 생명의 말씀이 선포되게 하소서.

함께하시는 주님을 찬양하며 예수님의 이름으로 기도합니다. 아멘.

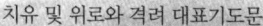

치유 및 위로와 격려 대표기도문

퇴원 1

주여 이제 내가 무엇을 바라리요 나의 소망은 주께 있나이다
_〈시편〉 39편 7절

존귀와 영광을 받으실 하나님 아버지!

마른 광야와 같은 인생길에서 쓰러져 가는 사람들에게 생수를 부으시니 감사합니다. 목마른 사슴이 시냇물을 찾아 헤매는 것처럼 언제나 하나님이 주시는 크고 풍성한 은혜에 목말라 하나님을 찾는 우리 모두가 되게 하소서. 우리는 하나님이 주시는 생수로 인해 무엇과도 비교할 수 없는 만족을 누리며 살아갈 수 있지만 너무도 쉽게 세상의 오염된 물을 먹기 위해 눈을 돌리는 어리석은 인생입니다. 부디 긍휼을 베푸셔서 십자가 보혈의 공로로 깨끗하게 씻어 주소서.

믿는 자에게 은혜를 부어 주시는 하나님! _____님과 함께하셔서 퇴원하게 하시니 감사합니다. 입원 기간 내내 함께하셨고 이제 하나님의 은혜로 퇴원하게 되었음을 믿습니다. 입원하고 퇴원하는 모든 상황 속에서 선하심과 인자하심으로 함께하신 하나님을 만나게 하셨으니 남은 일생을 주님만을 섬기며 살게 하소서. 살아가는 모든 삶의 여정에서 주님을 보게 하소서. 작고 사소한 시간이라도 주님의 뜻을 구하게 하시고 참 소망되시는 주님만을 따라가게 하소서. 하나님의 말씀을 늘 곁에 두고 읽으며 그 말씀에 순종하게 하시고 하나님을 예배하는 자리에 늘 나아가 찬양하게 하소서.

사랑하는 주의 자녀 _____님이 입원해 있는 동안 눈물로 기도했던 많은 사람을 기억하여 주소서. 사랑하는 성도에게 닥친 아픔이 마치 자신의 일인 것처럼 여기고 하나님 앞에 나아가 쉬지 않고 눈물로 기도했던 가족의 기도를 주께서 들으셨음을 믿습니다. 그들의 마음을 기쁘게 받으시고 언제나 기도가 필요한 곳이 어디인지 살피게 하시고 기도해야 할 제목이 있다면 믿음으로 무릎 꿇는 기도의 사람들이 되게 하소서. 자신들이 주께 기도한 제목들을 하나님이 응답하시는 것을 보고 기뻐하게 하시고 더 많은 기도의 동역자들이 일어나게 하소서. 오늘 퇴원하는 _____님이 기도의 동역자들의 기도를 기억하게 하시고 이제 자신을 위해 기도했던 기도의 사람들처럼 다른 사람을 위해 함께 기도하게 도와주소서.

_____님이 퇴원한 이후 다른 후유증이 나타나지 않게 하시고 또 다시 아프지 않도록 도와주소서. 건강 관리를 잘 하게 하시고 건강한 몸으로 하나님 나라를 위한 일에 열심을 내게 인도하소서. 사랑하는 가족과도 함께하셔서 퇴원하는 _____님을 잘 돕게 하시고 언제나 주의 사랑으로 서로를 아끼고 사랑하게 하소서. 언제나 생명 되신 예수 그리스도만 드러내는 은혜의 삶을 살게 하소서. 퇴원하는 이 시간 하나님의 말씀을 기억하며 새 힘을 얻게 하소서.

상한 심령을 고치시는 거룩하신 예수님의 이름으로 기도합니다. 아멘.

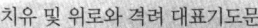
치유 및 위로와 격려 대표기도문

퇴원 2

그가 네 모든 죄악을 사하시며 네 모든 병을 고치시며 네 생명을 파멸에서 속량하시고 인자와 긍휼로 관을 씌우시며 좋은 것으로 네 소원을 만족하게 하사 네 청춘을 독수리 같이 새롭게 하시는도다 _〈시편〉 103편 3~5절

은혜와 사랑이 충만하신 하나님 아버지!

우리를 향한 하나님의 크고 놀라운 사랑을 찬양합니다. 하나님의 아들을 믿는 믿음으로 구원받은 하나님의 백성들에게 하나님이 친히 찬양의 제목이 되어 주소서. 우리의 부족한 입술을 열어 위대하시고 경이로우신 하나님만을 늘 찬양하게 하시고 아름답고 놀라운 예수 그리스도께서 우리 모두의 감사의 제목이 되며 십자가에서 흘리신 보혈의 은혜를 늘 노래하게 하소서.

기도하는 자에게 가장 좋은 것을 주시는 하나님! 사랑하는 주의 자녀 _____님의 기도를 들으시니 감사합니다. 육신의 병고로 병원에 입원하였으나 주님이 친히 만져 주시고 좋은 의사와 좋은 사람들을 통해 고쳐 주시니 감사합니다. 하늘보다 높고 바다보다 깊은 주님의 은혜를 우리의 힘으로 다 보답할 수 없지만 그 은혜에 감격하여 주님이 주신 선한 사명을 이루는 데 충성하는 주의 자녀가 되게 하소서.

하나님의 은혜로 퇴원하게 되었으니 이제 후로는 아프지 않게 지켜 주소서. 하나님이 주신 몸을 건강하게 잘 관리하게 하시고 같은 병이 재발하지 않도록 인도하소서. 운동하는 것과 먹는 것과 건강을 지키는 모든 일을 조화롭게 할 수 있도록 도와주소서.

병원에 입원해 있는 동안 만나 주셨던 주님의 은혜를 기억합니다. 병상에서 하나님에게 간구했던 _____님의 기도에 응답하셨던 주님이셨습니다. 말하지 않으면 아무도 알지 못했던 아픔을 주님은 아셨습니다. 육신의 고통이 극심할 때도 사랑하는 가족이 걱정하는 것이 염려되어서 그 고통을 참고 있을 때에도 주님만은 아시고 만져 주셨습니다. 기도하며 염려해 주던 가족과 성도들에게는 괜찮다고 말했지만 스스로의 병으로 노심초사하던 _____님의 마음을 주께서 위로하셨습니다. 주님이 함께 계시지 않았다면 견디기 힘들었을 시간이었습니다. 모든 것이 주님의 은혜였습니다. 사랑하는 주의 자녀와 함께하셨던 주님! 이제 퇴원한 후에도 영원히 함께하여 주소서. 병상에서 주님을 만나고 주님과 대화하며 주님의 음성을 들은 것처럼 이제 삶의 자리에 돌아가서도 주님을 만나기 위해 말씀을 읽고 늘 찬양하며 무릎 꿇어 기도하게 하소서.

언제나 도우시는 주님! 퇴원하는 _____님에게 성령을 부어 주소서. 성령으로 충만하여 주님이 주신 모든 삶을 살아가게 하소서. 그를 성령의 도구가 되게 하셔서 그를 통해 하나님의 영광이 드러나고 예수 그리스도의 이름이 전파되게 하소서.

우리의 마음속 깊은 곳까지 다 아시고 함께하시는 성령의 도우심을 믿사오며 거룩하신 예수님의 이름으로 기도합니다. 아멘.

치유 및 위로와 격려 대표기도문

정신질환 1

여호와여 내가 수척하였사오니 내게 은혜를 베푸소서 여호와여 나의 뼈가 떨리오니
나를 고치소서 나의 영혼도 매우 떨리나이다 여호와여 어느 때까지니이까 여호와여
돌아와 나의 영혼을 건지시며 주의 사랑으로 나를 구원하소서 _(시편) 6편 2~4절

홀로 영원하신 하나님 아버지!

온갖 불의와 거짓이 가득한 세상 속에서 어떻게 살아야 할지를 알지 못해 방황하던 어리석은 우리를 불쌍히 여기시는 하나님을 기억합니다. 하나님이 친히 찾아오셔서 우리의 마음속에 거하시고 세상의 그 어떤 것에도 흔들리지 않는 믿음을 주소서. 여전히 연약한 우리가 하나님을 떠나 어두운 세상으로 나아갈 때도 변함없으신 사랑으로 우리를 붙들어 주소서.

변함없는 진리이신 주님! 원하지 않는 질환으로 고통받는 사랑하는 주의 자녀 _____님을 기억하소서. 세상의 여러 가지 것들이 그의 마음을 두렵게 하고 악한 것들이 그의 심령을 불안하게 하였으니 불쌍히 여기사 고쳐 주소서. 세상 사람들은 그를 향해 이상한 시선을 보내고 이것이 마치 큰 문제인 것처럼 떠들어대지만 하나님의 사람에게 이것이 결코 이길 수 없는 문제가 아님을 알게 하소서. 이 세상의 모든

사람들이 계절에 따라 여러 가지 사소한 질병을 안고 살아가는 것처럼 _____님의 마음이 세상의 흐름에 따라 아픈 것일 뿐이라는 것도 알게 하소서. 그래서 이런 문제로 마음을 닫아 하나님을 거부하는 잘못을 범하지 않게 하시고 오히려 하나님에게 자신의 모든 문제와 아픔을 낱낱이 고백하게 도와주소서. 하나님이 함께하시면 모든 문제가 해결된다는 것을 믿고 주께로 나아가게 하소서.

세상의 많은 사람이 이런 문제를 놓고 고민하고 무엇으로 해결할지를 찾아왔습니다. 그리고 그들은 사람의 이성과 굳은 의지와 전문가의 도움만이 해결책이라 말합니다. 그러나 그것들도 주님이 함께하시지 않는다면 아무것도 아님을 압니다. 그저 잠시의 회복일 뿐 영원한 해답이 될 수 없음을 우리로 알게 하시고 먼저 주께 나아와 주님의 도우심을 구할 때에야 주님이 주신 세상의 다른 것들이 의미가 있음을 믿게 하소서.

사랑하는 주의 자녀 _____님의 문제가 무엇인지 아시는 하나님이 그의 마음을 주장하소서. 문제의 근원을 뿌리째 뽑아 버리시고 다시는 이런 어려움을 겪지 않게 도와주소서. 그가 이 땅 어디에서 살아가더라도 믿음의 눈을 들어 하나님을 보게 하셔서 세상이 주는 모든 두려움과 불안함을 떨쳐 버리게 하소서. 그의 마음을 굳세게 하소서. 그의 마음을 반석이신 주님에게 의탁하게 하소서. 이 일로 함께 근심하는 사랑하는 가족의 마음을 기억하시고 혹시라도 서로에게 상처가 되지 않도록 서로가 배려하며 사랑하게 하소서. _____님과 가족이 늘 하나님의 말씀 가운데 거하게 하소서.

우리를 도우시기를 기뻐하시는 예수님의 이름으로 기도합니다. 아멘.

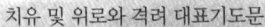
치유 및 위로와 격려 대표기도문

정신질환 2

주 여호와의 영이 내게 내리셨으니 이는 여호와께서 내게 기름을 부으사 가난한 자에게 아름다운 소식을 전하게 하려 하심이라 나를 보내사 마음이 상한 자를 고치며 포로된 자에게 자유를, 갇힌 자에게 놓임을 선포하며 _(이사야서) 61장 1절

온 천지만물을 다스리시는 하나님 아버지!

온 세상의 모든 것 위에 뛰어나신 하나님의 이름을 찬양합니다. 위대하신 하나님의 은혜가 죄 가운데 있던 우리를 살리셨습니다. 저마다 자신의 이름을 내기에 급급하고 자신만을 위한 삶을 살던 어리석은 우리를 위해 예수 그리스도께서 오셨습니다. 여기 함께 모인 우리 모두에게 은혜를 베풀어 주셔서 우리를 위한 그 십자가에 주님과 함께 못 박혀 오직 예수 그리스도로 살아갈 수 있게 하소서.

능력의 하나님! 이 시간 자신에게 찾아온 인생의 고통으로 주님의 도우심을 구하는 사랑하는 주의 자녀 _____님을 돌아보소서. 그의 아픔을 만져 주소서. 다른 사람들에게 말을 하기도 쉽지 않아 혼자 고민하며 아파하던 그를 붙들어 주소서. 다른 사람들의 눈을 의식하며 근심하고 걱정해야 했던 그의 고통을 주님이 안아 주소서. 주님의 도우심으로 사랑하는 주의 자녀의 문제를 해결해 주소서.

현대를 살아가는 많은 사람이 모두 정신적인 문제를 가지고 있다고 합니다. 자신의 상처는 숨긴 채 다른 사람에게 상처 주는 일을 서슴지 않고 행합니다. 그렇게 서로를 공격하며 더 깊은 상처로 빠져듭니다. 그러고는 어쩔 수 없는 일이라 변명합니다. 그들은 하나님을 알지 못해 하나님이 모든 일의 해답인 것을 알지 못합니다. 그러나 오늘 우리에게는 하나님이 계십니다. 하나님이 지금도 살아 계셔서 사랑하는 주의 자녀 _____님과 함께하십니다. 그가 하나님을 만나 치유되게 하소서.

긍휼이 풍성하신 주님! _____님이 자신에게 찾아온 이런 일로 자책하지 않게 하소서. 스스로가 더 깊은 나락으로 빠져들지 않게 하시고 하나님의 말씀으로 위로받고 하나님을 찬양함으로 기뻐하며 하나님과의 만남을 통해 회복되게 하소서. 모든 사람이 가끔씩 아파서 힘들어하듯 그도 잠시 아파서 힘들 뿐이라는 것을 알게 하시고 결국은 주님의 능력으로 회복하게 될 것을 믿게 하소서.

사랑하는 주의 자녀 _____님을 위해 기도하는 가족을 지켜 주소서. 사랑하는 가족이 이런 일로 힘들어하지 않게 도와주소서. 세상의 다른 것들에 미혹되지 않게 하시고 온 가족이 함께 기도하며 서로를 도와 지금의 어려움을 함께 이기게 하소서. 사랑하는 주의 자녀를 위해 함께 기도하는 성도들의 마음도 붙잡아 주셔서 모두가 주님의 큰 은혜와 사랑을 충만하게 누리게 하소서. 이제 하나님의 말씀을 전하는 주의 사자의 입술을 주장하셔서 선포되는 말씀으로 듣는 모두가 전능하신 하나님을 만날 수 있게 하소서.

참 소망이 되시는 예수님의 이름으로 기도합니다. 아멘.

치유 및 위로와 격려 대표기도문

암 환자 1

이는 선지자 이사야를 통하여 하신 말씀에 우리의 연약한 것을 친히 담당하시고 병을 짊어지셨도다 함을 이루려 하심이더라 _〈마태복음〉 8장 17절

영원하신 하나님 아버지!

우리의 연약함을 아시고 아들이신 예수 그리스도를 보내신 하나님의 은혜에 감사합니다. 우리는 하나님의 품을 떠나 우리가 원하는 것을 행하며 살던 어리석은 자들이었지만 하나님이 우리의 연약함을 아시고 품어 주셨습니다. 그리고 예수 그리스도를 구주로 믿어 영원한 생명을 얻게 하셨습니다. 뿐만 아니라 이 땅에서 살아가며 당하는 모든 아픔과 고통을 친히 담당하셔서 인생의 문제로 고통받는 자들을 위로하셨습니다. 이렇게 놀라운 주님의 은혜에 늘 감사하며 살아가는 우리 모두가 되게 하소서.

자비하신 하나님! 육신의 질고로 고통받는 _____ 님을 위해 기도합니다. 우리의 연약한 것을 친히 담당하시고 병을 짊어지신 예수 그리스도를 의지하며 하나님 앞에 나아갑니다. 갑자기 닥쳐온 인생의 심각한 문제 앞에서 근심하는 주의 자녀 _____ 님을 주님의 사랑으로 안아

주소서. 주님을 신뢰함으로 더 큰 근심과 걱정에 빠져들지 않게 하시고 주님 때문에 마음에 평화를 누릴 수 있게 하소서.

병을 진단받았으니 좋은 의사를 만나게 하시고 의사의 처방에 따라 단계를 밟아 잘 치료받을 수 있게 도와주소서. 하나님의 은혜로 좋은 의사를 만나게 하시고 무한히 발달한 현대 의학을 바탕으로 좋은 약을 투여받을 수 있게 하소서. 더 이상 병이 악화되지 않게 하시고 병을 치료하는 동안 고통받지 않도록 지켜 주소서. 하나님의 도우심으로 깨끗하게 나을 수 있게 인도하소서. 세상의 그 어떤 의사도 하지 못할 일을 하실 수 있는 주님이신 것을 믿사오니 사랑하는 주의 자녀 _____님에게 세상이 흔히 말하는 기적과도 같은 일이 일어나게 하소서. 세상은 그것을 기적이라 말하지만 우리는 하나님의 은혜인 것을 믿사오니 주여! 은혜를 베풀어 주소서.

사랑하는 _____님이 자신에게 닥쳐온 이 일로 인해 낙심하지 않게 하시고 주님이 하실 일을 바라보게 하소서. 그의 인생에 찾아온 이 심각한 문제를 통해 하나님에게 온전히 나아가게 하소서. 주께 기도해야 하는 때라는 것을 깨닫고 쉬지 않고 기도하게 하시고, 낮고 겸손한 마음으로 주님이 행하실 일을 기다리게 하소서. 사랑하는 주의 자녀가 현재 닥친 이 일만을 보지 않게 하시고 오히려 이 일을 통해 온전히 자신의 전부를 주님 앞에 내려놓게 하소서.

사랑하는 주의 자녀 _____님이 육신의 병으로 주님 앞에 엎드릴 때 함께하는 가족을 기억하소서. 앞으로 다가올 많은 일을 함께 헤쳐 나가게 하소서. 먼저 가족의 영육의 강건함을 지켜 주소서.

거룩하신 예수님의 이름으로 기도합니다. 아멘.

치유 및 위로와 격려 대표기도문

암 환자 2

여호와여 주는 나의 찬송이시오니 나를 고치소서 그리하시면 내가 낫겠나이다
나를 구원하소서 그리하시면 내가 구원을 얻으리이다 _〈예레미야서〉 17장 14절

영화로우신 하나님 아버지!

절망과 고통 속에 방황하던 죄인을 구하시려고 아들을 세상에 보내신 하나님의 은혜를 찬양합니다. 더 이상 절망과 고통을 주는 악한 세상 속에서 살려 하지 않고 오직 하나님의 은혜 안에서만 살아가는 우리 모두가 되게 하소서. 그러나 우리는 여전히 부족하여 하나님의 품 안에서 사는 것을 지겨워하며 눈을 돌려 우리를 절망으로 이끌었던 세상을 다시 보는 어리석은 사람들이오니 또한 긍휼을 베풀어 주소서.

여기 사랑하는 주의 자녀가 있습니다. 주님이 허락하신 삶의 자리에서 예수 그리스도를 구주로 믿고 하나님만을 섬기는 믿음의 사람이었습니다. 그런데 이제 원하지 않는 질병으로 인해 아파하고 있으니 주께서 사랑하는 주의 자녀 _____님을 위로하소서. 하나님이 그를 위해 예비하신 좋은 병원에서 좋은 의사를 만나 치료받게 하소서. 치료하는 모든 과정 가운데 하나님이 함께하셔서 주님의 손으로 사랑하는 주의 자

녀를 고쳐 주소서.

거룩하신 주님! 사랑하는 _____님이 이제 병과 싸워야 합니다. 그것은 쉽지 않고 힘든 길이 될 것입니다. 많은 시간이 소요되고 경제적으로도 부담이 될 것입니다. 무엇보다도 치료받는 과정이 고통스러울 수도 있을 것입니다. 이렇게 힘든 길을 가고 난 후에도 여전히 낫지 않을 수도 있을 것이라는 불안감 때문에 더 염려가 됩니다. 그러므로 주님의 은혜가 필요합니다. 참된 의사이신 하나님이 사랑하는 주의 자녀가 투병하는 모든 과정 가운데 함께하셔서 견디게 하소서. 세상 사람들이 가기 두려워하는 이 길을 주님을 믿는 믿음으로 담대히 걷게 하셔서 지금 그를 아프게 하는 병을 이기게 하소서. 근심 걱정이 결코 _____님을 무너뜨릴 수 없다는 것을 알게 하셨으니 마음의 염려로 주님이 주시는 은혜를 잃어버리지 않게 하소서.

은혜의 하나님! 사랑하는 _____님을 놓지 마소서. 그를 포기하지 마소서. 그가 홀로 이 병과 싸우는 것이 아니라는 것을 알게 하시고 사랑하는 가족과 기도로 돕는 동역자들의 기도가 그에게 힘이 되게 하소서. 무엇보다 함께하시는 주님의 은혜를 누리게 하소서. 아들을 내어 주시기까지 _____님을 사랑하신 하나님이 함께하신다는 사실로 만족을 얻고 모든 것을 견딜 수 있게 도와주소서.

말씀을 전하실 목사님에게 성령을 부으소서. 선포되는 모든 말씀 때문에 사랑하는 주의 자녀와 가족이 살아 계신 하나님의 음성을 듣고 위로받게 하소서. 주님의 선하신 뜻이 무엇인지 알게 되는 은총의 시간이 되게 하소서.

위로하고 치유하시는 예수님의 이름으로 기도합니다. 아멘.

치유 및 위로와 격려 대표기도문

중환자 1

아무것도 염려하지 말고 다만 모든 일에 기도와 간구로, 너희 구할 것을 감사함으로 하나님께 아뢰라 그리하면 모든 지각에 뛰어난 하나님의 평강이 그리스도 예수 안에서 너희 마음과 생각을 지키시리라 _〈빌립보서〉 4장 6~7절

모든 믿는 자를 지켜 주시는 하나님 아버지!

믿고 의지하는 자를 절대 포기하지 않으시고 지켜 주시는 은혜에 감사합니다. 하나님을 아버지라 부르며 살아가는 모든 자의 삶 가운데 역사하셔서 언제나 주님의 뜻대로만 살아갈 수 있게 도와주소서.

크고 무거운 육신의 질고로 고통받는 사랑하는 주의 자녀 _____님의 기도를 들어 주소서. 육신에 찾아온 병이 너무 무겁고 아파 힘겨워하는 그에게 주님의 자비를 베풀어 주소서. 육신에 찾아오는 고통으로 잠을 이루지 못하고 삶에 기쁨을 잃어버린 것 같은 상황 속에서 주께 나아와 머리 숙이는 그의 기도에 응답하소서. 지치고 상한 사랑하는 주의 자녀의 마음에 주님의 위로를 부어주소서.

사랑하는 주님! 지금 _____님에게 닥쳐온 이 아픔으로 근심하고 걱정하는 모든 마음을 하나님 앞에 내려놓습니다. 아무것도 염려하지 않고 우리의 마음과 생각을 지켜 주실 하나님에게 기도와 간구로 나아갑

니다. 이미 전에도 기도와 간구에 응답하셨던 하나님을 기억하며 지금의 이 기도에도 응답하실 하나님을 믿고 감사하며 나아갑니다. 연약한 인간이기 때문에 어쩔 수 없이 찾아오는 불안과 두려움을 모두 억누르고 진정한 평화를 주시는 주님에게 겸손히 나아갑니다. 하나님이 아니시면 지금 자신에게 다가온 이 삶의 어려움을 도우실 분이 없음을 잘 알고 유일한 도움이신 하나님에게 엎드린 그의 고통을 제하여 주소서.

주님! 사랑하는 _____님을 고쳐 주소서. 하나님을 섬기고 하나님을 예배하며 하나님의 뜻을 따라 살며 예수 그리스도로 말미암은 구원의 소식을 전하기 원하는 그의 마음을 기쁘게 받아 주소서. 어떤 상황에서도 주님을 향한 이 열정이 식지 않게 하시고 주님을 만나고 주님의 음성을 들으며 주님을 찬양하는 것을 멈추지 않게 하소서. 모든 상황 속에서도 주님만을 섬기게 하소서.

육신의 고통으로 주님에게 나아와 기도하는 사랑하는 주의 자녀를 위해 함께 기도하며 아파하는 가족의 마음을 지켜 주소서. 그를 간병하며 병이 나을 때까지 함께하는 것이 피곤하고 힘든 일이겠지만 언제나 하나님 앞에 엎드려 새 힘을 얻어 서로가 서로를 위로하며 모든 상황을 견디게 하소서. 무엇보다 사랑하는 주의 자녀 _____님과 이 가정을 지키시고 인도하시는 예수 그리스도를 기억하게 하셔서 어려움이 있을 때마다 예수 그리스도께서 피 흘리신 십자가 아래에 나아가 주님에게 부르짖게 하소서.

고통 중에 부르짖는 자의 소리를 들으시는 하나님을 찬양하오며 기도하는 자를 도우시는 예수님의 이름으로 기도합니다. 아멘.

치유 및 위로와 격려 대표기도문

중환자 2

여호와께서 히스기야의 기도를 들으시고 백성을 고치셨더라
_〈역대하〉 30장 20절

자비하시고 긍휼이 풍성하신 하나님 아버지!

삶의 참 목적이 무엇인지도 모른 채 살아가던 어리석은 인생들을 위해 아들을 보내셔서 삶의 목적이 바로 예수 그리스도이심을 가르쳐 주신 하나님의 은혜에 감사합니다.

사랑하는 주님! 우리는 참으로 많은 것을 목적으로 삼고 살았습니다. 어떤 때는 재물을 얻기 위해 열심히 노력했고 또 다른 때는 명예가 우리의 목적이었습니다. 때로는 높은 권세를 위해 달렸고 건강이 우리의 목적이 되기도 했습니다. 하지만 우리가 목적으로 삼았던 것들은 진정한 만족을 주지 못하고 오히려 우리를 더 허무하게 만들었습니다. 그러므로 주님! 이제는 더 이상 세상의 허무한 것을 따르는 어리석은 삶을 포기하고 오직 주님만을 바라보며 믿음으로 살게 하소서.

육신의 고통 속에서 이제야 주님을 찾고 부르짖으니 부르짖는 주의 자녀 _____님의 음성을 들어 주소서. 이 아픔의 시간이 세상 사람들과

같이 그저 육신을 고치기 위해 발버둥치는 시간이 되지 않게 하시고, 그의 삶에 참된 목적이 되시는 예수 그리스도를 만나는 은혜의 시간이 되게 하소서. 욥이 자신에게 닥쳐온 엄청난 시련 앞에서 결국은 "내가 주께 대하여 귀로 듣기만 하였사오나 이제는 눈으로 주를 뵈옵나이다 그러므로 내가 스스로 거두어들이고 티끌과 재 가운데에서 회개하나이다"라고 고백한 것처럼 이 아픔의 시간에 임재하시는 하나님을 만나 눈물로 회개하는 은총을 부어 주소서.

자비하신 주님! 간절히 원합니다. 사랑하는 주의 자녀 ＿＿＿＿＿님의 병을 고쳐 주소서. 주님의 몸된 교회에 나아가 예배할 수 있도록 그를 회복시켜 주소서. 이전보다 더 주님을 잘 섬기고 주님의 일을 더 잘할 수 있도록 이 병을 주님이 치료하여 주소서. 이 아픔의 시간이 끝이 나게 하소서. 함께 기도하며 고통을 나누어 가지는 사랑하는 가족과 성도들이 주님 앞에 눈물 흘리며 간구하오니 응답하여 주소서. "믿음의 기도는 병든 자를 구원하리니 주께서 그를 일으키시리라"고 말씀하신 것을 의지하며 나아갑니다. 믿음으로 간구하는 우리의 소리를 들어 주소서.

이제 사랑하는 주의 사자를 통해 하나님의 음성을 듣기 원합니다. 선포되는 말씀 가운데 성령께서 함께하셔서 사람의 말이 아니라 하나님의 음성이 들려지게 하소서. 선포되는 말씀을 통해 이 세상을 버리고 오직 하나님과 벗하며 살아가는 믿음이 우리에게 충만하게 하소서.

육신의 중한 병을 가지고도 하나님을 따르기를 소망하는 사랑하는 ＿＿＿＿＿님과 함께 기도하는 믿음의 사람들의 기도에 응답하실 하나님을 기대하오며 예수님의 이름으로 기도합니다. 아멘.

치유 및 위로와 격려 대표기도문

유산 1

우리 주 예수 그리스도와 우리를 사랑하시고 영원한 위로와 좋은 소망을 은혜로 주신 하나님 우리 아버지께서 너희 마음을 위로하시고 모든 선한 일과 말에 굳건하게 하시기를 원하노라 _〈데살로니가후서〉 2장 16~17절

사랑과 긍휼의 하나님 아버지!

어두운 세상에서 슬퍼하는 사람들의 마음을 위로하시는 하나님의 은혜를 기억합니다. 인생에 찾아오는 어쩔 수 없는 아픔으로 견디지 못하고 절망으로 빠져드는 영혼들을 불쌍히 여기셔서 만져 주시는 하나님! 지금 사랑하는 이 가정의 고통을 보시고 그를 만져 주소서.

하나님이 주신 귀한 선물을 받고 참으로 기뻐했습니다. 주신 새 생명에게 하나님의 말씀을 읽어 주었고 하나님을 찬양하는 소리를 들려 주었습니다. 이제 이 땅에 태어나면 예수 그리스도께서 자라신 것처럼 하나님과 사람 앞에서 사랑스러운 아이로 양육하려 했었습니다. 장차 하나님 나라를 위해 사용되는 하나님의 사람이 되기 위해 어떻게 교육할 것인지를 생각했고 그것을 위해서 기도로 준비하고 있었습니다. 그를 생각하면 세상의 다른 것들로 인한 어려움은 아무것도 아니었습니다. 하지만 이제 주님이 주신 선물을 거두어 가셨습니다. 하오니 주님! 사랑

하는 이 가정의 아픔과 슬픔도 거두어 가소서. 하늘의 위로를 주시고 마음에 평안을 누리게 하소서.

사랑하는 주님! 이 가정을 어여삐 여겨 주소서. 특히 엄마의 마음을 만져 주소서. 하나님이 주셨던 소중한 태의 열매가 그의 몸속에 있었기 때문에 더 큰 아픔을 겪을 엄마의 마음을 위로하여 주소서. 슬픔보다 더 큰 위로로 함께하시는 주님을 만날 수 있게 도와주소서. 주님 때문에 지금의 이 슬픔을 견딜 수 있게 하소서. 간절히 기도하오니 사랑하는 엄마의 건강을 지켜 주소서. 지금부터 몸조리를 잘하게 하시고 다시는 주님이 주시는 소중한 열매를 잃어버리지 않게 도와주소서. 하나님이 사랑하는 엄마와 함께하셔서 지금의 아픔을 잊고 더 큰 기쁨의 삶을 살 수 있도록 인도하소서.

혹시라도 이 일로 다른 상처를 받지 않게 하소서. 주변의 다른 소리에 귀를 기울이지 않게 하시고 들려오는 소리로 인해 고통받지 않게 하소서. 지금 사랑하는 이 가정이 겪는 아픔이 단순히 이 가정만의 아픔이 아니라 양가의 아픔이라는 것을 알게 하시고 모든 가족이 서로 조심하고 아끼고 배려하게 하소서. 언제나 예수 그리스도께서 우리에게 주셨던 그 사랑으로 서로를 사랑하게 하소서. 가족 모두가 지금의 이 상처를 치유하기 위해 한마음으로 기도하게 하시고, 더욱더 주님 곁으로 나아갈 수 있게 하셔서 슬픔이 변하여 기쁨이 되게 하시는 주님의 크고 놀라운 은혜를 경험하게 하소서.

사랑하는 이 가정에 닥친 슬픔을 위로하시는 주님이 다시 더 큰 기쁨을 주실 것을 믿사오며 절망과 고통 속에서 부르짖는 자와 함께하시는 예수님의 이름으로 기도합니다. 아멘.

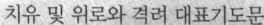
치유 및 위로와 격려 대표기도문

유산 2

어머니가 자식을 위로함같이 내가 너희를 위로할 것인즉 너희가
예루살렘에서 위로를 받으리니 _〈이사야서〉 66장 13절

믿는 자들의 위로가 되시는 하나님 아버지!

아픔과 슬픔으로 가득한 세상에서 하나님이 계시지 않았다면 우리는 아마도 살아가지 못했을 것입니다. 이해할 수 없는 일과 받아들일 수 없는 고통이 우리를 찾아올 때 하나님이 계시지 않았다면 우리는 견디지 못했을 것입니다. 하나님이 때마다 우리를 안아 주시고 더 이상 수렁과 같은 고통에 빠져들지 않도록 지켜 주셨습니다. 모든 것이 하나님의 은혜였습니다. 여기 하나님의 은혜가 필요한 가정이 있습니다. 이해할 수 없고 받아들일 수 없는 아픔과 슬픔으로 어찌할 바를 알지 못하는 이 가정에 하나님의 위로를 부어 주소서.

하나님이 주신 귀한 생명을 잃었습니다. 아직 세상의 빛을 보지 못한 어린 생명이었습니다. 이 가정의 큰 기쁨이었고 아빠의 자랑이자 엄마의 생명과도 같은 아이였습니다. 이렇게 소중한 하나님의 선물을 잃고 고통 속에 있는 이 가정을 위로하여 주소서. 우리의 언어와 행동으로

다 위로할 수 없는 이 가정의 애통을 하나님이 친히 만져 주시고 위로하여 주소서. 오직 주님의 위로가 필요하오니 주께서 안아 주소서. 하나님을 믿는 자를 위로하신다고 약속하신 그 말씀에 의지하여 기도합니다. 하나님을 믿는 이 믿음의 가정에 하나님의 크신 위로를 부어 주소서.

긍휼이 풍성하신 주님! 주님이 주신 귀한 태의 열매를 잃은 엄마를 기억하소서. 이 세상에서 무엇을 잃은 슬픔을 이 슬픔에 비교할 수 있겠습니까! 재물을 잃고 건강을 잃어도 견딜 수 있지만 이 슬픔은 너무 커서 견디기가 힘이 듭니다. 하오니 주님! 사랑하는 엄마의 마음을 지켜주셔서 극한 슬픔으로 더 고통받지 않게 하소서. 주께서 주님의 크신 팔로 큰 슬픔을 당한 주의 자녀를 꼭 안아 주소서. 사랑하는 엄마에게 하나님으로 인한 평화를 부어 주소서.

사랑하는 아들을 대속 제물로 주신 하나님을 기억하게 하소서. 죄인들을 살리기 위해 자신의 몸을 찢기시고 피 흘리며 결국은 십자가에서 죽으신 예수 그리스도를 바라보게 하소서. 주님의 이 위대하신 사랑이 이 가정에 위로가 되게 하소서. 자신을 버리시기까지 우리를 사랑하신 주님의 사랑으로 이 가정이 모든 슬픔과 아픔을 이기게 하소서. 주님이 주신 귀한 태의 열매를 잃었으나 이 일을 통해 엄마와 아빠의 사랑이 더 깊어지게 하시고 함께 손잡고 항상 기도하는 믿음의 가정이 되게 하소서. 그리고 이제 후로는 더 이상 이런 아픔을 겪지 않게 하시고 하나님이 주시는 귀한 생명을 얻게 하소서.

머리 숙인 이 가정에 하나님의 말씀으로 크게 위로하시기를 소망하오며 존귀하신 예수님의 이름으로 기도합니다. 아멘.

대표기도는 하나님에게 찬양과 영광과 존귀를
예배에 참석한 성도들을 대표하여 드리는 의식이다.

7장

대심방과 일반 심방
대표기도문

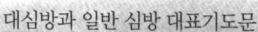

새신자 등록

영접하는 자 곧 그 이름을 믿는 자들에게는 하나님의 자녀가 되는 권세를 주셨으니 _〈요한복음〉 1장 12절

우리를 사랑하시는 하나님 아버지!

_____님이 예수님을 구주로 영접하고 하나님의 자녀가 되게 하시니 감사합니다. 또한 우리 교회에 등록하시어 새로운 구원 공동체의 가족이 되게 하심도 감사합니다. 이제 하나님을 인생의 주인으로 모시는 믿음의 첫발을 내딛었사오니 주님과 함께 살아가는 하루하루가 늘 새롭게 하여 주소서.

우리의 형편과 사정을 잘 아시는 하나님 아버지, _____님에게 무엇이 필요한지도 모두 알고 계시는 줄 믿습니다. 이제 하나님이 그의 인생의 주인이 되셨으니 삶을 책임져 주시고 영육 간에 필요한 모든 것을 채워 주소서. 사도 요한은 네 영혼이 잘됨같이 범사가 잘되게 해달라는 기도를 드렸습니다. 그 기도가 우리 모두의 소망임을 고백합니다. _____님이 예수님을 믿고 잘된 것처럼 그의 모든 일도 주 안에서 잘 이루어지도록 도와주소서.

_____님의 가정에 하나님의 은총을 부어 주소서. 하나님이 가정의 왕으로 임하셔서 통치하여 주소서. 혹여 무질서와 혼돈의 세력이 가정을 묶고 있다면 하나님의 질서와 평안으로 통치하여 주소서. 경제적 문제, 건강의 문제, 관계의 문제와 자녀의 문제가 점점 질서를 찾아가게 하소서. _____님 안에 임하게 된 하나님 나라가 가정 공동체 안으로 확장되게 하소서. "주 예수를 믿으라 그리하면 너와 네 집이 구원을 얻으리라"고 약속해 주신 대로 가족 중에 예수님을 모르는 분이 있다면 _____님을 통해 복음이 전파되게 하소서. _____님의 일터에 하나님의 은혜를 부어 주소서. 수고하며 땀을 흘린 대로 열매를 거둘 수 있게 하소서.

우리 교회가 _____님의 믿음의 동반자가 되게 해 주심을 감사합니다. 교회가 마련한 여러 양육 과정에 참여할 수 있는 환경과 여건을 마련해 주소서. 분주한 삶 가운데 여유를 주심으로 영혼의 양식을 공급받게 하소서. 양육 과정을 감당할 수 있는 육신의 건강도 허락하여 주소서. 성경을 배우고 익힐 때 잘 이해할 수 있는 생각의 힘도 덧입혀 주소서. 기도와 찬양의 첫걸음을 뗄 수 있는 영력도 칠 배나 더해 주소서. 하나님의 사랑을 더 깊이 느낄 수 있도록 영혼의 자리를 넓혀 주소서. 교회의 여러 지체와 참 사랑의 교제를 누리게 하소서.

오늘부터 남은 인생이 하나님의 형상으로 회복되는 성화의 과정이 되게 하소서. 매일 예수님을 닮아 가는 _____님이 되게 하시고 삶의 모든 자리에 함께하여 주소서.

이 시간에도 말씀과 찬양과 기도를 통해 큰 은혜를 주실 것을 확신하며 예수님의 이름으로 기도합니다. 아멘.

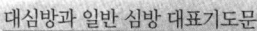

기신자 등록

사랑하는 자여 네 영혼이 잘됨 같이 네가 범사에 잘되고 강건하기를
내가 간구하노라 _〈요한삼서〉 1장 2절

한 영혼을 천하보다 귀하게 여기시는 하나님 아버지!

_____님이 우리 교회에 등록하여 주 안에서 한 가족이 되게 하시니 감사합니다. 모든 것이 합력하여 선을 이루게 하시는 하나님이 뜻하신 바가 있어 우리 교회로 인도하신 줄 믿습니다.

로마 교회의 아굴라와 브리스길라 부부가 고린도로 이주하여 고린도 교회에 등록했을 때 일어났던 일을 기억합니다. 하나님은 목회자였던 바울을 만나게 하셨고 두 사람이 바울의 동역자가 되고 교회의 기둥이 되었던 것을 기억합니다. _____님도 우리 교회에서 그런 역할을 감당하는 소중한 지체가 되길 원합니다.

예수님을 만나면 인생의 방황이 끝나고 좋은 교회를 만나면 신앙의 방황이 끝난다는 격언처럼 _____님이 우리 교회를 통해 신앙의 성장과 성숙이 폭발적으로 일어날 수 있도록 도와주소서. 새가족부에서 인도하는 양육 과정을 잘 마칠 수 있도록 인도하여 주소서. 그 과정을 통해서 복음에 대해서 재정립하게 하시고 신앙의 기초를 다시 쌓는 귀한 시간이 되게 하소서. 양육 과정이 통과 의례의 시간이 되지 않게 하시고 우리의 믿음을 다시 한 번 점검하게 하는 시간이 되게 하소서. 하나님의 비전이 마음에 불을 붙이는 시간이 되게 하소서.

가지가 새로운 나무에 접붙일 때에도 많은 시간이 필요하고 장기가 새로운 몸에 이식될 때에도 많은 과정이 필요하듯이 _____님이 새로운 우리 교회에 정착하는 것이 수고로운 과정이 되리라 생각됩니다. 하지만 성령님이 함께하신다면 어색함의 시간들이 오히려 설렘의 추억으로 변화되리라 믿습니다. 성령의 능력으로 _____님의 정착을 도와주시고 인도하여 주소서.

목사님이 날마다 _____님의 가정과 일터를 축복하며 기도하실 때 목양의 기도에 응답하여 주소서. 목사님이 전해 주시는 말씀을 들을 때마다 꿀보다 더 달게 하시고 새롭게 드리는 예배마다 하늘의 감격으로 와 닿게 하소서.

새롭게 만나게 될 구역 식구들과도 좋은 만남을 갖게 하소서. 구역 식구들에게 다윗을 사랑했던 요나단의 마음을 부어 주시어 _____님을 환영하고 돕게 하소서. 피를 나눈 형제보다 더 친밀하게 하시고 정을 나눈 부부보다 더 가까운 주의 형제와 자매가 되게 하소서. 서로를 위해 눈물로 기도하게 하시고 서로의 문제를 내 문제처럼 여기는 참된 지체가 되게 하소서. 그래서 평생의 믿음의 동역자가 되게 하소서. 오늘도 심방하시는 목사님의 말씀을 통해 새 힘을 얻게 하여 주시고 이 예배를 통해 하늘의 복이 충만하게 임하게 하소서.

만남을 축복하시는 예수님의 이름으로 기도합니다. 아멘.

대심방과 일반 심방 대표기도문

교회를 정하지 못해 갈등하는 가정

네 길을 여호와께 맡기라 그를 의지하면 그가 이루시고 네 의를 빛같이 나타내시며
네 공의를 정오의 빛같이 하시리로다 _〈시편〉 37편 5~6절

우리의 삶을 선하게 인도하시는 하나님 아버지!

예수님을 만나면 인생의 방황이 끝이 나듯 건강하고 좋은 교회를 만나면 신앙의 방황도 끝이 나는 것을 믿습니다. 하지만 주의 이름으로 심방하는 이 가정은 여러 가지 이유로 교회를 정하지 못하고 고민하고 있음을 긍휼히 여겨 주소서.

혹여 교회를 정하지 못하는 이유가 그동안 출석하던 교회에서 원치 않는 문제로 받은 마음의 상처 때문이라면 치료하시는 하나님이 싸매어 주소서. 더 이상 목회자를 신뢰할 수 없고 더 이상 교우들을 사랑할 수 없게 된 식어진 가슴이 있다면 주의 뜨거운 사랑으로 품어 주소서. 비둘기같이 온유한 성령님이 이 가정에 임재하셔서 모든 가족의 거칠어진 마음과 상한 심령을 어루만져 주소서.

상한 갈대를 꺾지 아니하시고 꺼져 가는 등불을 끄지 아니하시는 신실하신 하나님. 우리는 삶의 상황을 역전시켜 주시는 하나님의 능력을 믿

습니다. 욥은 인생의 모진 풍랑을 만났을 때에도 하나님만은 잃어버리지 않았음을 기억하게 하소서. 이 가정이 잠시 섬겨야 할 교회를 잃고 함께할 교우를 잃었다 해도 하나님만은 잃어버리지 않도록 지켜 보호하소서.

이 가정이 다윗처럼 하나님 여호와를 힘입어 용기를 얻게 되길 원합니다. 다윗은 시글락에서 모든 것을 다 잃어버렸을 때에도 하나님의 힘을 의지했음을 기억합니다. 마음은 크게 다급하였지만 그래도 하나님의 힘을 구하고 하나님의 용기를 구했을 때 상황이 역전되었음을 기억하게 하소서. 이 가정 또한 하나님을 의지함으로 교회를 선택하는 수고로움에 지치지 않게 하소서. 고난을 유익으로 역전시키시는 하나님의 손길을 기대하면서 고난을 잘 이겨 내게 하소서.

이 가정이 찾고 있는 교회로 속히 인도하여 주소서. 아브라함의 종이 하나님의 인도하심으로 이삭의 아내 리브가를 순적하게 만났듯이 이 가정도 건강한 교회, 정직한 교회를 속히 만나 신앙의 방황을 끝내게 하소서. 이 가정이 좋은 교회를 만나기 위해 하나님 앞에 무릎을 꿇게 하소서. 깊이 기도하게 하시고 많이 기도하게 하소서. 하나님을 깊이 만나 교회 선택을 향하신 하나님의 마음을 알게 하소서. 좋은 친구, 좋은 배필, 좋은 스승을 위해서 기도해야 하듯이 좋은 교회를 위해서 기도할 때 하나님의 인도하심이 반드시 있을 줄 믿습니다.

심방예배를 통해 귀한 통찰력을 허락해 주실 줄 믿습니다. 말씀을 전하시는 목사님에게 능력을 주시고 문제의 응답이 되는 말씀을 전하실 수 있도록 인도하여 주소서.

예배를 기뻐 받으시는 예수님의 이름으로 기도합니다. 아멘.

대심방과 일반 심방 대표기도문

불신자가 있는 가정

너는 사망으로 끌려가는 자를 건져 주며 살륙을 당하게 된 자를 구원하지
아니하려고 하지 말라 _〈잠언〉 24장 11절

은혜와 사랑이 풍성하신 하나님 아버지!

이 시간 _____님의 장막에서 예배로 영광을 돌리게 하시니 감사합니다. 이 가정에는 아직 예수님을 모르는 가족이 있음을 하나님은 잘 알고 계십니다. _____님이 산모가 태아를 품고 기다리듯 예수 믿지 않는 가족을 태신자로 품고 있음을 긍휼히 여겨 주소서. 가족 구원을 위해 날마다 기도하며 애타게 기다리는 _____님의 마음을 위로하여 주소서. 구원의 문이 닫히기 전에 구원받기를 바라는 그의 절박한 심정을 불쌍히 여겨 주소서. 심방대원들도 _____님의 가족 구원을 위해 함께 기도하오니 우리의 기도를 귀 기울여 들어 주소서.

먼저 구원받아야 할 태신자를 위해 간절히 기도합니다. 하나님 없이도 살 수 있다는 생각을 변화시켜 주셔서 이제는 하나님 없이는 단 하루도 살 수 없다고 느낄 수 있는 심장을 주소서. 태신자의 눈을 뜨게 하소서. 하나님을 볼 수 없게 만드는 세상의 비늘을 거두어 주소서. 영안을 밝

히사 어둠에서 빛으로 나오게 하소서.

사랑의 하나님, 주님은 위협과 살기가 등등했던 사울에게 찾아가시어 하늘의 빛을 비춰 주시고 사울을 새 사람으로 완전히 변화시키셨습니다. 이제 속히 사랑하는 태신자에게도 찾아오셔서 하늘의 빛을 비춰 주소서. 세상에서 가장 아름다운 부름과 가장 은혜로운 회개가 태신자의 입술에서 나오게 하소서. 태신자가 꿈에서라도 주님을 만날 수 있길 원합니다. 속히 하나님의 품으로 돌아와 남은 삶을 더 많이 주님에게 드릴 수 있게 하소서.

_____님을 위해서 기도합니다. "주 예수를 믿으라 그리하면 너와 네 집이 구원을 얻으리라"는 약속을 끝까지 붙들게 하소서. 기도하며 기대하며 기다리게 하소서. 지금은 아무것도 보이지 않을지라도 태신자가 예수님을 만난 후 변화된 모습을 상상하며 기도로 인내하게 하소서. 수십 년 동안 하나님의 비전이 이루어질 것을 기다리며 고난을 이겨 냈던 요셉과 같이 믿음으로 기다리게 하소서. 우리 모두 눈물을 흘리며 복음의 씨를 뿌리게 하소서. 비가 오는 것과 바람 부는 것을 두려워하지 말고 계속해서 사랑의 씨를 심게 하소서. 하나님과 동행하는 삶이 얼마나 기쁘고 행복한지를 보여 주게 하소서. 우리의 언어로 하나님의 언어를 보여 주게 하소서. 우리의 얼굴로 하나님의 얼굴을 보여 주게 하소서. 우리의 손과 발이 하나님의 은총의 손길이 되어 태신자의 마음을 어루만지게 하소서.

오늘 드려지는 예배가 소망이 되길 원합니다. 목사님이 전하시는 말씀을 통해 힘을 얻게 하시고 하늘의 평안이 임하길 원하며 거룩하신 우리 주 예수님의 이름으로 기도합니다. 아멘.

대심방과 일반 심방 대표기도문

하나님을 떠난 가족이 있는 가정

그가 우리를 위하여 목숨을 버리셨으니 우리가 이로써 사랑을 알고 우리도 형제들을 위하여 목숨을 버리는 것이 마땅하니라 _〈요한일서〉 3장 16절

허물과 죄로 죽었던 우리를 다시 살리신 하나님 아버지!

하나님이 사랑하시는 _____님의 가정을 방문하여 예배로 영광을 돌리게 하시니 감사합니다. 베드로의 심방을 사모하는 마음으로 기다렸던 고넬료처럼 이 가정도 대심방을 사모하며 기다렸사오니 이 예배 가운데 성령의 기름을 충만하게 부어 주소서.

사랑의 하나님, 특별히 이 가정이 쉬지 않고 기도하는 기도 제목이 있습니다. 이전에는 하나님을 열심히 섬기다가 지금은 낙심하여 잠시 하나님의 품을 떠난 영혼이 있습니다. 아버지의 집을 떠난 둘째 아들처럼 하나님 아버지를 떠나 있는 영혼을 긍휼히 여겨 주소서. 탕자가 아버지 집을 그리워한 것처럼 다시 하나님의 품을 그리워하게 하소서. 지금도 아버지의 마음으로 기다리고 계시는 하나님의 애타는 마음을 알게 하소서. 양 무리를 떠난 잃은 양 같은 영혼이 이제는 자존심과 아집을 내려놓고 목자 되신 주님의 어깨에 자신의 모든 것을 맡겨 드리게 하소서.

하나님은 이 가정의 형편과 처지를 잘 아시오니 가정의 필요를 채워 주소서. 영적인 필요를 채워 주소서. 이 장막이 하나님의 임재를 경험하는 성소가 되게 하소서. 왕 같은 제사장으로서 이곳에서 예배드릴 때마다 하나님이 계신 하늘과 연결되게 하소서. 기도의 제사를 드릴 때마다 향기로운 제물로 받아 주소서. 찬양의 제사를 드릴 때마다 천군 천사의 성가대에 동참하게 하소서. 성경을 읽고 묵상할 때마다 하나님의 말씀이 임하는 진리의 터전이 되게 하소서. 삶의 여러 가지 시험을 만날 때마다 이 장막에서 만나 주시고 상담하여 주소서. 이 가정에서 먼저 믿은 자들을 통해 복음 전도의 역사가 일어나게 하소서.

일용할 양식도 채워 주소서. 온 가족이 각자의 삶의 현장에서 최선을 다해 일할 때 일한 대로 열매를 거두는 은총을 베풀어 주소서. 미래를 준비하고 있는 자녀들을 슬기롭게 하소서. 이 가정이 순종함으로 나아가도 복을 받고 들어와도 복을 받는 주님의 가정이 되게 하소서. 가족 한 사람 한 사람에게 영육 간의 강건함을 주소서. 질병으로 연약한 지체가 있다면 하나님의 치료의 손으로 어루만져 주소서. 이 모든 일이 하나님의 역사임을 고백하는 가정이 되게 하소서.

하나님을 대신하여 복음의 대사로 방문하신 목사님을 통해 하나님의 말씀이 선포될 것입니다. 선포되는 말씀이 살아 있는 능력이 되어 이 장막을 통치하고 지배하게 하소서. 심방대원들이 주님의 이름으로 평안을 빌 때 그 평안이 이 가정을 가득 채우게 하소서.

오늘도 흡족한 은혜를 베풀어 주실 줄 믿으며 거룩하신 예수님의 이름으로 기도합니다. 아멘.

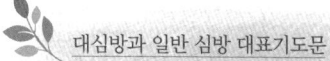
대심방과 일반 심방 대표기도문

이단에 빠진 자가 있는 가정

내 형제들아 너희 중에 미혹되어 진리를 떠난 자를 누가 돌아서게 하면 너희가 알 것은 죄인을 미혹된 길에서 돌아서게 하는 자가 그의 영혼을 사망에서 구원할 것이며 허다한 죄를 덮을 것임이라 _〈야고보서〉 5장 19~20절

우리의 머리털까지 세시는 전지전능하신 하나님 아버지!

이 가정이 아브라함처럼 심방대원을 맞이하며 대심방 예배를 환영하게 하시니 감사합니다. 아브라함이 하나님이 보내신 세 천사를 마음 다해 환영했을 때 하나님이 하늘의 비밀을 알려 주신 것처럼 오늘 대심방을 통해 이 가정을 향하신 주의 뜻을 선포하여 주소서.

하나님이 기뻐하시는 이 가정이 영적인 아픔을 겪고 있습니다. 사랑하는 가족 중 한 명이 이단의 미혹을 받아 영적으로 침륜沈淪되었습니다. 이로 인해 가정이 커다란 상심 중에 있사오니 이단의 거센 폭풍으로 인해 난파된 가족의 영혼을 긍휼히 여겨 주소서. 비 진리의 바다에 점점 빠져 들어가는 영혼에게 생명줄을 던져 구원해 주소서.

잃어버린 한 드라크마를 애타게 찾는 여인처럼 사랑하는 가족을 구하려고 힘쓰는 이 가정에 주의 능력을 더해 주소서. 지치지 않도록 늘 독수리 날개 치며 올라감 같은 새 힘을 공급하여 주소서. 진리의 영이신 성령으로 충만하게 하사 거짓의 영을 능력 있게 대적하게 하소서. 우리가 인내하면서 한마음 한뜻으로 기도하면 하나님의 구원의 은총이 미혹받은 영혼을 변화시켜 주실 줄 믿습니다. 천육백 년 전 어머니 모니카의 오랜 기도를 들으시고 마니교에 빠져 있던 어거스틴을 구해 내 기독교 신학의 아버지로 변화시켜 주셨던 것처럼 이 가정에도 하나님의 구원의 역사가 일어나게 하소서.

이 가정이 큰 아픔에도 불구하고 이미 부어 주신 은혜에 감사하는 것을 잊지 않게 하소서. 세상의 눈으로 바라보면 원망거리뿐이지만 주님의 눈으로 바라보면 모든 것이 감사의 재료임을 고백합니다. 모든 것이 합력하여 선을 이루게 하심을 믿고 '그럼에도 불구하고'의 신앙으로 승리하게 하소서. 우리 모두가 가난함에도 불구하고 감사하게 하소서. 연약함이 있음에도 불구하고 감사하게 하소서. 가정에 아픔이 있어도 감사할 줄 아는, 뿌리가 튼튼한 믿음의 가정이 되게 하소서. 감사는 상황을 변화시키지 않고 상황을 바라보는 나 자신을 변화시킨다는 것을 기억하게 하소서.

약할 때 강함 되시는 주님을 더욱 신뢰합니다. 주님이 이 가정과 함께하시기에 소망이 있는 줄 믿습니다. 하나님을 떠난 예루살렘을 보시고 눈물을 흘리셨던 예수님이 이 자리에도 임하여 계심에 감사합니다. 주님이 이 자리에 오셔서 울고 있는 이 가정과 함께 울고 계심을 느낍니다. 오늘 예배를 통해 주님의 위로가 임하길 소망합니다. 예배가 힘이 되게 하시고 말씀이 힘이 되게 하소서.

우리의 위로자가 되시는 거룩하신 예수님의 이름으로 기도합니다. 아멘.

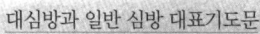

대심방과 일반 심방 대표기도문

교회 출석률이 낮은 가정

나는 선한 목자라 나는 내 양을 알고 양도 나를 아는 것이 아버지께서 나를
아시고 내가 아버지를 아는 것 같으니 나는 양을 위하여 목숨을 버리노라
_〈요한복음〉 10장 14~15절

선한 목자 되신 하나님 아버지!

그동안 너무나 보고 싶었던 _____님과 함께 예배를 드릴 수 있게 하시니 진심으로 감사합니다. 주일예배 때마다 비어 있던 _____님의 자리를 볼 때에 마음이 허전하고 아쉬웠음을 고백합니다. 혹여 무슨 일이 있는 건 아닌지 애를 쓰며 속을 태웠는데 이렇게 밝은 얼굴을 대할 수 있게 하시니 감사합니다.

사랑의 하나님, 우리가 하나님 아버지의 마음을 잘 알기를 원합니다. 선한 목자가 양을 사랑하고 돌보듯 우리를 돌보시는 하나님의 마음을 알게 하소서. 특별히 밤이 되었는데도 아직 목장 안으로 돌아오지 못한 잃어버린 양을 향한 목자의 안타까움을 알게 하소서. 선한 목자가 자신의 목숨을 걸고 잃은 양을 찾아 나섰던 것처럼 하나님이신 예수님도 이 땅에 오셨음을 기억하게 하소서. 사랑하는 _____님을 위해 이 땅에 내려오셔서 십자가 위에서 물과 피를 다 쏟으셨던 것을 기억하게 하소서. 우리를 위해 살이 찢기시고 창에 찔리시고 못 박혀 돌아가셨음을 기억하게 하소서.

사랑은 오래 참는 거라는 성경 말씀처럼 하나님은 여전히 우리를 오래 참아 주고 계심을 느낍니다. 우리가 돌아올 때까지 기다리고 또 기다려 주시는 하나님의 사랑에 이제 우리도 응답하게 하소서. 마치 집 떠난 자녀의 전화 한 통을 애타게 기다리는 아버지처럼 우리를 기다리시는 아버지 하나님에게로 돌아가게 하소서.

_____님의 형편과 사정을 모두 아시는 하나님, 주일 예배를 드릴 수 있는 환경과 여건을 마련해 주시기를 원합니다. 직장에 출근하는 일, 피곤하고 분주한 삶, 가족 행사 등의 여러 가지 요건이 잘 해결되어서 주일 아침에는 하나님의 전으로 발걸음을 옮길 수 있도록 상황과 형편과 마음을 인도하여 주소서.

무엇보다 _____님이 하나님을 사랑하게 하소서. 그를 짝사랑하고 계시는 하나님의 마음을 깨닫게 하소서. 물고기는 물을 떠나 살 수 없고 송충이는 솔잎을 먹어야 하듯이 _____님은 하나님을 떠나 살 수 없는 하나님의 자녀임을 기억하게 하소서. 장작개비 혼자서는 불타오를 수 없듯이 성령의 불이 타오르는 교회 안에서 믿음의 불이 타오르게 하소서. 몸의 지체가 몸과 분리될 수 없듯이 우리 교회와 _____님은 한 몸임을 마음에 새기게 하소서. 그는 우리의 기쁨이며 자랑임을 고백합니다. 우리와 _____님의 믿음이 함께 성장하길 소원합니다. 천국으로 가는 여정에 동반자로 서길 원합니다.

하나님의 저항할 수 없는 사랑으로 _____님을 계속 이끌어 주시길 원하오며 예수님의 이름으로 기도합니다. 아멘.

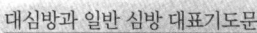

주일 성수가 힘든 가정

내 영혼이 하나님 곧 살아 계시는 하나님을 갈망하나니 내가 어느 때에
나아가서 하나님의 얼굴을 뵈올까 _〈시편〉 42편 2절

우리의 형편과 사정을 모두 아시는 하나님 아버지!

_____님의 모든 형편을 아시는 하나님, 마치 목마른 사슴이 시냇물을 찾기에 갈급한 것처럼 그가 얼마나 주일예배를 사모하는지 알고 계신 줄 믿습니다. 그러나 지금은 여러 가지 사정으로 인해 주일마다 예배의 처소로 나아올 수 없음을 긍휼히 여겨 주소서. 이전처럼 하나님의 집에서 주일예배를 드릴 수 있는 환경을 만들어 주소서. 이전처럼 성일에 기쁨으로 소리 높여 찬양할 수 있도록 여건을 허락하여 주소서.

_____님의 가정을 주님의 이름으로 심방할 수 있도록 인도하여 주심을 감사합니다. 특히 이 가정의 주인 되시는 하나님 앞에서 함께 신령과 진정으로 예배할 수 있게 해주셔서 감사합니다. 이 시간 예배를 통해서 하나님의 큰 위로가 이 가정에 넘치기를 소망합니다.

원수의 압제로 말미암아 성일을 지킬 수 없었던 다윗을 기억합니다. 낙심과 불안으로 마음이 상했던 다윗처럼 _____님의 마음도 그러하리라 생각됩니다. 주님의 강한 손으로 낙망하고 불안해하는 그의 영혼을 붙들어 주소서. 상한 마음을 만져 주시고 치유하여 주소서. 낙망이 소망으로 바뀌게 하시고 불안이 평안으로 바뀌게 하소서. 밤낮 흘러내리는 마음의 눈물을 닦아 주시고 한숨만 나오는 입술이 찬송의 입술로 역전되게 하소서.

하나님 아버지, 비록 주일에 예배당에 나아와 예배할 수 없을지라도 _____님이 무릎을 꿇고 기도하는 그곳이 하나님이 임재하시는 성소가 되게 하소서. 사도 요한이 외로운 밧모 섬에서 홀로 기도하며 예배할 때에 임재해 주신 것처럼 그가 예배하는 그곳에도 임재해 주소서. 사도 요한이 열린 문을 통해 하늘 보좌를 바라본 것처럼 _____님도 그곳에서 하나님의 얼굴을 보게 하소서. 바울과 실라가 캄캄한 감옥 속에서도 기도하며 찬송했을 때 하나님이 그곳에 임재하시어 옥문을 여신 것처럼 _____님이 예배하는 그곳에도 임재하시어 모든 닫힌 것을 열려지게 하소서. 가난한 마음으로 예배할 _____님의 얼굴을 주목하여 주소서.

하나님 아버지, _____님을 위해 기도하고 있는 목사님과 교우들의 기도에 속히 응답하여 주소서. 그가 주일을 거룩하게 지킬 수 있는 그날이 속히 오게 하여 주소서. 그래서 예배당에서 함께 찬송하며 함께 기도할 수 있는 감격스러운 날이 속히 오게 하여 주소서. 우리는 그날까지 각자의 처소에서 주의 은혜를 구하게 하소서. 끝까지 인내하며 주님만을 바라보게 하소서.

소망을 이루어 주시는 예수님의 이름으로 기도합니다. 아멘.

대심방과 일반 심방 대표기도문

교우 간에 문제가 있는 가정

내가 주를 의뢰하고 적군을 향해 달리며 내 하나님을 의지하고 담을 뛰어넘나이다
_〈시편〉 18편 29절

공평하신 하나님 아버지!

우리를 그리스도 안에서 한 몸 되게 하시고 한 가족으로 불러 주시니 감사합니다. 우리 인생의 모든 문제를 해결하실 분은 오직 하나님밖에 없음을 고백합니다. 예배를 통해 하나님의 얼굴을 구할 때 하늘의 위로를 부어 주시고 새 힘을 얻는 시간이 되게 하여 주소서.

사랑의 하나님, _____님의 가정이 최근 어떤 교우의 말과 행동으로 인해 마음이 상하는 일을 당했사오니 위로하여 주소서. 그 일로 인해 마음이 답답하고 억울함 가운데 있음을 고백합니다. 하나님은 우리에게 감당할 만한 시험을 주신다고 하셨으니 이 시험을 잘 통과해서 믿음의 장성한 분량에 이르게 하소서. 사람들은 우리의 마음을 모를지라도 하나님은 다 알고 계심을 믿습니다. 모든 상황을 아시는 하나님만 믿고 기도하게 하소서. 두 손을 모아 공평하신 하나님에게 상황을 말씀드리고 도움을 구하게 하소서.

우리가 주님을 사랑하기 전에 주님이 우리를 먼저 사랑해 주셨음을 기억하고 우리도 다른 사람을 사랑하게 도와주소서. 주님이 우리를 불쌍히 여겨 주신 것처럼 우리도 다른 형제를 불쌍히 여기게 하소서. 주님이 우리를 용서하여 주시는 것처럼 우리도 다른 지체를 용서하게 하소서. 우리의 마음을 아프게 하는 지체일지라도 사랑하고 용납하게 하소서. 원수까지 사랑할 수 있는 믿음의 높은 단계에 오르게 하소서.

요셉을 기억하게 하소서. 자신을 죽이려 했고 노예로 팔아 버렸던 형들을 용서한 요셉을 기억하게 하소서. 바다와 같이 모든 것을 품을 수 있는 하나님의 마음을 부어 주소서. 일흔 번씩 일곱 번이라도 용서하라고 하신 주님의 말씀에 용기 있게 순종하게 하소서. 이삭을 기억하게 하소서. 이방인들이 자신의 우물을 빼앗을 때마다 말없이 한 걸음 물러갔던 이삭을 기억하게 하소서. 오래 참으시는 하나님을 닮아 참고 기다리는 양보의 마음을 주소서. 십자가 위에서 "저들의 죄를 용서해 달라"고 기도하셨던 예수님을 기억하게 하소서. 예수님도 십자가를 지셨으니 우리도 우리의 십자가를 지고 주님을 좇아가게 하소서.

세월을 아끼라고 말씀하신 주님, 단 한 번뿐인 인생의 소중한 시간들을 원망과 미움의 늪에 빠져 보내지 않게 하소서. 지혜롭게 이 시험을 이겨 내게 하소서. 시험으로 인해 곤고할 때에는 생각하며 기도하라고 하신 주님의 말씀에 순종하게 하소서. 잘 이기는 자에게는 상을 주시겠다고 하신 약속을 붙잡고 끝까지 견디며 인내할 수 있게 하소서. 이 시험을 잘 통과한 후 승리의 개선가를 부를 수 있도록 _____님을 붙들어 주소서.

지는 것으로 이기셨던 예수님의 이름으로 기도합니다. 아멘.

대심방과 일반 심방 대표기도문

헌금으로 시험에 든 가정

여호와여 나를 살피시고 내 뜻과 양심을 단련하소서 _〈시편〉 26편 2절

우리의 필요를 채워 주시는 하나님!

사랑하는 _____님의 가정에서 예배를 통해 주님의 은혜를 받게 하시니 감사합니다. 우리에게 어떠한 상황 속에서도 예배할 수 있는 믿음을 주시니 감사합니다. 예배를 통해 하나님 앞에 나아가 인생의 문제를 내려놓고 주님의 능력을 통해 해결받을 수 있게 하소서.

_____님의 가정이 잠시 헌금의 문제로 인해 시험에 들었음을 알고 계시는 줄 믿습니다. 꼬인 실타래가 풀어지듯이 복잡한 마음과 생각이 주의 말씀으로 정리되게 하소서. 우리는 연약하여 여러 가지 시험에 들게 됨을 긍휼히 여겨 주소서. 여러 가지 시험을 당할 때에는 온전히 기쁘게 여기며 인내하라고 하신 말씀에 순종하게 하소서.

재물이 있는 곳에 우리의 마음이 있다고 가르쳐 주신 예수님의 말씀을 기억하게 하소서. 우리의 마음을 재물에 두지 않게 하시고 하늘에 두게 하소서. 믿음의 선배 바나바처럼 우리가 가진 것을 이 시대의 고아와

과부에게 흘려보내게 하소서. 우리의 물질을 순결하고 깨끗하게 사용하여 하늘에 보물을 쌓아 두게 하소서.

헌금을 드릴 때에 자원하는 마음을 주소서. 부자가 교만한 마음으로 드린 많은 액수의 헌금보다 겸손한 마음으로 동전을 드린 과부의 헌금을 기뻐 받으신 것을 기억하게 하소서. 우리도 헌금을 드릴 때에 기쁜 마음으로 정성과 마음을 담아 드리게 하소서. 물질을 사랑했던 아간의 죄로부터 벗어나게 하소서. 은 30개와 예수님을 바꾸어 버린 가룟 유다처럼 돈의 유혹에 빠지지 않게 하소서. 돈에 대한 욕심을 내려놓고 온전히 주님만을 사랑하는 하나님의 자녀가 되게 하여 주소서.

우리 교회를 위해서 기도합니다. 모든 교우가 헌금을 드릴 때에 하나님만을 바라보고 드리게 하소서. 하나님이 우리의 주인이 되신다는 것을 고백하는 것이 헌금임을 기억하며 기쁜 마음을 드리게 하소서. 드려진 헌금은 투명하고 순결하게 지출되게 하소서. 헌금이 사용되는 곳마다 하나님의 놀라운 역사가 일어나게 하소서.

우리의 형편과 사정을 아시는 주님, _____님의 가정이 물질적인 어려움을 당하지 않도록 인도하여 주소서. 일한 대로 열매를 거두는 은총을 허락하여 주소서. 질병으로부터 보호하사 가족 모두 건강하게 하여 주소서. 질병으로 인해 재물이 헛되이 지출되지 않도록 인도하여 주소서. 일용할 양식을 허락해 주시고 필요한 것들을 채워 주시는 하나님의 손길을 경험하게 하소서. 오늘도 말씀을 통해 주시는 하나님의 은혜를 갈망합니다. 말씀을 통해 위로와 힘을 얻게 하시고 시험을 이겨 낼 수 있는 능력을 받게 하소서.

우리의 모든 것 되시는 예수님의 이름으로 기도합니다. 아멘.

대심방과 일반 심방 대표기도문

인간관계로 시험에 든 가정

주는 나의 은신처이오니 환난에서 나를 보호하시고 구원의 노래로 나를
두르시리이다 _〈시편〉 32편 7절

우리의 피난처가 되시는 하나님 아버지!

우리를 하나의 공동체로 묶어 주시고 한마음으로 예배하며 기도하게 하시니 감사합니다. 어려울 때일수록 하나가 되어 기도했던 초대 교회 성도들처럼 우리도 함께 모여 기도하게 하시니 감사합니다. 특별히 _____님의 가정을 심방하며 주님의 위로와 격려를 전하게 하시니 감사합니다. 이 시간 이곳에 임재하시어 하늘의 신령한 복을 이 가정 가운데 충만히 부어 주시길 원합니다.

세상에서 제일 어려운 것이 사람이라 했는데 최근 관계의 문제로 시험을 당하고 있는 _____님의 가정에 시험을 이겨 낼 능력을 주소서. 같은 집에 살던 브닌나가 한나를 격분하게 만들었을 때 마음이 원통하고 슬픔이 가득했던 것처럼 이 가정에도 원통함과 슬픔이 있음을 기억하여 주소서. 하지만 한나가 눈물을 흘리면서도 여호와의 전으로 달려 나가 기도했을 때 하나님은 은혜를 주시고 한나의 근심을 사라지게 하셨

던 것을 기억합니다. 우리도 하나님의 보좌 앞으로 달려 나가 우리의 마음을 쏟아 놓게 하소서. 어려울 때일수록 더욱 기도하게 하소서. 주님만을 의지할 때 주의 능력을 경험하게 될 줄 믿습니다.

혹시 우리의 잘못이 있다면 그것을 직면할 수 있는 지혜를 주소서. 우리의 마음을 감찰하시고 은밀하게 보고 계시는 주님에게 모든 판단을 맡기게 하여 주소서. 인생의 짐을 내려놓고 주님만을 신뢰하며 시험을 잘 이겨 내게 하소서. 땅에서 풀면 하늘에서도 풀리고 땅에서 매면 하늘에서도 매인다는 법칙처럼 막혀 있는 인간관계를 풀어 낼 수 있는 능력을 주소서.

인생의 어려운 순간마다 우리의 믿음을 잃어버리지 않게 하소서. 작은 믿음이 흔들릴까 두렵사오니 우리의 믿음이 시험으로 인해 뒤로 물러가지 않도록 도와주소서. 이 시험을 넉넉히 이겨 낼 수 있는 힘을 주시고 오히려 이 시험을 통해 더욱더 주님 가까이 갈 수 있게 하소서.

다윗이 사울과 힘든 관계에 있을 때 요나단과 같은 중재자를 보내 주심으로 다윗을 구해 주신 것처럼 _____님에게도 돕는 손길을 베풀어 주소서. 서로 용서하고 화해할 수 있는 기회를 허락하여 주소서. 야곱이 두려움 가운데 에서를 만나러 갈 때 하나님의 군대를 보내셔서 도와주신 것처럼 우리의 문제 속에도 하나님의 군대 마하나임을 보내 주소서. 사람의 힘으로는 관계의 문제를 해결할 수 없음을 고백합니다. 요셉이 형들에게 받은 상처를 치유하고 서로 안고 울었던 것처럼 이 가정에도 치유의 역사가 일어나게 하소서. 원수를 친구로 변하게 하시는 하나님의 역전 드라마가 이 가정에 일어나게 하소서.

신실한 친구 되시는 예수님의 이름으로 기도합니다. 아멘.

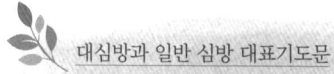
대심방과 일반 심방 대표기도문

교회 문제로 시험에 든 가정

그의 풍부한 인자하심에 따라 긍휼히 여기실 것임이라 주께서 인생으로 고생하게 하시며 그가 비록 근심하게 하시나 근심하게 하심은 본심이 아니시로다 _〈예레미야애가〉 3장 32~33절

긍휼이 풍성하신 하나님 아버지!

이 시간 주의 이름으로 _____님을 심방하며 예배드리게 하시니 감사합니다. 때때로 우리의 삶에 여러 가지 시험을 허락해 주시니 감사합니다. 그 시험을 통해 우리가 더욱 성숙하게 하시고 항상 시험의 끝에서는 하나님의 긍휼과 사랑을 맛보게 하셨음을 감사합니다.

요즘 _____님이 근심하며 고민하고 있는 문제를 주님 앞에 올려 드립니다. 교회에 대한 실망감이 점점 커지고 교회 지도자들의 모습으로 인해 자주 시험에 빠지게 됨을 고백하오니 긍휼을 베풀어 주소서. 교회는 우리 신앙의 모체이며 중심임을 고백합니다. 지금 _____님은 신앙의 모체와 중심이 흔들리고 있는 아픔을 겪고 있사오니 긍휼을 베풀어 주소서.

교회를 향한 기대감이 있었기에 실망도 있는 줄 압니다. 교회 지도자를 향한 소망이 있었기에 절망도 가능한 줄 압니다. 간절히 원하오니

_____님이 교회와 지도자들을 향한 기대와 소망을 포기하지 않도록 인도하여 주소서. 이 아픔의 기간이 오래가지 않게 하소서. 이 고통의 터널을 빨리 빠져나오게 하소서.

이제 에스라처럼 다시 일어나 하나님의 성전인 교회를 일으켜 세우게 하소서. 무너진 성전을 재건하기 위해 예물을 기쁘게 드렸던 이스라엘 백성들처럼 우리의 마음과 헌신을 아낌없이 드리게 하소서. 공동체의 죄와 허물을 가슴에 안고 하나님에게 나아가 울부짖게 하소서. 주께서 원하시는 것은 실망과 정죄가 아닌 기도와 헌신인 줄 믿습니다.

우리도 느헤미야처럼 교회 공동체를 위해 수일 동안 슬퍼하며 하나님 앞에서 금식하며 기도하게 하소서. 하나님이 일하시도록 간구하게 하소서. 크고 두려우신 하나님이 교회와 지도자들에게 긍휼을 베푸시도록 간절히 기도하게 하소서. "형제들아 주의 이름으로 말한 선지자들을 고난과 오래 참음의 본으로 삼으라"는 야고보의 말씀에 귀를 기울이게 하소서. 선지자들은 타락한 신앙 공동체의 모습을 보면서 가슴을 찢듯이 아파하면서도 공동체를 떠나지 않고 끝까지 공동체의 운명과 함께 했던 것을 기억하게 하소서.

_____님이 이 시험을 인내로써 잘 이겨 내서 더 높은 신앙의 수준에 오르게 될 것을 기대하며 소망합니다. _____님을 사랑하며 뒤에서 눈물로 기도하고 있는 지체들이 있음을 기억하게 하소서. _____님이 다시 믿음으로 일어나며 회복되기만을 기대하며 응원하고 있는 목사님과 성도들을 생각하게 하소서.

교회의 하나 됨을 위해 기도하는 주의 사랑하는 자녀들을 기뻐하시는 예수님의 이름으로 기도합니다. 아멘.

대심방과 일반 심방 대표기도문

자녀 교육에 문제가 있는 가정

마노아가 이르되 이제 당신의 말씀대로 되기를 원하나이다 이 아이를 어떻게
기르며 우리가 그에게 어떻게 행하리이까 _〈사사기〉 13장 12절

지혜가 풍성하신 하나님 아버지!

우리에게 자녀를 선물로 주시고 교육할 수 있는 특권을 허락해 주시니 감사합니다. 특히 자녀를 통해 여러 가지 기쁨을 맛보게 하시고 행복을 누리게 하시니 감사합니다. 자녀를 양육하면서 하나님 아버지의 마음을 조금이나마 이해할 수 있게 하심도 감사합니다.

자녀는 우리가 마음대로 할 수 있는 소유물이 아님을 고백합니다. 하나님이 잠시 우리에게 맡겨 주신 선물임을 생각할 때 마음에 부담이 있음을 고백합니다. 우리에게는 자녀를 교육할 수 있는 지혜가 없음을 인정하오니 하늘의 지혜를 우리에게 부어 주소서. 삼손의 아버지 마노아가 "이 아이를 어떻게 기르며 우리가 그에게 어떻게 행하리이까" 하고 질문한 것처럼 우리도 질문하게 하소서. 지혜가 풍성하신 하나님에게 지혜를 구하게 하소서.

하나님 아버지, 자녀들이 점점 우리 곁을 떠나 스스로의 길을 걸어가려

고 할 때 두려움이 생깁니다. 우리는 그 길이 위험하다고 소리쳐 보지만 그때마다 자녀와의 갈등은 점점 더 커집니다. 자녀들이 주님이 원하시는 길을 모르는 것 같아 속상할 때가 많음을 고백합니다. 한나처럼 눈물로 간절히 기도해 보아도 자녀들은 변할 기미가 보이지 않습니다. 우리를 긍휼히 여겨 주시고 불쌍히 여겨 주소서. 하지만 포기하지 않게 하소서. 끝까지 하나님이 주신 부모의 사명을 다하도록 인도하여 주소서. 주님이 다시 오실 때까지, 우리가 주님 곁으로 가는 날까지 부모의 역할을 잘 감당하여 주 앞에 서는 날 칭찬받게 하소서.

적어도 우리의 자녀들이 홉니와 비느하스처럼 되지 않기를 간절히 소원합니다. 제사장이면서도 하나님을 멸시하고 세상 사람처럼 악행을 저지르는 자녀들이 되지 않게 하소서. 세상 문화의 거센 공격을 믿음으로 맞섰던 아브라함을 닮은 자녀들이 되게 하소서. 입시 문화와 경쟁 문화에 찌들어 있는 환경 속에서도 신앙으로 잘 버텨 내는 다니엘과 같은 자녀들이 되게 하소서.

역전의 하나님을 믿고 신뢰하게 하소서. 계속 자녀를 위해 눈물로 기도하게 하소서. 우리들의 눈에는 아무 증거가 보이지 않을지라도 믿음을 가지고 이 외로운 싸움을 끝까지 경주하게 하소서. 우리는 신실하지 않을지라도 주님은 신실하신 줄 믿습니다. 우리의 자녀들을 주님의 손에 의탁합니다. 우리의 힘만으로는 불가능함을 고백합니다. 오늘도 예배를 통해 하나님의 힘과 위로를 공급받기 원합니다. 주님의 손으로 지치고 상한 _____님의 마음을 만져 주소서.

하나님의 손이 우리를 일으켜 주실 줄 믿으며 예수님의 이름으로 기도합니다. 아멘.

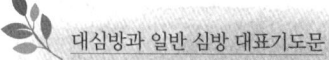

대심방과 일반 심방 대표기도문

낙심했다가 다시 돌아온 가정

이로 말미암아 모든 경건한 자는 주를 만날 기회를 얻어서 주께 기도할지라 진실로 홍수가 범람할지라도 그에게 미치지 못하리이다 _〈시편〉 32편 6절

한 영혼을 천하보다 귀하게 여기시는 하나님 아버지!

사랑하는 _____님의 가정이 주님의 몸 된 교회로 다시 돌아오게 하시니 감사합니다. 형제가 다시 돌아왔다는 소식을 통해 온 교우들에게 기쁨을 주시고 우리 교회가 더 큰 힘을 얻게 하시니 감사합니다. 이 시간 사랑하는 지체를 주님의 이름으로 심방하며 즐거운 마음으로 예배를 드리오니 이 축제의 예배를 기뻐 받아 주소서.

잃은 양을 찾은 목자가 어깨춤을 추며 기뻐하는 것처럼 하나님도 기뻐하시리라 믿습니다. 잃어버린 드라크마를 찾은 여인이 친구와 이웃을 초청해서 잔치를 연 것처럼 하늘의 아버지께서도 기뻐하시리라 믿습니다. 집으로 다시 돌아온 아들의 목을 안고 입을 맞추는 아버지처럼 _____님의 가정을 기쁘게 환영하고 영접하시리라 믿습니다.

한 영혼이 하나님에게로 돌아올 때에 하늘에서 열리는 천상의 축제에 우리도 동참하게 하소서. 하늘의 찬송에 따라 우리도 찬송의 목소리를 높이게 하소서. 한 영혼을 천하보다 귀하게 여기시고 다시 구원해 주신 하나님의 능력을 경배하게 하소서.

능력의 하나님, 이제 _____님의 가정이 다시 교회 생활을 할 때에 오직 푯대를 향하여 앞으로 나아가게 하소서. 하나님이 부르신 그 사명만을 바라보면서 앞으로 나아가게 하소서. 바울처럼 앞에 있는 것을 잡으려고 달려가게 하소서. 과거의 아픔을 성령의 불길로 태워 주소서. 서로에게 부끄러운 흉터는 사랑으로 덮어버리게 하소서.

교우들도 _____님의 가정을 두 팔 벌려 환영하며 사랑으로 안아 주게 하소서. 빌레몬은 오네시모의 과거를 십자가 아래에 묻어 버리고 오네시모를 한 형제로 맞이했던 것을 기억합니다. 우리도 서로를 용납하고 하나 되어 하나님이 기뻐하시는 아름다운 공동체를 이루어 나가게 하소서. 세상이 만들어 놓은 모든 선입견의 장벽을 예수 그리스도의 사랑으로 뛰어넘게 하소서. 〈누가복음〉 15장에 나오는 맏아들과 같은 실수를 범하지 않게 하소서.

_____님의 가정을 주님의 이름으로 축복합니다. 이 가정이 더욱 주님을 사랑하게 하소서. 이 가정의 장막이 주님을 만나는 지성소가 되게 하소서. 이곳에서 하나님을 만나 기도하며 찬송하며 말씀을 듣게 하소서. 인생의 어려운 순간을 이겨 낼 힘을 이곳에서 얻게 하소서. 가정에 평안이 가득 넘쳐나게 하소서. 하나님의 통치로 말미암아 하나님 나라가 이루어지게 하소서. 모든 가족이 영육 간에 강건할 수 있도록 인도하여 주소서. 오늘도 심방예배를 통해 주실 말씀을 기대합니다. 그 말씀이 새로운 신앙의 출발점이 되게 하소서.

성도의 하나 됨을 기뻐하시는 예수님의 이름으로 기도합니다. 아멘.

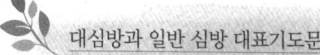

대심방과 일반 심방 대표기도문

구원의 확신이 필요한 가정

네가 만일 네 입으로 예수를 주로 시인하며 또 하나님께서 그를 죽은 자 가운데서
살리신 것을 네 마음에 믿으면 구원을 받으리라 _〈로마서〉 10장 9절

_____님이 예수님을 믿고 그리스도의 몸인 우리 교회에 소속되게 하시니 감사합니다. 공동체 예배에 정기적으로 출석하게 하시고 하나님의 말씀도 성실하게 듣고 배우게 하시니 감사합니다. 이제 그리스도인으로서 새로운 출발을 하셨으니 예수님 안에서 누릴 수 있는 행복의 삶을 마음껏 누리게 하소서.

무엇보다 먼저 하나님이 _____님에게 주신 선물인 구원을 확신할 수 있도록 도와주소서. 예수님의 신부로서 예수님과 결혼하였으니 지성과 감정과 의지로 확신하게 하소서. 부활하셔서 지금도 살아 계신 예수님이 _____님을 깊이 만나 주시길 간절히 소원합니다.

엠마오의 두 제자를 만나 주신 것처럼 _____님을 만나 주소서. 예수님이 실망과 불신이 가득한 채 엠마오로 돌아가던 두 제자를 찾아가셨던 것을 기억합니다. 예수님이 말씀을 풀어 주실 때 두 제자의 가슴이 뜨거워지며 구원의 확신이 생겼던 것처럼 그의 가슴도 뜨거워지게 하소서. 베드로를 찾아가신 것처럼 예수님이 직접 _____님을 방문하여 주소서. 예수님을 세 번이나 부인한 후 절망에 빠져 있던 베드로가 예수님의 부활과 구원을 확신하며 예수님을 사랑한다고 고백한 것처럼 _____님도 예수님을 사랑한다고 고백하게 도와주소서. 예수님의 동생 야고보를 변화시키셨던 것처럼 _____님도 변화시켜 주소서. 예수님의 동생이면서도 예수님을 믿지 않았던 야고보가 부활하신 예수님을 만난 후로 완전히 변화된 것을 기억합니다. 야고보가 예루살렘 교회의 의장으로 성숙하고 변화된 것처럼 _____님도 부활의 주님을 만나 교회의 큰 일꾼으로 성장하게 하소서.

_____님이 마음속에 좌정하고 계신 예수님을 느낄 수 있게 하소서. 우리 안에 좌정하신 예수님이 죄를 용서하시고 새 생명을 창조하고 계심을 온 맘으로 느끼게 하소서. 내면 깊은 곳에서 말씀하시는 예수님의 음성을 듣게 하소서. 말할 수 없는 탄식으로 우리를 위해 기도하고 계시는 성령의 기도 소리가 들리게 하소서.

오늘 밤에 죽게 되더라도 하나님 나라에 들어갈 수 있다는 확신을 갖게 하소서. _____님은 예수 그리스도 안에 소속되어 있는 자로서 멸망의 심판을 받지 않게 될 것을 확신하게 하소서. 이제는 혼자가 아닌 예수님과 함께 살아가게 하소서. 먹든지 마시든지 무엇을 하든지 주님과 함께하게 하소서. 주님과 동행하는 행복을 누리게 하소서.

우리 교회의 양육 프로그램을 통해 예수님에 대해 알아갈 때에 그 시간이 행복의 시간이 되게 하소서. 양육 교사에게 지혜와 열정을 주셔서 _____님을 예수님에게로 잘 이끌어 갈 수 있도록 도와주소서.

오직 구원의 길이신 예수님의 이름으로 기도합니다. 아멘.

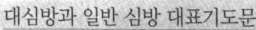

대심방과 일반 심방 대표기도문

믿음이 연약한 가정

믿음이 연약한 자를 너희가 받되 그의 의견을 비판하지 말라
_〈로마서〉 14장 1절

우리를 온전하게 하시는 하나님 아버지!

좋은 날 우리에게 소중한 만남의 복을 허락하시니 감사합니다. 사랑하는 _____님의 가정에서 예배를 통해 하나님을 깊이 만나게 해주시니 감사합니다. 더불어 주 안에서 한 가족이 된 식구들이 모여 영적인 교제를 나누게 하시니 감사합니다. 이 시간 우리의 마음과 마음을 이어지게 하시고 주 안에서 온전히 하나 되는 시간이 되게 하소서.

주님을 사모하는 이 가정에 주의 복을 내려 주소서. 늘 감사가 넘치는 가정이 되게 하소서. 큰 것보다는 작은 것에 감사할 수 있고 미래보다는 현재에 감사하게 하소서. 가장 가까이에서 섬기라고 보내 주신 가족에게 감사함으로 행복이 넘쳐나게 하소서. 아침에 눈을 뜰 때에 감사로 시작해서 하루를 마감할 때에도 감사로 마치게 하소서. 거창한 일을 꿈꾸기보다는 날마다 반복되는 사소한 것들에 감사하게 하소서.

이 가정에 찬송과 기도가 끊이지 않게 하소서. "호흡이 있는 자마다 여호와를 찬송하라"고 하신 말씀에 순종하여 숨 쉬는 순간마다 찬송하게 하소서. "쉬지 말고 기도하라"고 하신 말씀에 순종하여 365일 기도하게 하소서. 그래서 이 가정이 풍성한 삶을 누리게 하소서.

한 알의 밀알이 자라나 잎을 내고 열매를 맺어 백 배의 결실을 내듯이 _____님의 믿음도 점점 자라나게 하소서. 하나님이 심어 주신 말씀의 씨앗을 온전히 품을 수 있는 좋은 마음 밭이 되게 하소서. 기쁨으로 받은 말씀을 듣는 것으로만 만족하지 않게 하시고 삶에서 순종하고 적용하게 하소서. 어둠의 세력이 공격해 올 때에 능히 맞설 수 있는 능력을 덧입혀 주소서. 비바람이 불 때 줄기가 더 튼튼해지고 가뭄일 때 뿌리가 더 깊어지듯이 환난이나 박해가 오더라도 잘 견뎌 나가게 도와주소서.

세상의 염려가 찾아올 때에는 창조주 하나님이시며 전능자이신 주님을 기억하며 의지하게 하소서. 재물의 유혹과 쾌락의 유혹 앞에서는 십자가를 생각하며 구원의 선물이 헛되지 않도록 유혹을 잘 이겨 나가게 하소서. 말씀이 열매를 맺지 못하도록 방해하는 모든 장애물을 믿음으로 제거하게 하소서. 세상의 거센 파도가 몰려와도 주님과 함께 손잡고 그 고난의 파도를 역이용하여 날아오르게 하소서.

살아 계신 하나님, _____님과 이 가정의 믿음을 붙잡아 주시고 하나님이 주신 삶의 재료들을 잘 사용하여 남은 삶을 멋진 작품으로 만들어 가게 하소서. 강한 믿음으로 승리하여 고넬료와 같은 가정, 브리스길라와 아굴라 같은 가정, 빌레몬과 같은 믿음의 명문 가문이 되게 하여 주소서.

우리의 믿음을 굳건하게 하시는 예수님의 이름으로 기도합니다. 아멘.

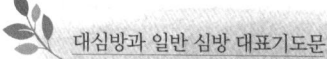

대심방과 일반 심방 대표기도문

직분자 가정

나의 간절한 기대와 소망을 따라 아무 일에든지 부끄러워하지 아니하고 지금도 전과 같이 온전히 담대하여 살든지 죽든지 내 몸에서 그리스도가 존귀하게 되게 하려 하나니 _(빌립보서) 1장 20절

능력이 많으신 하나님 아버지!

우리에게 여러 가지 은사를 허락하시고 각자의 직분대로 조화롭게 봉사하게 하시니 감사합니다. 온 교우들이 자신의 직분을 묵묵히 감당함으로 교회가 든든히 서 갈 수 있게 하시니 감사합니다. 특별히 오늘은 하나님의 직분자 _____님의 가정에서 함께 예배하며 교제하게 하시니 감사합니다. 이 예배를 통해 하나님의 위로와 격려가 우리 모두에게 넘쳐나게 하소서.

맡은 자에게 구할 것은 충성이라고 하신 것을 기억하게 하소서. 충성스러운 하나님의 종 예수 그리스도를 본받게 하소서. 성육신에서부터 십자가의 죽음까지 전 생애를 통해 그리스도의 직분을 감당하신 예수님을 닮게 하여 주소서. 우리도 우리에게 맡겨 주신 직분을 감당함에 있어 모든 것을 아낌없이 드리게 하여 주소서. 종의 모든 것이 주인의 소유이듯이 우리의 모든 것이 하나님의 것임을 고백합니다. 우리의 기쁨도 하나님의 것이며 우리의 슬픔도 하나님의 것임을 고백합니다. 우리의 모습과 우리의 소유를 다 주님에게 드리게 하소서. 우리의 소망과 계획도, 꿈과 희망도 다 주님에게 드리게 하소서. 우리의 어제 일과 내일 일도 모두 드리게 하소서. 그래서 하나님이 우리를 완전히 지배하시고 통치하시도록 우리의 모든 것을 내려놓게 하소서. 우리가 사는 날 동안에 하나님의 기쁨의 제물이 되게 하여 주소서.

하나님 아버지, 때때로 직분의 십자가가 무거워서 내려놓고 싶을 때에 우리를 지켜 주소서. 늘 우리의 옆에서 함께 십자가를 지고 가시는 주님을 바라보며 즐거운 마음으로 이 십자가를 지고 가게 하여 주소서. 우리의 힘으로 직분을 감당하지 않게 하소서. 우리의 어깨와 손에서 힘을 빼게 하소서. 두 손을 들어 주님의 능력을 간구하게 하소서.

우리에게 직분을 감당하는 데 필요한 능력을 채워 주소서. 직분의 역할과 목적을 바르게 알 수 있도록 판단력과 통찰력을 주소서. 육신의 강건함을 주사 직분을 감당할 때에 피곤치 않도록 도와주소서. 직분을 감당하기에 적합한 환경과 여건도 만들어 주소서. 가정이나 일터를 함께 섬길 때 균형이 잘 잡힐 수 있도록 인도하소서. 우리의 가정과 우리의 일터를 주님의 손에 올려 드립니다. 우리는 하나님의 일을 하고 하나님은 우리의 일을 해주시는 놀라운 역사가 일어나게 하소서.

주님이 다시 오시는 날, 주 앞에 서게 될 때에 주님으로부터 칭찬받기를 소원합니다. "잘하였다 착하고 충성된 종아"라는 말을 듣게 될 때 기뻐 뛰며 찬송하게 될 것을 소망합니다. 이 소망을 품고 주님이 주신 직분을 생명보다 귀하게 여기며 살아가게 하소서.

모든 것을 감사드리며 예수님의 이름으로 기도합니다. 아멘.

대심방과 일반 심방 대표기도문

부모님을 모시는 가정

너는 네 하나님 여호와께서 명령한 대로 네 부모를 공경하라 그리하면 네 하나님 여호와가 네게 준 땅에서 네 생명이 길고 복을 누리리라 _〈신명기〉 5장 16절

우리에게 복을 주시는 하나님 아버지!

네 부모를 공경하라는 말씀에 순종하여 부모님을 행복하게 모시고 있는 _____님의 가정에 와서 기쁨의 예배를 드리게 하시니 감사합니다. 이 가정이 온 교우에게 아름다운 본이 되고 있음에 감사합니다. 그동안 베풀어 주셨던 부모님의 은혜에 지극정성으로 보답하는 _____님의 모습을 보며 온 교우가 큰 도전을 받게 하시니 감사합니다. 이 시간 잠시 머리를 숙여 _____님의 가정과 부모님을 위해 기도할 때에 우리의 기도에 응답하여 주소서.

먼저 부모님을 위해서 기도합니다. 지금까지 모든 어려움에서 건져 냈던 하나님이 앞으로 건져 내실 줄 믿습니다. 이전에도 갖가지 위험으로부터 보호해 주셨던 것처럼 장래의 위험에서도 보호해 주실 것을 믿습니다. 그동안 사랑하는 부모님이 흘리셨던 땀과 눈물을 주의 손을 닦아 주소서. 폐허가 된 이 나라를 다시 일으켜 세우기 위해 흘렸던 땀을 기

억하소서. 산업화와 민주화를 위해 흘려야 했던 눈물을 기억하소서. 가난했던 형편에도 가정을 지키고 자녀들을 공부시키기 위해 밤낮으로 뛰어야 했던 손과 발을 위로하여 주소서. 특히 대한민국의 교회를 부흥시키기 위해 헌신하고 또 헌신한 부모님의 노고를 격려하여 주소서. 이제 남은 삶의 하루하루가 더 행복하고 보람된 나날이 되게 하소서. 부모님에게 영육 간에 강건함을 지켜 주소서.

부모님을 모시고 있는 _____님과 가족을 위해서 기도합니다. 위로는 부모님을 모시고 아래로는 자녀들을 양육해야 하는 고단한 삶을 기억해 주소서. 자녀이자 부모로서의 두 가지 역할을 잘 감당할 수 있도록 주의 능력으로 붙잡아 주소서. 육신의 강건함을 주소서. 영력도 칠 배나 더해 주소서. 어머니 로이스를 모시고 아들 디모데를 믿음으로 잘 키워 냈던 유니게처럼 _____님에게도 힘과 능력을 내려 주소서.

부모님을 모실 때 부모님의 마음을 잘 깨달아 알 수 있는 지혜를 주소서. 때로는 보호자처럼 때로는 친구처럼 인생의 동반자 역할을 잘 감당하게 하소서. 부모님의 필요를 부지런히 채워 줄 수 있는 성실함도 허락하여 주소서. 부모님이 우리를 위해 평생 기도하셨듯이 이제는 우리도 부모님을 위해 기도하며 정성을 다해 모시게 하여 주소서.

이 가정의 재정을 위해서 기도합니다. 부모님을 모시기에 부족함이 없는 재정이 되게 하소서. 일한 만큼 벌 수 있는 아름다운 직장과 일터를 주소서. 땀을 흘린 만큼 그 대가를 받는 것도 복인 줄 믿습니다. 하나님의 복을 마음껏 누리는 이 가정이 되길 소망합니다. 오늘도 심방예배를 통해 주실 말씀을 기대합니다.

말씀으로 새 힘 주시는 예수님의 이름으로 기도합니다. 아멘.

대심방과 일반 심방 대표기도문

부모님과 불화가 있는 가정

모든 겸손과 온유로 하고 오래 참음으로 사랑 가운데서 서로 용납하고 평안의 매는 줄로 성령이 하나 되게 하신 것을 힘써 지키라 _〈에베소서〉 4장 2~3절

우리를 하나 되게 하시는 하나님 아버지!

주님의 이름으로 이 가정을 심방하며 평안을 빌게 하시니 감사합니다. 특별히 이 가정의 기도 제목을 하나님의 보좌 앞에 올려 드립니다. 묵은 때와 같이 오래 묻어 둔 부모님과의 갈등이 점점 깊어가고 있음을 긍휼히 여겨 주소서. 이 가정에 평화의 향기가 넘쳐나기를 소원합니다. 가족이 말씀의 원리로 돌아가 기초부터 다시 쌓게 하소서. 가족이 자신의 모든 것을 내려놓고 하나님의 치유를 바랄 때 치료의 광선을 이 가정에 비춰 주소서.

바울이 에베소교회 성도들에게 권면했듯이 자녀들이 주 안에서 부모에게 순종하게 하소서. 룻과 같이 부모님을 잘 따르는 자녀들이 되게 하소서. "어머니께서 가시는 곳에 나도 가고 어머니께서 머무는 곳에 나도 머물겠나이다"라는 순종의 고백이 이 가정의 자녀들의 고백이 되게 하소서. 부모님이 요구하는 것이 어렵고 힘들어 보일지라도 자신의

생각과 뜻을 내려놓고 부모님의 말씀을 믿고 따르게 하소서. 아버지 아브라함의 명령에 따라 모리아 산 제단 위에 자신의 몸을 기꺼이 드렸던 이삭처럼 하나님의 대리자인 부모에게 순종하게 하소서. 겟세마네 동산에서 "나의 원대로 마시옵고 아버지의 원대로 하옵소서"라고 기도하신 예수님의 기도가 자녀들의 기도가 되게 하소서.

부모는 자녀들을 노엽게 하지 않게 하소서. 오직 주의 교훈과 훈계로 양육하게 하소서. 부모 앞에서는 80대 노인도 아이라고 하는 격언처럼 자녀들의 모습에서는 항상 부족한 면이 보이게 됨을 알게 하소서. 그것을 지적하고 고치려고 하기보다는 하나님에게 의탁 드리고 기도하면서 기다리게 하소서. 영원한 부모이신 하나님 아버지가 우리를 용납하고 용서하고 사랑해 주시듯이 자녀들을 너그럽게 용납하게 하소서.

서로 사랑하기도 모자란 우리의 짧은 인생 가운데 미움으로 세월을 허비하지 않게 하소서. 서로가 보지 못할 날들이 곧 다가옴을 깨닫고 사랑하고 이해하게 하소서. 다른 것이 나쁜 것이 아님을 알게 하소서. 서로 다른 것이 보일 때면 서로를 탓하지 않게 하소서. 상대방이 변하면 내가 행복해질 것이라는 헛된 희망을 버리게 하소서. 모든 것을 우리 자신의 탓으로 돌리게 하소서. 상대방을 바꾸는 것보다 우리 자신을 바꾸는 것이 훨씬 쉽다는 것을 깨닫게 하소서.

얽히고설킨 실타래 같은 이 가정의 문제들이 성령 안에서 속히 풀려지게 하소서. 무질서와 혼돈의 세력들이 이 가정에서 떠나게 하시고 평안의 영이 이 가정을 지배하게 하소서.

가족의 하나 됨을 기뻐하시는 예수님의 이름으로 기도합니다. 아멘.

대심방과 일반 심방 대표기도문

비전이 필요한 가정

내가 너로 큰 민족을 이루고 네게 복을 주어 네 이름을 창대하게 하리니
너는 복이 될지라 _〈창세기〉 12장 2절

우리에게 꿈과 비전을 주시는 하나님 아버지!

우리를 거룩한 믿음의 경주에 초대하여 주시니 감사합니다. 사랑하는 교우들과 함께 하나님 나라를 향해 달려가는 행복을 주시니 감사합니다. 이 시간 푯대를 향하여 함께 달려가는 _____님의 가정에서 승전가를 높이 부르게 하시니 감사합니다.

우리는 하나님이 주신 비전을 가슴에 품고 사는 하나님의 비전의 사람들임을 고백합니다. _____님의 가정도 비전의 가정이 되게 하소서. 예배를 통해 우리 마음속에 그려져 있는 미래에 대한 그림을 다시 한 번 점검하게 하소서. 혹시 세상을 따라가는 그림들이 우리 마음속에 그려져 있지는 않은지 살펴보게 하소서. 만약 우리 스스로 만들어 낸 인간적인 꿈이 있다면 즉시 내려놓게 하소서. 세상적인 가치관과 세계관으로 오염된 야망이 있다면 지금 즉시 내려놓고 오직 하늘에서 온 순결한 비전에 이끌려 멋지게 살아가게 하소서.

가인의 후손들처럼 여호와 앞을 떠나 살지 않게 하소서. 그들은 비록 성을 쌓고 두 아내를 취하며 가축과 악기와 무기를 가지고 화려한 물질 문명을 만들며 살았지만 그 중심에는 하나님이 없었던 것을 기억합니다. 우리는 세상의 비전을 품고 사는 사람들이 아님을 기억하게 하소서. 우리는 셋의 후손들처럼 여호와의 이름을 부르는 세대가 되게 하여 주소서. 오직 하나님과 동행하는 가정이 되게 하소서.

그래서 노아의 가정처럼 구원을 받게 하소서. 이 가정이 노아의 가정처럼 어떤 것을 결정하고 선택할 때 하나님이 주신 비전을 기준으로 삼게 하소서. 선택의 연속인 인생에서 우리의 욕심에 따라 선택하지 않게 하시고 비전에 따라, 사명에 따라 선택하게 하소서. 가족 모두가 하나님의 비전을 품고 한마음으로 방주를 만들어 나갔듯이 _____님의 가정도 하나님이 주신 비전을 가슴에 품고 나아가게 하소서.

요셉처럼 비전으로 현실의 고난을 이겨 내게 하소서. 눈에 보이는 현실의 구덩이에 갇혀 아무것도 보이지 않을 때 우리 마음에 비추이는 한 줄기 비전의 빛을 보며 인내하게 하소서. 보디발의 아내와 같은 끈질긴 유혹의 손길도 이기게 하소서. 세상이 우리를 질투하여 우리를 해하고자 하여도 하나님의 꿈만은 영원하다는 것을 신뢰하게 하소서.

〈히브리서〉 11장의 믿음의 전당에 오른 신앙의 선배들처럼 우리도 비전을 품은 나그네로 살아가게 하소서. 더 나은 본향이 있음을 바라보고 이 땅의 것들은 나그네처럼 잠시 사용할 뿐임을 알게 하소서. 주님이 다시 오시는 날 새 하늘과 새 땅에서 영원히 왕 노릇하는 비전을 품게 하소서.

승리하신 우리 구주 예수님의 이름으로 기도합니다. 아멘.

대심방과 일반 심방 대표기도문

영적 생활의 축복

찬송하리로다 하나님 곧 우리 주 예수 그리스도의 아버지께서 그리스도 안에서
하늘에 속한 모든 신령한 복을 우리에게 주시되 _〈에베소서〉 1장 3절

좋으신 하나님 아버지!

기쁘고 좋은 날, 주님과 함께 사랑하는 _____님의 가정을 심방하게 하시니 감사합니다. 이 가정을 심방하는 우리의 마음이 매우 기쁘고 즐겁게 하시니 감사합니다. _____님이 예수 그리스도의 십자가와 부활에 대한 기쁜 소식을 마음으로 듣게 하시고 믿게 하시니 감사합니다. 하나님 없이 살았던 지난 과거의 죄와 허물을 회개하며 하나님이 주시는 속죄의 은혜를 믿음으로 받게 하시니 무한 감사합니다.

주님, _____님이 이제부터 영적 생활의 복을 충만하게 누리게 하여 주소서. 예배 생활의 축복을 누리게 하여 주소서. 주일 아침 교회로 향하는 발걸음에서부터 예배당에 앉아 기도드릴 때에 하늘의 향기에 취하는 행복을 누리게 하소서. 예배의 순서마다 감격을 누리게 하소서. 목사님의 말씀이 주님의 음성으로 들리고 성가대의 찬송이 천사의 노래로 들리게 하소서. 예배 후 나누는 성도의 교제가 꿀맛 같게 하시고

성도의 사랑이 _____님의 든든한 버팀목이 되게 하소서. 주일예배뿐 아니라 주중 예배와 새벽기도회의 기쁨도 사모하게 하소서.

하나님, _____님이 기도 생활의 축복도 누리게 되길 간절히 소망합니다. 기도를 통해 하나님과 대화하고 소통이 이루어지게 하소서. 마음속에 근심이 있을 때 하나님 앞에 나아가 아뢰게 하소서. 눈물이 나며 한숨을 지을 때 기도하게 하소서. 인생의 괴로움과 두려움이 생길 때에도 다 주님에게 말씀드리며 상담하게 하소서. 기도 시간의 행복과 즐거움을 충만히 누리게 하여 주소서. 기도를 통해 하늘의 위로를 맛보게 하시고 은총을 공급받게 하소서.

하늘의 아버지, _____님이 말씀 생활의 능력을 맛보게 하여 주소서. 영혼의 양식인 성경 말씀을 매일 먹게 하소서. 매일 하나님의 말씀으로 무장하여 사탄과 세상과 우리 자신의 목소리를 이겨 내게 하소서. 오직 하나님의 말씀만 우리를 지배할 수 있도록 말씀에 사로잡혀 살게 하소서. 더불어 찬송 생활의 능력도 맛보게 하소서. 깊고 깊은 감옥 안에 갇혀 있던 바울과 실라가 찬송할 때에 감옥 터가 흔들리며 감옥 문이 모두 열리게 된 것을 기억하게 하소서. 여호수아가 찬송을 앞세워 난공불락의 여리고 성을 무너뜨렸듯이 _____님도 삶의 현장에서 순간순간 입술의 찬송을 담아내게 하소서.

사랑하는 _____님이 영적 생활의 축복을 충만히 누림으로 그 믿음이 장성한 분량에 이르러 우리 교회와 하나님 나라를 위해 큰일을 감당할 수 있는 일꾼으로 성장하게 하소서. 그날이 올 때까지 우리는 기도하고 기대하며 기다리게 하소서.

사랑이 충만하신 예수님의 이름으로 기도합니다. 아멘.

대심방과 일반 심방 대표기도문

가정 생활의 축복

너희가 섬길 자를 오늘 택하라 오직 나와 내 집은 여호와를 섬기겠노라 하니
_〈여호수아〉 24장 15절

사랑의 하나님 아버지!

온 세상에 하나님의 은총이 충만하게 빛나는 날에 사랑하는 _____ 님의 가정에 방문하여 예배드리게 하시니 감사합니다. 오늘 예배를 통해 이 가정이 하늘의 복을 받게 하여 주소서. 이 가정이 예수 그리스도를 왕으로 모시는 하나님 나라가 되게 하시니 감사합니다. 바라옵기는 _____ 님의 가정이 하나님이 뜻하신 대로 더욱더 가정 생활의 축복을 충만하게 누리는 가정이 되길 소원합니다.

사시사철 주의 은총이 흘러 가족 간에 사랑이 넘쳐나게 하소서. 부부가 온전히 하나 되어 한 몸을 이루게 하소서. 함께 기도하고 함께 소통하며 함께 나아가게 하소서. 부모와 자녀 간에 평화의 강이 흐르게 하소서. 자녀들은 부모를 존경하며 공경하게 하소서. 부모님을 하나님의 대리자로 여겨 기쁜 마음으로 부모의 권면을 따르게 하소서. 부모는 자녀들을 노엽게 하지 않게 하시고 세상의 가치관이 아닌 하나님의 비전으

로 도전하게 하소서. 형제 간에도 서로를 위하여 도와주는 아름다운 가정의 모습이 되게 하소서.

이 가정의 주님을 사모하는 모습이 변하지 않게 하소서. 가정예배를 통해 하나님의 왕 되심을 인정하며 고백하게 하소서. 예배를 통해서 가족의 마음이 하나가 되게 하소서. 어려운 일을 당할 때에 가정예배를 통해 하늘의 위로를 누리게 하소서. 기쁜 일이 있을 때에도 가정예배를 통해 감사의 제사를 드리게 하소서. 예배가 살아 있는 가정이 되게 하시고 가정예배의 축복을 누리는 가정이 되게 하소서.

가족 한 사람 한 사람의 건강을 붙들어 주소서. 한상에 둘러앉아 먹고 마시는 모든 것이 몸에 유익이 되게 하소서. 몸에 해로운 것이 있다면 주의 손길로 제거하여 주소서. 각자의 일터에서 열심히 일할 수 있는 체력이 가정의 식탁을 통하여 재충전되게 하소서. 숙면의 은혜를 허락하여 주소서. 하나님을 사랑하는 자에게 잠을 주신다고 약속하신 것처럼 깊은 잠을 잘 때에 영육이 회복되어 날마다 은혜로운 아침을 맞이하게 될 줄 믿습니다.

주님의 교회를 섬기며 봉사하는 가정이 되게 하소서. 가족 모두 각자 받은 은사를 활용하여 교회를 든든히 세우는 일에 열심히 봉사하게 하소서. 자신을 드러내기보다 이름 없이 일하게 하시고 섬기게 하소서. 아굴라과 브리스길라가 바울에게 없어서는 안 되는 동역자였듯이 이 가정이 우리 교회에서 없어서는 안 되는 가정이 되게 하소서. 이 가정이 가정 생활의 축복을 충만히 누리며 그 능력으로 교회와 세상을 변화시키는 능력 있는 가정 공동체가 되게 하소서.

가정을 세우시고 기뻐하시는 예수님의 이름으로 기도합니다. 아멘.

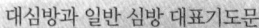

이웃 생활의 축복

너희가 만일 성경에 기록된 대로 네 이웃 사랑하기를 네 몸과 같이 하라 하신
최고의 법을 지키면 잘하는 것이거니와 _〈야고보서〉 2장 8절

사랑의 근원이 되시는 하나님 아버지!

하나님의 사랑이 온누리에 가득한 좋은 날에 보고 싶었던 _____님의 가정을 심방하며 예배의 축복을 누리게 하시니 감사합니다. 전에는 멀리 있었던 우리를 예수 그리스도라는 구원의 띠로 묶어 주시고 이제는 떼려야 뗄 수 없는 예수 공동체로 불러 주시니 감사합니다. 우리에게 이 놀라운 축복을 허락해 주신 이유는 우리로 하여금 세상에 나가 하나님의 아름다운 덕을 선전하라는 것인 줄 믿습니다.

"네 이웃을 네 몸과 같이 사랑하라"고 하신 예수님의 명령에 순종하게 하소서. 우리와 이웃과의 막힌 장벽을 허물게 하소서. 우리가 먼저 다가가 손을 내밀 수 있는 담대함을 주소서. 외면받을지라도 인내를 가지고 계속해서 나아가게 하소서. 봄 햇살이 얼어붙은 대지를 녹이듯 우리의 사랑도 얼어붙은 세상을 녹이게 하소서. 그래서 교회 공동체가 하나이듯이 이웃과도 하나가 될 수 있는 그날을 소망하게 하소서.

특별히 강도를 만난 자처럼 도움이 필요한 우리의 이웃을 돌아보게 하소서. 제사장과 레위인처럼 경건을 핑계로 외면하지 않게 하소서. 선한 사마리아인처럼 어려운 이웃을 바라보며 불쌍히 여길 수 있는 마음을 주소서. 우리의 가슴이 굳어져서 이웃을 향해 싸늘해지지 않게 하소서. 어려운 이웃에게로 가까이 가게 하소서. 어려운 이웃을 찾아가서 우리의 가진 것을 나누게 하소서. 그들을 섬기기 위해 치러야 할 대가를 기꺼이 지불하게 하소서.

주님, 바울은 마지막 때가 되면 세상 사람들은 자기를 사랑하고 돈을 사랑하며 이기적으로 변할 것이라고 예언했는데 세상은 정말로 그렇게 변하는 것 같습니다. 우리는 이러한 세상의 흐름에 휩쓸리지 않고 연어가 강물을 거슬러 올라가는 것처럼 하나님의 백성답게 세상 풍조에 거슬러 올라가는 힘찬 그리스도인이 되게 하소서. 말세가 가까워 올수록 사람들은 더 사나워지고 악한 것을 좋아하며 배신하고 조급해지지만 우리는 그렇게 이웃을 대하지 않게 하소서. 주님이 허락하신 이웃들을 잠잠히 사랑하게 하소서.

하나님이 우리 옆에 이웃들을 보내 주신 이유가 있다면 사랑하고 섬기라고 보내 주신 줄 믿습니다. 하나님이 계획하시고 바라시는 이웃생활의 축복을 충만히 누리게 하소서. 태초에 하나님이 계획하셨던 그 나라가 우리의 이웃생활 가운데에도 임하게 하소서. 뱀같이 지혜롭고 비둘기같이 순결하게 하소서. 세상에 지배당하지 않으면서도 세상 속에 들어가 이웃과 사랑을 나누며 친밀한 교제를 나누게 하소서. 우리를 통해 예수 그리스도의 향기와 하늘의 향기가 전해지게 하소서.

성도의 교제를 기뻐하시는 예수님의 이름으로 기도합니다. 아멘.

대심방과 일반 심방 대표기도문

교회 생활의 축복

만일 내가 지체하면 너로 하여금 하나님의 집에서 어떻게 행하여야 할지를
알게 하려 함이니 이 집은 살아 계신 하나님의 교회요 진리의 기둥과 터니라
_〈디모데전서〉 3장 15절

교회를 사랑하시는 하나님 아버지!

시온 성과 같은 우리 교회를 통해 하나님의 영광을 충만하게 맛보게 하시니 감사합니다. 반석 위에 세운 우리 교회를 통해 우리의 삶이 흔들리지 않도록 붙잡아 주시니 감사합니다. 모든 성도가 교회로부터 흘러나오는 생명수를 마심으로 목마름 없이 늘 살아 숨 쉬게 하시니 감사합니다.

특별히 오늘 이 시간에는 한 몸으로 부름 받은 _____님의 가정에서 예배를 드리게 하시니 감사합니다. _____님과 우리가 한마음 한뜻이 되어 우리 교회에 충성된 일꾼으로 헌신되게 하소서. 하나님의 부르심에 감격하고 주신 은혜에 보답하며 최선을 다해 교회를 섬기게 하소서. 우리 모두 교회 생활의 축복을 누릴 수 있도록 도와주소서.

사랑의 주님, 우리가 주 안에서 하나 되는 축복을 누리게 하소서. 오순절 마가의 다락방에서 한 성령으로 각 지체가 연합하여 한 몸이 된 것

처럼 우리도 교회를 통해 한 몸이 되는 신비를 누리게 하소서. 형통한 일이 있을 때에 함께 기뻐함으로 그 기쁨이 두 배가 되게 하시고 곤고한 날에 함께 슬퍼함으로 그 슬픔이 절반으로 줄어드는 체험을 하게 하소서. 기쁜 일이 있을 때 함께 찬송하고 슬픈 일이 있을 때 함께 울어 줌으로 한 몸이 되는 경이로운 역사를 늘 경험하게 하소서.

능력의 주님, 모든 지체가 각자의 은사대로 교회를 섬기는 축복을 누리게 하소서. 예수님처럼 성육신의 원리로 겸손히 섬기게 하소서. 값비싼 향유를 예수님을 위해 드린 여인처럼 우리의 가진 것을 기꺼이 헌신하게 하소서. 그래서 섬김으로 인해 퍼지는 사랑의 향기가 교회 공동체를 채우고 우리 자신도 그 향기에 감화되게 하소서.

연약한 자들을 힘 있게 세워 주게 하소서. 위로의 격려가 필요한 자에게 인자한 말로 세워 주게 하소서. 우리 자신의 이익이나 유익은 철저히 버리게 하시고 교회와 성도의 유익을 위해서라면 민첩하게 행동해서 봉사의 축복을 우리의 것으로 만들게 하소서.

목사님을 비롯한 교역자들에게 영적인 자양분을 받아 누리게 하소서. 양육자들의 양육을 잘 받아서 영적인 풍요를 누리게 하소서. 신앙의 선배들과도 깊은 교제를 통해 선한 영향력을 받게 하소서. 예수 그리스도를 믿음으로 새롭게 만나게 하신 예수 가족을 사랑하게 하시고 사랑을 나누게 하소서. 교회 안에서 홀로 있지 않게 하시고 뜨거운 사귐과 교제를 통해 교회 생활의 축복을 충만하게 누리게 하소서. 교회는 성도들의 어머니와 같은 곳이오니 믿음의 모태로부터 충만한 자양분을 공급받아 능력 있는 하나님의 자녀로 살아가게 하소서.

교회를 통해 일하시는 예수님의 이름으로 기도합니다. 아멘.

대심방과 일반 심방 대표기도문

공동체에 적응하지 못하는 가정

그러므로 우리는 긍휼하심을 받고 때를 따라 돕는 은혜를 얻기 위하여
은혜의 보좌 앞에 담대히 나아갈 것이니라 _〈히브리서〉 4장 16절

은혜가 풍성하신 하나님 아버지!

_____님을 우리 교회에 보내 주시고 한 가족이 되게 하시니 감사합니다. 오늘 _____님의 가정에서 함께 예배드리며 교제 나눌 수 있는 기회를 주심을 감사합니다. 이 시간이 복된 시간이 되게 하시고 모든 막혔던 문들이 열리는 시간이 되게 하여 주소서. 평화의 영이신 성령님이 각 사람 마음에 임재해 주시고 특히 _____님의 마음속에 임하사 세상이 알 수 없는 평안으로 인도하여 주소서.

우리의 속사정을 감찰하시는 하나님, 최근에 _____님이 우리 교회에 대해서 여러 가지 고민을 있음을 알고 계시는 줄 믿습니다. 주님의 몸 된 교회의 한 지체로서 공동체에 잘 적응하지 못하는 것을 솔직하게 고백합니다. 사람의 말로 문제를 해결할 수 없고 사람의 설명이 정답이 될 수 없음을 인정합니다. 이 시간 소통의 영이신 성령님을 보내 주셔서 _____님의 어려움과 아픔을 어루만져 주소서.

이전에 교회 지도자들로부터 받은 상처가 있다면 치유하여 주소서. 목회자를 신뢰하려고 해도 자꾸 의심이 가며 교회 지도자를 좋은 시선으로 보려고 해도 그렇게 되지 않는 아픔을 치유하여 주소서. 마음과 생각의 방향을 바꿔 주소서. 의심이 신뢰로 역전되게 하시고 상처받은 시선이 치유받은 시선으로 고쳐지게 하소서.

공동체 모임에 자주 나와 교제하고 싶지만 환경과 여건이 허락되지 않아 다른 교우들에게 서먹함을 느낀다면 그 마음 역시 치유하여 주소서. 교우들과 만나는 짧은 시간에 강력한 소통이 일어나게 하소서. 악수하는 그 손을 통해 몸 된 교회의 사랑이 전달되게 하소서. 함께 나눈 인사 몇 마디가 _____님의 마음을 녹이게 하소서.

교우 간의 문제가 있다면 하나님의 사랑으로 덮어 주소서. 어떤 교우의 말이나 행동으로 인해 마음이 상했다면 치유하여 주소서. 상한 갈대를 꺾지 않으시고 꺼져 가는 등불도 끄지 않으시는 하나님의 사랑이 오해를 풀어지게 하소서. 우리의 마음을 아시는 주님이 _____님의 마음을 어루만져 주시길 원합니다. 우리가 주님을 사랑하기 이전에 주님이 우리를 먼저 사랑하셨다는 사실을 알고 우리가 서로를 깊이 이해하게 하소서.

_____님이 공동체 적응하지 못하게 만드는 여러 가지 요인을 잘 발견해 해결할 수 있도록 인도하여 주소서. 그 어떤 것도 _____님을 하나님의 사랑에서 끊을 수 없음을 확신하게 하소서. 공동체에 멋진 모습을 적응해서 공동체의 도움을 받는 위치에서 도움을 주는 위치로 성장하고 성숙하게 하소서. 그날이 속히 오기를 기도합니다.

성도의 하나 됨을 기뻐하시는 예수님의 이름으로 기도합니다. 아멘.

대심방과 일반 심방 대표기도문

재혼으로 결합한 가정

다윗이 아비가일에게 이르되 오늘 너를 보내어 나를 영접하게 하신 이스라엘의
하나님 여호와를 찬송할지로다 _〈사무엘상〉 25장 32절

자비로우신 하나님 아버지!

사랑하는 귀한 가정을 주의 이름으로 심방하며 예배를 드리게 하시니 감사합니다. 예배를 통해 복 주시는 하나님이 이 시간 임재하사 이곳에 한량없는 은총을 부어 주소서. 주님의 거룩한 방문을 사모하며 영접한 _____님에게 예배의 은혜를 풍성히 부어 주소서.

하나님의 뜻과 섭리가 있음으로 두 사람이 새로이 만나게 되었고 아름답게 가정을 이루게 하셨음을 고백합니다. 하나님이 이 가정의 형편과 사정을 모두 알고 계시는 줄 믿습니다. 이 가정이 세상의 그 어느 가정보다 행복이 넘치는 가정이 되길 원합니다.

그 누구보다 남편과 아내에게 주의 은총을 부어 주소서. 부부가 서로 용납하게 하소서. 하나님의 인애로 룻을 용납했던 보아스를 닮게 하소서. 남편과 사별한 룻은 가난한 이방 여인이었고 시어머니를 모시고 있었지만 보아스는 그러한 룻을 조건 없이 용납했던 것을 기억하게 하소

서. 부부가 서로의 모습을 조건 없이 용납하게 하소서. 서로를 향해 이전보다 더 많이 내어 주게 하소서. 다른 것은 나쁜 것이 아님을 알게 하소서. 서로 다르다는 것은 서로 도와주라는 뜻으로 알게 하소서. 자신의 것을 내려놓고 상대방을 존중함으로 서로를 세워 주는 가정이 되게 하소서.

아직도 남은 과거의 아픔이 있다면 새로운 결혼생활로 치유되게 하소서. 총명하고 용모가 아름다웠던 아비가일의 아픔을 기억합니다. 아비가일이 완고하고 악한 나발로부터 받았던 상처와 고통을 재혼한 다윗을 통해 치유한 것처럼 이 가정에도 치유의 역사가 나타나게 하소서. 간절히 원하오니 이 가정에도 하나님의 치유의 은총을 부어 주소서. 재혼한 다윗과 아비가일 부부가 새로운 가정을 통해 하나님의 역사를 이루어 낸 것처럼 이 가정에도 은총을 베풀어 주소서.

새롭게 하나 된 자녀들을 위해서 기도합니다. 주 안에서 자녀들이 온전히 하나가 되게 하소서. 우린 이미 예수 안에서 한 가족이 되었음을 생각하게 하소서. 예수 그리스도의 십자가 아래에 서면 모든 혈통이나 육신이 아무런 소용이 없다는 것을 인정하게 하소서. 우리의 힘으로 새로운 형제자매를 사랑할 수 없음을 고백합니다. 주님의 사랑만이 우리를 온전히 하나 되게 함을 믿습니다.

여러 가지 어려움과 시험이 몰려올 때마다 인간적인 힘으로 해결하지 않게 하시고 가족 모두 기도함으로 위기를 극복해 나가게 하소서. 우리는 하나님의 백성들임을 잊지 않게 하시고 새 가정을 향하신 하나님의 비전을 품고 앞으로 전진하게 하소서.

가정을 세우시고 기뻐 하시는 예수님의 이름으로 기도합니다. 아멘.

대심방과 일반 심방 대표기도문

임신을 기다리는 가정

이삭이 그의 아내가 임신하지 못하므로 그를 위하여 여호와께 간구하매
여호와께서 그의 간구를 들으셨으므로 그의 아내 리브가가 임신하였더니
_〈창세기〉 25장 21절

생명의 주관자 되시는 하나님 아버지!

임신하지 못하는 아내를 위해 간절히 기도했던 이삭처럼 아내를 위해 항상 기도하는 남편 _____님을 위로하시고 격려하여 주소서. 하나님은 기도하는 남편 이삭의 기도를 들으시고 갑절의 은총으로 응답하사 쌍둥이를 허락해 주셨습니다. _____님의 간절한 기도에 응답하시고 양가 가족의 애타는 기도에 하루 속히 응답하여 주소서.

_____자매님을 위해서 기도합니다. 때로는 한나처럼 마음이 괴로울 때가 있음을 고백합니다. 임신을 기다리는 시간이 점점 길어질 때 마음이 초조해짐을 고백합니다. 기다림이 고통이 될 때가 있사오니 긍휼을 베풀어 주소서. 자매님의 눈물을 잊지 마시고 은총을 베푸사 자녀를 허락하여 주소서. 하나님 앞에서 우리의 간절한 마음을 드리오니 받아 주소서. 이 가정에 새로운 생명이 잉태됨으로 우리의 얼굴 빛이 역전되게 하소서.

이 가정을 향하신 하나님의 계획이 있음을 끝까지 신뢰하게 하소서. 이 가정을 하나님만을 섬기는 믿음의 명문가로 빚으실 하나님의 계획이 이루어지게 하소서. 아브라함과 사라 부부가 아들을 주시겠다고 하신 하나님의 약속을 믿고 순종하는 삶을 살았던 것을 기억합니다. 우리도 하나님의 약속의 말씀을 의지해 흔들림 없이 나아가게 하소서. 하나님은 약속을 신실하게 지키시는 분이심을 굳게 믿게 하소서.

성령의 능력으로 처녀의 몸에 예수님을 잉태하게 하신 하나님이 임신을 기다리며 기도하고 있는 _____님의 가정에 은총을 베풀어 주소서. 말씀으로 세상을 창조하신 하나님, 말씀 한 마디로 무에서 유를 창조하신 하나님이 이 가정을 향해 한 번만 말씀하여 주소서. 오묘한 생명 창조의 역사가 _____님의 가정에도 일어날 줄 믿습니다.

임신을 기다렸던 마노아의 가정에 나실인 삼손을 태어나게 하신 것을 기억하게 하소서. 그 기적의 아이가 자라나 이스라엘을 구하는 사사가 된 것처럼 이 가정에서 태어나게 될 아이도 나라와 민족을 구하게 될 아이임을 확신하며 찬양합니다. 우리 눈에는 아무 증거가 보이지 않을지라도 믿음만을 가지고 항상 걸어가게 하소서.

위대한 믿음의 선배들도 불임과 난임의 고통을 통해 하나님의 살아 계심을 경험한 것을 기억합니다. 우리도 하나님의 영광을 위해 잠시 기다림의 고통을 겪고 있을 뿐임을 깨닫게 하소서. 우리의 기도에 응답하실 때까지 기다리며 기도하게 하소서. 이 가정에 속히 임하셔서 새 창조의 역사를 일으켜 주소서. 천하보다 귀한 생명의 탄생으로 말미암아 축제를 여는 날이 속히 오게 하소서.

새 생명을 기뻐하시는 예수님의 이름으로 기도합니다. 아멘.

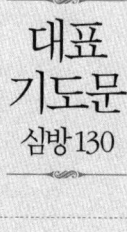
대표
기도문
심방 130